KB233386

초급
일본어
교육 방안

행위중심 교수 · 학습 모델연구

초급
일본어
교육방안

행위중심 교수·학습 모델연구

김미연 지음

KSi 한국학술정보㈜

　다문화 시대를 살아가는 우리들에게 이제 하나 이상의 외국어 습득은 생존을 위한 필수요소인 것처럼 느껴진다. 주변에서 영어를 유창하게 구사하는 사람들을 만나는 일은 어렵지 않으며 두세 개의 외국어를 구사하는 사람들 즉 다중 언어 사용자(multilingual)도 종종 보게 된다. 비록 원어민과 같은 수준은 아니지만 나 역시 영어와 프랑스어, 일본어를 구사한다는 면에서 다중 언어 사용자라 할 수 있는데 고등학교 때 잠깐 배운 적이 있는 독일어까지 포함한다면 나의 외국어 학습 경험은 가히 타의추종을 불허한다.

　여러 가지 외국어 가운데 일본어는 내가 가장 늦게 배운 외국어이다. 영어는 다른 사람들과 마찬가지로 중학교 때부터 공부하였고 프랑스어는 대학교 때 전공이며 일본어는 교사가 된 이후에 복수 전공하였다. 2002년 1년간 서울대학교 일본어 교사 양성과정에서 학생들이 대학에서 4년 동안 이수하는 학점을 모두 이수하였다. 오전 9시부터 오후 4시까지 진행되는 일과는 피곤하였지만 새로운 언어를 알아가는 과정은 매우 흥미롭고 즐거웠다.

일본어는 여태까지 배웠던 외국어와 성격이 매우 달라 영어나 프랑스어보다 학습하기가 수월했는데 그 이유는 바로 일본어가 많은 학습자들이 느끼는 바와 같이 음성적인 측면과 어휘 및 형태·통사적인 측면에서 한국어와 유사점이 많기 때문이다. 또 언어 사용과 따로 생각할 수 없는, 한국과 일본 문화의 유사성도 학습 수월성의 중대한 원인이라 생각된다. 따라서 문어에서 구어에로의 진행도 다른 언어보다 빨랐다. 일본어 교사 양성과정에 있던 많은 프랑스어나 독일어 전공 교사들 역시 일본어가 배우기 '쉽다'고 하였다. '쉽다'라는 말은 많은 의미를 내포할 수 있겠는데 우선 음성적인 측면에서 일본어는 한국어와 유사하여 발음상의 어려움이 크지 않다는 것이다. 또 문자와 어휘, 기본적인 문법을 학습한 후에는 듣기도 쉬우며 말하기 역시 용이하다는 것이다. 개인차가 있기는 하지만 양성과정에 있던 많은 교사들이 일본어 학습이 시작된 지 3, 4개월 이후부터 초보적인 수준에서 외국어인 일본어를 말할 수 있게 되었다. 이것은 서양언어를 학습할 때와는 매우 다른 상황이라고 할 수 있는데 영어나 프랑스어, 독일어의 경우 수년간 학습했다 하더라도 별도의 노력 없이 '말하기'는 매우 어렵고 구어에 이르기까지 많은 학습시간을 필요로 한다. 또한 이들은 학교에서 일본어를 직접 가르쳐 본 결과 서양언어를 가르칠 때보다 수업이 훨씬 '편하다'고 하였다. 학습 내용의 전달과 수업 진행, 학생들의 수업참여 유도가 훨씬 쉽다는 것이다.

그렇다면 초급 수준에서 일본어 학습자의 성취는 어느 정도일까. 일본어 학습자와 교수자의 교수·학습 상황에 대한 만족도나 요구는 서양언어 학습자나 교수자와 얼마나 다를까. 모국어인 한국어가 일본어 학습에 미치는 영향은 어느 정도일까. 또 한국어와 일본어 간 유사성은 일본어 학습에 유리하게만 작용할까. 이러한 의문은 일본어 학습을 시작하고 학생들을 가르치는 내내 가장 흥미로운 관심사가 되었다. 이러한 의문에 대해 숙고하기 위해 외국어 교육과 박사과정에서의 논문제목을 『한국 일반계 고등학교 학습자를 위한 프랑스어와 일본어 교수·학습 방안 연구』로 결정하고 서양언어인 프랑스어 학습자와 동양언어인 일본어 학습자의 교육상황에 대한 만족도 및 학습 동기와 요구를 분석하고 이들이 저지르는 오류 양상의 규명하고 비교하여 개선점을 제시하는 한편 초급 학습자들에게 필요한 교수·학습 방안을 제시하였다.

이 책은 논문 가운데 프랑스어 부분을 제외하고 일본어 부분만을 다룬 것으로서 일본어 학습자와 교수자의 만족도 및 태도, 학습자의 오류양상과 원인을 규명한 부분을 발췌하여 보완한 것으로서 한국어가 일본어 학습에 미치는 긍정적이거나 부정적인 요소들을 알아보고 학습 시 유의해야 할 점과 현 상황에서 일본어 교육에서의 개선점 및 새로운 교수·학습 모델을 제시한 것이다. 이 책이 일본어 학습을 처음 시작하는 중·고등학생이나 대학교 1, 2학년 학생, 초급 단계의 성인 학습자, 교사 그리고 일본어 교육을 연구하는 연구자들에게 도움이 되기를 바란다.

1. 책의 구성

이 책은 <목차>와 같이 5장 및 부록으로 구성되어 있다.

2. 연구범위

학습자들의 만족도와 요구, 오류는 모두 초급 수준의 고등학생을 대상으로 조사되었다. 이는 의사소통 접근법에 근거한 제7차 교육과정으로 학습한 결과이다. 그리고 고등학교의 새로운 수업모델로서 행위 중심 관점에 의한 교수·학습 모델을 구상하고 제시하였다. 행위 중심 관점은 교수·학습 과정을 새로운 시각으로 접근하고 실천하려는 이론이므로 지금까지 가르치고 배웠던 것과 전혀 다른 언어내용을 제시하는 것은 아니다. 단지 강조점과 실천 방식이 다르다는 사실을 유의해 주기 바란다.

3. 참고문헌

　책의 말미에 있는, 참고문헌은 영어와 프랑스어로 되어 있어 일본어 전공 독자들이 참고하기에 무리가 있다. 일본어로 된 문헌과 인터넷 사이트를 참고해 주기 바란다. 용어의 의미를 명확히 하기 위하여 저자가 연구에 참고한 문헌의 용어를 그대로 사용하였으므로 괄호 안에도 영어나 프랑스어가 섞어 병기되었다. 이해를 돕기 위하여 아래에 용어를 설명하였다.

4. 유의점

　이 책은 논문『한국 일반계 고등학교 학습자를 위한 프랑스어와 일본어 교수·학습 방안 연구』에서 일본어 부분을 발췌하여 보완한 것으로서 논문의 주장과 약간 달라진 점이 있다. 예를 들어 논문에서는 일본어에서 말하기를 가장 강조할 수 있다고 하였지만 이 책에서는 읽기를 가장 우선순위에 두었다. 실제 고등학교의 학습시간과 교실 내 학습자 수를 고려한 결정이다.

5. 용어 설명

　교수요목: 각 단원별로 무엇을 어떻게 가르칠 것인가를 목록화한 것. 문법적 순서에 따른 교수요목, 의미와 기능을 중심으로 한 교수요목 등이 있음. 단원이 구성되기 위해서는 서로 논리적 연결성(cohérence)을 가진 장소, 시간, 인물, 주제 등이 필요함.
　교육과정: 중등학교에서 달성해야 할 교육목적과 교육목표를 국가적 수준에서 결정하고 교과의 편성과 운영에 관한 공통적이고 일반적인

기준들을 제시한 것. 교육목표의 확인과 선정, 학습경험의 결정과 조직, 선정된 학습경험의 실제 교수·학습, 교육목표의 달성 여부 확인 작업을 필요로 함.

동질언어 학습 환경: 미국, 영국, 캐나다, 호주에서 영어를 배우는 것과 같이 해당 언어가 사용되는 국가에서 언어를 배우는 경우의 학습 환경.

목표어: 모국어 이외에 학습자가 배우고자 하는 언어.

습득: 학습자 언어가 정보처리와 기억 과정을 거쳐 언어적 지식과 의사소통 능력에 있어서 일정 수준에 이르게 되는 것.

시청각 교수법(Méthode Audio-Visuelle): 듣고 본 것을 이해하고 말하는 방식. 청화식 교수법과 같이 행동주의 원리에 근거함. 약어 MAV.

실재성: 사실적이고 살아 있으며 자연스러운 표현, 교육을 위한 의도와 징후가 드러나지 않은 것, 잘려지거나 조작되지 않은 것. 자료의 실재성뿐만 아니라 생산과 수용 조건 전체 및 교실 내에서 학생들에게 요구되는 임무의 실재성을 의미함. 실제성이라고도 함.

실재자료: 실재성이 있는 자료. 신문, 잡지, 메뉴, 광고, 드라마, 영화 등 원어민이 실제로 사용하고 보고 듣는 있는 그대로의 자료. 제작자료인 교과서와 구별되며 실제자료라고도 함.

언어의 네 기능: 듣기, 말하기, 읽기, 쓰기

언어재료: 철자, 발음, 어휘, 문법, 의사소통 기능, 문화 등 언어 사용에 필요한 재료들.

언화 행위: 발화자 A와 수화자 B간의 의사소통 행위. 의사소통 기능을 실행하는 행위.

오류: 외국어 습득과정에서 모국어의 영향이나 목표어 내 규칙의

혼동으로 저지르는 잘못. 일정한 학습 시기에 지속적으로 나타나므로 일회성인 실수와 구별됨.

의사소통 기능: 언어를 통해 하고자 하는 것, 수행하고자 하는 것. 학습자가 습득해야 할 언어재료 중 하나로 인사, 소개, 감사, 확인, 동의, 사과, 제안, 거절 등의 언어 기능을 의미함.

의사소통 접근법(Approche Communicative): 전통적 교수법이나 행동주의 원리에 근거한 교수 이론을 거부하고 언어 자체를 아는 것뿐만 아니라 언어 사용을 통해 의사소통의 목적을 달성하는 것을 중요시함. 약어 AC.

이질언어 학습 환경: 한국에서 영어나 프랑스어를 배우는 것과 같이 해당 언어가 사용되지 않는 국가에서 언어를 배우는 경우의 학습 환경.

전통적 교수법(Méthode Traditionnelle): 전통적으로 외국어 교수법에 적용되던 방식으로 어휘와 문법 중심의 번역식 교수방법, 교사의 설명 위주. 약어 MT.

제2외국어: 우리 교육과정에서는 영어를 외국어 혹은 제1외국어로 취급하며 그 외 외국어들을 제2외국어로 분류함. 우리나라에서만 사용되는 특수한 용어.

청화식 교수법(Méthode Audio−Orale): 듣고 따라하기 방식으로 암기를 위주로 함. 자극−반응−강화라는 행동주의 학습이론에 근거함. 약어 MAV.

학습: 일정한 언어 지식과 의사소통 능력에 이르기 위한 학습자의 의식적이고 자발적이며 관찰 가능한 행동.

학습자 태도: 외국어 학습자의 표상, 동기, 요구, 인지 능력 등을 모

두 포함하는 개념.

행위 중심 관점(Perspective Actionnelle): 단지 의사소통만이 아니라 의사소통을 통한 행위 목적의 달성을 중요시함. 약어 PA. 교수이론으로는 행위 중심 접근법(Approche Actionnelle)으로도 명명됨. 약어 AA.

CECR: 언어 교수·학습·평가를 위한 유럽공통 참조기준.

FLE: 외국어로서의 프랑스어.

L1: 학습자의 제1언어, 모국어.

L2: 제2언어, 모국어 이외에 학습자가 필요에 의해 배우거나 사용하고 있는 다른 언어.

Contents

서문 ·· 4

일러두기 ·· 7

제1장 외국어 교수법 ·· 15

제2장 교육과정과 교수법 ·································· 31

   1. 의사소통 접근법 적용상의 문제점 | 34
   2. 일본어 교육의 특성 | 43

제3장 교육 만족도 및 학습자 태도 ············· 51

   1. 교육 만족도 | 53
   2. 학습자 태도 | 61
   3. 종합 | 89

제4장 학습자 오류 ··· 95

   1. 오류 연구의 목적 | 97
   2. 오류 연구의 기반 이론 | 100
   3. 오류의 정의 | 108

4. 오류의 유형 | 111

5. 오류의 원인 | 115

6. 오류의 실제 예 | 121

7. 오류 분석의 결과 | 172

8. 종합 | 181

제5장 행위 중심 교수 · 학습 모델 ·············· **185**

1. 6단계 참조범주와 공통 능력 수준 | 188

2. 유동적 분지모델의 적용 | 191

3. 의사소통 과제 | 195

4. 교수 · 학습 목표 | 198

5. 교수 · 학습 내용 | 200

6. 종합 | 255

맺음말 ···················· **259**

참고문헌 ···················· **261**

부록 ···················· **267**

제 **1** 장
외국어 교수법

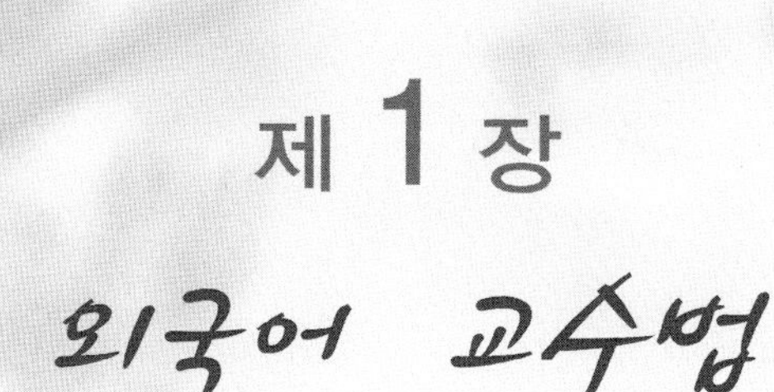

  교수법이란 말 그대로 교수 기법 즉 가르치는 방법을 의미한다. 좀 더 넓은 의미로 보자면 20세기에 등장한 응용언어학의 한 분야로서 언어학에 일반 교육학과 심리학, 사회학, 기술공학 등이 결합된 교수이론이라고 할 수 있다. 교수·학습에 영향을 주는 외국어 교사들은 어떠한 방식이든 자신만의 방법으로 수업을 진행하게 되는데 이는 의식적으로든 무의식적으로든 그 시기에 지배적인 교수이론의 영향을 받고 있다. 따라서 교사의 영향 아래 있는 학습자 역시 특정 교수법에 의해 좌우되는 학습을 하게 된다. 교육목표와 교육내용, 교수·학습 방법이 명시적으로 규정되어 있는 제도권 즉 학교의 교수·학습에서 이러한 현상이 더 두드러지게 나타나는데 제도권 밖 교육, 즉 국제교류기금이나 사설 교육기관의 교수·학습 역시 일정 교수법에서 자유롭지는 못하다. 이 기관들이 채택하는 교재들이 일정 교수이론의 이념에 의해 집필된 것이기 때문이다.

  그렇다면 먼저 우리의 외국어 교수·학습에 영향을 주는 교수법에는 어떤 것들이 있는지 알아보도록 하겠다.

1) **전통적 교수법**(Méthode Traditionnelle, MT)

전통적 교수법은 로마제국의 멸망 이후 사어(langue morte)가 된 라틴어의 학습 방법에 기원하고 있다. 중세 말과 르네상스 시기에 이르는 동안 라틴어는 일상생활에서 사라져 구어로서의 위치를 상실하고 문학작품이나 성서에서만 남게 되었기 때문에 라틴어 학습은 곧 번역을 의미하는 것이 되었고 이러한 언어교육의 습관은 전통적 교수법이라고 하는 문법―번역식 교수법의 성립으로 이어지게 되었다.

전통적 교수법에서 교사는 목표어의 내적 구조를 설명하고 모국어로 번역하는 역할을 담당한다. 따라서 수업은 교사가 문법규칙을 설명하고 문법 언어를 사용하여 언어를 설명하는 방식으로 이루어지며 목표어로 된 문장을 이해하기 위하여 한 글자씩 모국어와 대응시키며 번역하게 된다(Henri Besse, 1985:26). 전통적 교수법은 외국어를 실용성을 가진 도구로 보는 것이 아니라 학문적 탐구의 대상으로 보기 때문에 이에 따른 외국어 교수·학습은 학문의 연마와 정신의 고양이라는 측면이 강하다.

교사가 수업의 주도권을 갖는 전통적 교수법은 현대적 제도 교육이 시작된 이후 오랜 기간 한국의 외국어 교육에 적용되었기 때문에 학교 외국어 교육의 변화에도 불구하고 현재까지 많은 교사들의 수업 습관으로 남아 있다고 볼 수 있다. 학교의 교육은 단지 실용성만을 목표로 하지 않기 때문에 전통적 교수법은 제도권 내에서의 교수·학습 정신과 일치하는 측면이 있다. 그러나 문법 설명과 번역을 주로 하는 수업은 문어에서 구어로의 이행을 어렵게 하여 외국어를 배웠음에도 불구하고 실제로는 목표어를 구사하는 사람과 의사소통은 할 수 없는 결과를 가져왔다. 또 이러한 수업의 결과 학습자들이 학습에 흥미를 갖지 못하게 되어 학습동기 지속 및 학습 효과 면에서도 문제가 발생하게 되었다.

2) 청화식 교수법(Méthode Audio–Orale, MAO)

청화식 교수법은 예일대의 Bloomfield, Sapir, Boas와 같은 언어학자들이 'The ASTP, The Army Specialized Training Program'이란 제목으로 연구하고 개발한 방법론으로 원래 제2차 세계대전 당시 군인들이 파병된 지역의 언어를 가능한 한 빠른 시간 내에 배울 수 있도록 연구된 교수법이다. 그런데 1950년대 이후에 Lado, Fries, Brooks, Politzer과 같은 응용 언어학자들의 연구에 힘입어 군대뿐만 아니라 학교와 일반 대중에게 큰 호응을 얻어 확산되었다.

구조주의 언어학과 Skinner의 행동주의 학습이론을 바탕으로 한 이 이론에서는 언어 습득을 자극–반응–강화의 반복에 의한 습관의 형성이라고 본다(Germain, 1993:141). 문어보다 구어를 중시하며 언어의 구조에 바탕을 둔 문형 연습을 강조하며 이 구조가 자동화되어 발현되기를 기대하는 방식이다.

청화식 교수법의 원칙은 다음과 같다.

① 문어보다는 구어가 중요하다.
② 따라서 어린 아이가 언어를 배우는 순서인 듣기–말하기–읽기–쓰기 순으로 가르친다.
③ 모국어가 간섭을 일으켜 학습을 방해하므로 교실에서 모국어

사용을 제한하고 가능한 한 목표어로 대화한다. 한편 교사는 모국어와 목표어를 대조 분석하여 학습 상의 문제점을 추출하고 지도한다.

④ 문형 연습이 가장 효과적인 외국어 습득 방법이다. 구체적으로 치환, 확장, 축약, 변형 등과 같은 방법으로 연습한다. 학습자가 즉각적이며 습관적으로 대답하는, 기계적인 행위의 습득을 위하여 문장에 대한 반복 연습이 중요하다. 따라서 수업은 여러 번 반복하여 듣고 이를 따라 하고 암기하는 방식으로 이루어진다.

⑤ 문법에 대한 직접적인 설명을 피한다.

⑥ 교사는 좋은 발음의 모델이 되어야 하고 그렇지 못할 경우 녹음기를 사용한다.
학습자는 교사나 녹음기를 따라하는 방식으로 정해진 문형을 연습한다.

⑦ 학습자가 능동적으로 참여하도록 하기 위해서는 어학실습실이 필수적이다.

⑧ 읽기, 즉 독해보다는 실제 말할 수 있어야 한다.

⑨ 언어는 신체의 기관 중 귀와 입을 통하여 실현되므로 교재는 청화식에 중점을 두며 듣기와 말하기 능력을 기르는 데 주력한다.

그러나 청화식 교수법은 학교에서는 군대에서와 같은 효과를 거두지 못하였는데 이는 청화식 교수법이 학습동기가 강한 소규모 성인 학습자 그룹, 하루 4~5시간의 집중교육, 전문적인 교사와 원어민 등의 조건이 갖추어졌을 때 효과적인 교수법이기 때문이다. 따라서 60, 70년대에 이르러 다음과 같은 비판에 부딪히게 된다.

① 어학실습실에서 정해진 구문을 연습한 학습자들이 실제 상황에
　 서는 제대로 발화하지 못하는 경우가 많다.

② 언어 학습 초기에는 효과적이지만 반복이 많아 중급자나 상급
　 자들에게는 너무 지루하고 비효율적으로 느껴진다.

③ 언어의 사용을 강조하지 않고 용법만을 강조하여 언어 사용을
　 가르치지 않고 언어 자체만을 가르친 결과를 가져왔다.

④ 획일적이고 동일한 형태의 언어만을 가르쳐 다양한 언어 사용
　 에 대해 고려하지 못하는 결과를 가져왔다.

오늘날 이 교수법은 초급 학습자가 외국어의 기본 문형을 익히는
데 효과적이라고 받아들여지고 있다. 그러나 반복되는 단순한 문형연
습은 다양한 문장 생성에는 도움이 되지 않고 학습자들을 지루하게
만들기 때문에 초급을 벗어난 학습자들에게 적용하기는 어렵다.

3) 시청각 교수법(Méthode Audio – Visuelle, MAV)

구조 총체 시청각 교수법(méthode structuro – globale audio – visuelle)이
라고도 불리는 이 교수법은 미국에서 개발된 청화식 교수법에 자극을
받아 1950년대 중반 유고슬라비아 자그레브 대학의 Peter Guberna와
프랑스 셍클루 고등사범학교의 Paul Rivenc이 기본 원리를 정리한 것
이다. 청화식 교수법과 마찬가지로 구조주의 언어학과 행동주의 심리
학을 기반으로 하고 있지만 발화자의 시청각 지각과 발화 상황에 대
한 총체적인 이해를 중시하면서 언어의 개인적인 측면, 감정적인 요
소에 주목한다는 점이 다르다. 요컨대 시청각 교수법은 청화식 교수

법의 장점은 수용하되 군대식 반복 연습의 단점을 개선하고자 학습자들에게 배운 어휘와 문형을 활용할 수 있는 시각적 도구를 주어 스스로 문장을 만들어 내도록 유도하려고 한 것이다.

원칙으로는 다음과 같은 것들이 있다.

① 언어는 하나의 구조이므로 처음부터 따로 떨어진 어휘가 아니라 문장을 가르친다.
② 언어는 의사소통의 도구이므로 번역을 피하고 일상생활의 언어를 대화(dialogue)형식으로 가르친다.
③ 언어학습은 의사소통 상황에 개입되는 언어적 요소와 비언어적 요소(억양, 리듬, 몸짓, 표정), 심리적이고 감정적인 요소를 총체적으로 포착하는 것이다.
④ 학습요소의 총체적인 포착을 위해 그림을 이용한다.
⑤ 학습 어휘 수를 정하고 문법은 전통 문법교육 방식에 따라 쉬운 것부터 어려운 것으로 점진적으로 가르친다.

단점으로는 다음과 같은 것들이 있다.

① 빈도수에 따라 학습 어휘를 선정하고 이 범위 내에서 문장을 만들어 가르치려고 했으나 선정된 어휘들이 시간이 지남에 따라 잘 쓰이지 않게 되는 경우가 있으며 학습 목적에 관계없이 어떤 학습자에게나 같은 어휘를 가르치려고 했다.
② 정해진 어휘 내에서 만들어진 대화가 실제 사용되지 않는, 억지스러운 대화일 때가 많다.

③ 모국어로 번역하지 말고 목표어로 바로 생각하고 말해야 한다
   고 주장하였으나 심리학에 의하면 성인의 경우 번역은 반사적
   으로 일어난다.
④ 주어진 그림을 이해하는 데 개인차가 있다. 해석에 보편성이 존
   재하지 않는 것이다.
⑤ 의사소통 기능 가운데 상황 설명적 기능만을 주로 가르쳐 진정
   한 의미에서 의사소통의 도구로서의 언어를 가르치지 못하였다.

시청각 교수법은 처음부터 정확한 발음과 표현을 가르치고자 했던
점에서 정확성을 추구하는 전통적인 학교 교육의 이념과 일치하는
면이 있으며 시각 자료를 통해 교실에 실생활에서와 같은 상황을 조
성하려고 했던 점에서 긍정적인 평가를 받고 있다.

4) 의사소통 접근법(Appoche Communicative, AC)

AC는 유럽의회에 의해 시작되었다. 유럽 공동시장, 유럽의회 등을
통해 하나가 된 유럽은 상호협력의 필요성이 증대되자 공통언어로서
성인들에게 영어를 가르칠 필요를 느꼈고 이에 관한 연구를 전문가
들에게 일임하였다. 이에 따라 1972년 영국의 Holliday, Widdowson,
Van Ek 등 일련의 언어학자, 응용 언어학자, 그 외 전문가들이 의미-기
능적(Notion-Fonction) 교수법 즉 의사소통을 위한 교수법을 발전시키기
시작하였고 그 결과물로서 1975년에 외국어로서의 영어교육을 위한
*Threshold Level English*가, 1976년에 프랑스어 교육을 위한 *Un niveau-seuil*가
출간되었다.

이론적으로 볼 때 AC는 구조주의의 영향으로 언어의 습득1)을 기계적인 반복 훈련에 의한 습관의 형성이라고 보는 청화식이나 시청각 교수법에 대한 반성과 재고라고 할 수 있다. 사회학과 심리 언어학, 인류학 등 다양한 학문 분야의 영향을 받고 있으나 가장 직접적으로는 언어의 사회적 사용과 관련하여 사회학의 영향을 받은 교수 이론이다(Germain, 1993:201). Hymes(1972:269-293)는 의사소통을 구체적인 상황에서 어떤 목적을 가지고 이루어지는 인간의 사회적 행위로 간주하고 의사소통 능력(compétence de communication)을 문법적인 문장을 이해하고 생산하는 능력인 언어능력 이외에 언어 사용과 관련된 심리적·문화적·사회적 규칙을 아는 능력으로 규정하였다. 또 Canale & Swain(1980:47)은 의사소통 능력을 다음과 같이 세분화하여 정의하고 있다.

① 언어적 능력(Compétence Linguistique): 언어 및 언어 구조에 대한 기본 지식.
② 담화 능력(Compétence du Discours): 개개의 메시지가 서로 연결성이 있도록 담화를 이끌어 갈 수 있는 능력.
③ 사회 언어적 능력(Compétence Socio-linguistique): 사회·문화적 맥락에서의 언어 의미의 이해와 사용 능력.
④ 전략적 능력(Compétence Stratégique): 언어능력이 부족한 경우, 담화에서 부연 설명, 단순화 등의 전략을 사용할 수 있는 능력.

---

1) 습득(acquisition)은 학습자 언어가 정보처리와 기억 과정을 거쳐 언어적 지식과 의사소통 능력에 있어서 일정 수준에 이르게 되는 것을 의미하므로 학습자의 의식적이고 자발적이며 관찰 가능한 행동인 학습(apprentissage)과 구별된다(Cuq, 2003:12, 22 참조). 그러나 습득과 학습이 항상 분리되어 있는 것은 아니므로 본 연구에서는 학습과 습득이란 용어를 함께 사용하기로 한다.

AC는 언어의 습득을 개인의 타고난 능력(capacité innée)으로 발화 규칙을 형성해 나가는 것이라고 보는 언어학의 입장을 수용하는 한편, 언어의 사회적 사용, 즉 의사소통 도구로서의 언어의 기능(fonctions de communication)에 대해 주목한다. 의사소통 기능이란 화자의 발화 의도로서 '언어를 통하여 하고자 하는 것' 또는 '수행하고자 하는 것'인데 예를 들어 개인의 생각과 느낌을 표현하는 기능(희로애락, 감각적 느낌, 정서 등), 사회생활에서 관계를 수립하고 유지하는 기능(인사, 소개, 약속, 초대, 칭찬, 사과 등), 다른 사람의 행동에 영향을 주기 위한 기능, 지시를 받고 거절하는 기능(제안, 요청, 설득, 허락, 금지, 경고, 지시 등), 사물, 행동, 사실, 언어 등에 관하여 이야기하고 보고하는 기능(사실 확인, 묘사, 설명, 요약, 비교, 가능성, 토론, 평가 등), 창작 활동, 작품에 관한 토론, 문제 해결 등과 관련된 기능들을 말한다 (Finocchiaro, 1983:13－17).

AC는 기존의 구조주의적 입장과 달리 어떤 언어로 의사소통하기 위해서는 그 언어의 규칙(grammaire)을 이해하는 것으로는 충분하지 않고 언어의 사용규칙(régles d'emploi)을 알아야 하며 어떠한 상황에서 어떠한 언어적 형태를 사용해야 하는지, 어떤 의사소통 의도(명령, 요구, 설득 등)를 가지고 어떤 사람과 대화를 하는지를 고려해야 한다는 입장이다.

AC는 의사소통 중심 교수법으로 불리기도 하는데 전통적 교수법이 문법－번역식이고 청화식이나 시청각 교수법이 듣거나 본 것을 기억하고 말하는 방식의 구체화된 교수 기법인 데 반해 정형화된 교수 기법이 정해져 있지 않고 페어 활동, 팀 활동, 역할극, 과제 중심 등 다양한 방법을 시도하고 있으므로 접근법이라고 명명되고 있다. 이 접근법에서는 정해진 교재 이외에도 신문, 잡지, 인터넷 기사, 광고, 메뉴와 같은 다양한 실재자료를 학습재료로 권장하고 있다.

AC는 학습자의 요구를 바탕으로 형태보다는 의미를 가르치려고 했다는 점, 즉 의사소통 능력을 향상시키려고 했다는 점에서 오늘날의 외국어 학습자 요구와 부합하는 측면이 많다. 그러나 기초적인 어휘나 문법보다 정형화된 의사소통 기능이 강조되어 기초적인 언어능력을 소홀히 하게 된다는 단점이 있으며 구체화된 수업모델이 없는 점, 목표어를 배워 당장 사용할 필요가 있는, 구체적인 학습동기를 가진 성인학습자에게 적합한 이론이므로 초급 학습자들을 대상으로 하는 학교 수업에 적용하는 데에는 무리가 따른다는 점도 단점으로 지적되고 있다.

5) 행위 중심 관점(Perspective Actionnelle, PA)

행위 중심 관점은 2001년 발간된 언어학습을 위한 유럽 공통 참조기준 즉CECR(Cadre européen commun de référence)를 근간으로 하는데 CECR는 유럽 평의회를 중심으로 1991년부터 40여 개 국가의 외국어 전문가들이 참여하여 연구한 결과로서 언어 교수·학습·평가를 위한 공통 참조기준이다. CECR는 의사소통을 목적으로 언어를 사용하는 학습자의 학습내용과 지식, 기능들을 구체적으로 명시하고 있으며 어떤 나라에서 어떤 언어를 배우는 학습자들에게라도 공통적으로 적용할 수 있는 목표와 내용, 방법을 제시한 것이다.

CECR는 언어 사용자와 학습자를 단순히 의사소통의 주체로 보지 않고 일정한 환경과 행위영역에서 적절하게 행동하고 그 행동의 목표를 달성하고자 하는 '사회적 행위자'로 설정한다(*CECR*, 2001:21). 또 학습자에게 요구되는 능력을 일반능력(compétence générale)[2]과 언어적 소통 능력(compétence communicative langagière)[3]으로 나누고 학습자가 언어를 사용할 때 언어적 소통 능력뿐만이 아니라 다양한 경험과 경험을 통해 얻은 실천 방법이나 전략 등 언어 외적 능력을 동원한다는 사실을 주목한다. 단순히 언어 사용이 아니라 행위의 목적 달성을 목표로 한다는 점은 CECR가 기존의 교수법과 가장 다른 점이다. 결국 CECR는 AC가 '어떻게 의사소통 능력을 습득할 수 있는가'에 초점을 두었던 것에 비해 외국어 교육을 단순히 의사소통이라는 틀 안에 두지 않고 '왜 의사소통을 하는가' 하는 점에 초점을 둔 것이므로 이에 기반을 둔 교수·학습 방법의 모색은 외국어 교육에 있어서 커다란 인식의 변화를 의미하며 이와 같은 인식의 변화는 교수·학습 내용 구성과 방법의 변화를 의미하게 된다.[4]

CECR의 특징은 다음과 같다.

① 언어의 학습과 사용을 구별하지 않는다.
② 언어 학습자는 사용자로서 단순히 언어적 과제만을 수행하는 것은 아니다.

---

2) 언어활동을 포함하여 모든 활동에 동원되는 인간의 능력으로 선언적 지식(Savoir-faire), 사용지식(Savoir-faire), 성향(Savoir-être), 학습능력(Savoir-apprendre)을 포함하는 능력이다(*CECR*, 2001:15-18, 82-86).

3) 언어적 능력, 사회 언어적 능력, 화용적 능력(*CECR*, 2001:86-101).

4) "화두는 '필요'이다. 여기에서 언어의 사용 즉 행위를 통하여 도달할 수 있는 목표와 학습이 유리된다면 언어 학습이 어떻게 의미를 가지겠는가라는 의문이 제기된다(On aperçoit dès lors que c'est 'le besoin de…' qui suicite la parole. A partir de là, comment concevoir que l'apprentissage d'une langue ait un sens s'il est déconnecté d'un objectif à atteindre à travers un usage de ladite langue, autrement dit à travers une 'action'(Bourguignon, 2006:58-59)." CECR의 출현은 교수·학습을 완전히 뒤집자는 것이 아니다. 언어적 소통 활동, 언어에 대한 탐구, 문화적 측면 등 행해졌던 모든 것은 여전히 존재한다(Bourguignon, 2007, Conférence de l'APLV de Grenoble).

과제란 언어 사용자가 사적 영역, 공적 영역, 교육 영역, 직업 영역에서 직면하게 되는 일상생활의 한 단면으로 행위자가 해결해야 할 문제나 수행해야 할 의무, 주어진 결과에 도달하기 위해 추구하는 행위적 목표이다. 과제의 부여는 학습자로 하여금 '어떻게 학습할 것인가'보다는 '왜 학습하는가'에 대한 생각을 하게 하므로 학습에 흥미를 불러일으킨다.

③ 주어진 상황에서 사회적 행위 목적을 달성하기 위한 언어 학습-사용을 추구한다.

CECR는 다음과 같은 면에서 AC와 구별된다.

① AC가 원어민과 같은 언어능력의 습득을 목표로 동질언어 상황에서 지금 당장 해당 언어를 필요로 하는 성인 학습자를 대상으로 연구된 이론인 반면, CECR는 동질언어 혹은 이질언어 상황에서 외국어를 학습하는, 다양한 학습 동기를 가진 다양한 연령층의 학습자를 대상으로 하는 교수·학습·평가 참조기준이다.

② '원어민과 같은 유창성'을 요구하기보다는 제한적인 언어지식이 요구되는 경우(예를 들어 말하기는 필요 없지만 언어의 이해가 요구되는 경우, 해당 언어의 음성학적 구조, 어휘와 문장에 관한 지식만을 요구하는 경우 등)와 언어를 배울 시간이 한정된 경우에 개인적으로 충족할 수 있는 부분 능력에 대해서도 고려하고 있다.[5]

③ 학습시간뿐만 아니라 교사, 학습자, 교수 도구의 상황에 따라 학습

---

5) 이는 *CECR*(2001:111-112)에서 개별적 접근(Approches particulières)라는 용어로 명기되고 있다.

할 내용이나 학습 방법, 교수법이 달라질 수 있다고 본다.

원래 이 기준은 통합 유럽의 다중언어 사용자들을 위하여 만들어진 것이지만 언어 및 문화 능력의 다양성을 인정하는 유연성을 특징으로 하므로 다른 지역에서도 차용가능성이 고려되고 있는 상황이다. CECR는 가장 기초 단계에서부터 모국어 수준에 가까운 언어 수준까지 폭넓은 언어 숙달 단계를 포괄하고 있으며 각 단계의 개별 학습자가 어떤 언어로 의사소통하기 위해서 학습해야 할 지식과 능력을 상세히 기술하고 있기 때문이다.

CECR의 중심 이념은 교수이론으로서 행위 중심 관점(Perspective Actionelle PA)이라고 명명된다(*CECR*, 2001:15). 이 관점은 외국어 수업에 적용된 시간이 짧고 그것도 주로 유럽에서 실천되었으므로 교수·학습 방법론으로 정립되었다고 보기는 어렵다. 따라서 아직은 전망이나 조망, 관점의 입장에 머무르고 있지만 Bourguignon(2006, 2007, 2008)이나 Puren(2004, 2006, 2008, 2009)과 같은 연구자들은 이를 행위 중심 접근법(Approche Actionnelle, AA)이라는 명칭 아래 하나의 교수·학습 방법론으로서 정립하고자 노력하고 있으며 많은 연구결과를 내놓고 있다.

그 외 외국어 교수법으로는 Sainliens의 직접 교수법, Palmer의 상황 교수법Curran의 협동 학습법, Gattegno의 침묵 교수법, Krashen과 Terrell의 자연 교수법, Asher의 전신반응 교수법 등이 있지만 주로 영어교육을 위해 제한적으로 실험되었으나 한국 외국어 교육 전반에 도입된 바는 없다.

제 2 장
교육과정과 교수법

우리나라의 교육과정은 교수요목기(1945~1954), 제1차 교육과정 (1954~1963), 제2차 교육과정(1963~1973), 제3차 교육과정(1973~ 1981), 제4차 교육과정기(1981~1987), 제5차 교육과정(1987~1992), 제6차 교육과정(1992~1997), 제7차 교육과정(1997~2009), 2007 개정 교육과정(2010), 2009 개정 교육과정(2011) 시기로 나누어진다.

시기별로 전통적 교수법, 시청각 교수법, 의사소통 접근법을 적용 하였으며 행위 중심 관점은 연구되는 단계의 새로운 이론으로서 아 직 우리 외국어 교육에 적용된 바 없다.

외국어 교육이 시작된 초기에는 어휘나 발음, 문법이 강조된 전통 적 교수법이 적용되었다. 80년대 즉 4차 교육과정기에 시청각 교수법 이 시도되었는데 우리나라에서 실시된 시청각 교수법은 유럽에서 개 발된 시청각 교수법과 미국의 청화식 교수법이 혼재된 것이었다.

시청각 교수법이 적용된 시기에는 원어민의 발음을 습득하기 위하 여 교사나 녹음기를 통하여 발음을 따라 하는 방식으로 수업이 진행 되었다. 또 대화 형식으로 구성된 목표어의 사용 예가 그림 자료나 목표어로 녹음된 대화자료(dialogue) 즉 시각과 청각을 통하여 학생들에게 소개되기도 하였다. 교사의 번역이 아니라 시각화된 상황에 의하여 언어의 의미를 이해하도록 하려는 의도에서 녹음기를 이용한 문장 패턴의 반복 연습, 대화문의 이해와 연습, 그리고 시청각 기자재를 이용한 자료의 제시가 시도된 것이다.

시청각 교수법의 도입은 과거 전통적 교수법에 대한 반성으로 문어에서 구어로 언어 교육의 중심이 이동한 것을 의미하며 문법보다는 실제 사용되는 언어를 가르치려고 했다는 점에서 의미를 갖는다. 그러나 우리나라에서 시청각 교수법이 적용된 시기는 매우 짧았고 또 학교에 시청각 교수법이 실현될 수 있는 학습 환경이 제대로 마련되지 못하였기 때문에 이 교수법은 교수・학습에서 제대로 구현되지는 못하였다.

우리나라에서 의사소통 능력의 배양을 외국어 교육의 기저로 삼은 것은 5차 교육과정부터이다. 그러나 이 시기 교육과정의 의사소통이란 단순히 듣기, 말하기, 읽기, 쓰기 능력의 총합을 의미하였다. 6차 교육과정부터 Hymes의 정의에 따른 의사소통 능력이라는 개념이 도입되었으나 구체적으로 '의사소통 능력 함양'이 교육목표로 제시된 것은 7차 교육과정부터이다.

1. 의사소통 접근법 적용상의 문제

언어를 단순히 학습하는 데 그치지 않고 실제 사용에 이르게 한다는 AC의 이념은 직관적으로 매우 설득력이 있었으므로 이를 우리나라 제도권 내 교육에 도입하는 것은 매우 타당한 것으로 받아들여졌다. 그러나 90년대 이후 도입된 의사소통 접근법은 현재까지 한국의 외국어 교육 상황과의 적합성 문제로 논란의 대상이 되고 있다. 외국어 교육의 목표가 '기초적인 의사소통 능력의 함양'으로 명시됨으로써 '목표어로 의사소통하는 것'이 외국어 교육의 가장 중요한 화두가 되었는데 학교의 외국어 교육에서 이 목표의 실현이 가능한가 하는 문제가 논란의 핵심이 된 것이다. 실제로 의사소통 접근법을 적용한 지 거의 20년이 흐른 지금도 학습자들의 의사소통 능력은 거의 향상되지 않는 것으로 많은 연구자들이 판단하고 있다. 의사소통을 강조하느라 오히려 기초적인 언어능력인 어휘력이나 문법 능력마저 저하되었다는 우려의 목소리도 크다.

지금까지의 외국어 교육이 성공적이라는 평가를 얻지 못하는 이유는 우리나라 학교의 학습 여건이 AC를 실현하기에 적합하지 않기 때문인데 이는 근본적으로 AC가 목표어가 사용되는 환경에서 당장 또는 단시일 내에 사용하기 위해 외국어를 학습하는 성인 학습자를 대상으로 만들어진 이론이라는 사실에 기인한다.[6] Puren(1998:359)이 학교에서의 외국어 교수법과 외국어로서 성인을 대상으로 하는 교수법을 구별하는 것도 바로 이러한 이유에서이다. AC를 우리나라 학교 외국어 교육에 적용하고자 할 때 마주치게 되는 어려움을 유형별로 분류해 보면 다음과 같다.

1) 학습 환경(contexte d'apprentissage)상의 어려움

미국이나 캐나다, 호주에서 영어를 배우는 것과 같이 목표어가 사

---

6) "생활 외국어의 유창한 의사소통 활동을 목표로 하는 제7차 교육과정은 의사소통 중심 교수법의 원리를 거의 그대로 수용하고 있는데, 이는 외국어를 배워 당장 또는 적어도 단시일 내에 원어민과 의사소통을 하고자 할 때 필요한 교수법이다. 하지만 우리나라 고등학생들은 외국어를 실제로 사용할 가능성이 그리 많지 않다(김경석, 2002:64)."

용되고 있는 나라에서 외국어를 배우는 경우를 동질언어 학습 환경 (contexte homoglotte)에서의 학습이라고 하는데 이것은 목표어가 사용되지 않는 나라에서 외국어를 배우는 경우를 의미하는 이질언어 학습 환경(contexte hétéroglotte)에서의 학습과 대립되는 개념이다(Cuq, 2003:121－122). 따라서 영어를 사용하지 않는 사회적 환경에서 영어를 학습하는 우리나라 학습자들은 이질언어 학습 환경에 놓인 전형적인 예라고 할 수 있다.

동질언어 학습 환경에서는 언제 어디서나 언어적 상호 작용이 이루어지므로 사회 전체가 학습의 장이 되지만 이질언어 학습 환경에서의 학습자는 주로 교재를 매개로, 교사의 수업을 통하여 목표어와 접촉하게 되고 언어의 사용도 교실 내에서 아주 짧은 시간 동안 이루어진다. 따라서 일상생활에서 언제나 목표어에 노출될 기회를 가지는 동질언어 학습상황의 학습자에 비해 정보의 입력과 생산, 두 측면의 활동이 매우 제한된다. 그러므로 이질언어 학습 환경의 학습자가 동질언어 학습 환경의 학습자와 동일한 수준의 정보를 얻고 언어의 실제 사용에 이르기 위해서는 더 많은 시간과 노력을 필요로 하게 된다.

AC는 이전의 다른 교수 방법론들과 마찬가지로 목표어를 사용하는 동질언어 환경에 있는 학습자들을 전제로 연구된 이론이다. 그러므로 우리나라 고등학교 수준에서 AC에 기반을 둔 교육과정이 제시하고 있는 의사소통 기능을 실제 구어로 실현할 수 있는 능력을 습득하는 것은 매우 힘들다.[7]

---

7) 게다가 학교환경에서 학습하는 언어는 실제 사용을 위한 언어가 아니라 학생들의 시간표에 있는 교과목으로서의 위상을 갖게 된다. 그러므로 언어의 첫 번째 존재 이유인 실용적인 기능이 자주 배제되고 학습해야 할 규범이나 규칙을 가진 시스템으로 인식된다(La langue apprise en milieu scolaire est inscrite à l'emploi du temps des élèves. De ce fait, elle est abordée en tant que système qu'il faut acquérir,

2) 실재성(une authenticité)[8]의 문제

　이질언어 학습 환경의 학습자는 목표어에 노출되는 빈도나 정보의 양뿐만 아니라 학습내용의 질적인 측면에서도 동질언어 학습 환경의 학습자와는 다른 상황에 있다. 이질언어 학습 환경에서는 실제 원어민이 사용하는 언어와의 접촉 가능성이 현저히 낮을 뿐만 아니라 실재자료의 사용과 모의 의사소통(simulation)도 용이하지 않다. 또한 교과서 중심의 수업에서 초급단계의 학습자 수준과 일치하는 실재자료를 찾기는 어렵고 찾는다 하더라도 수업시간의 부족으로 사용하기가 쉽지 않다.

　학습자들에게 목표어에 대한 정보를 제공하는 거의 유일한 수단인 교과서는 원어민이 사용하는 언어를 있는 그대로 구현한 것이 아니라 교육과정이 규정하고 있는 어휘와 문법, 의사소통 기능을 바탕으로 만들어진 제작자료이므로 그 내용이 매우 인위적이다. 따라서 학습자들이 교과서를 통하여 원어민의 언어를 이해하고 원어민과 같은 방식으로 언어를 사용하는 법을 배우는 것은 가능하지 않은 것으로 판단된다.

　교실 내의 의사소통이 실재성을 갖는 것도 쉽지 않다. 한국에서 한국인들끼리 하는 교실 내의 의사소통은 단지 유사 의사소통(pseudo-communication)에 지나지 않으므로 학생들이 자신이 직면하게 될 실제

---

avec ses codes et ses règles, souvent au détriment de la fonction pragmatique qui est la raison première d'exister d'une langue)(Bourguignon, 2007:7 참조).

8) Besse(1982:16-17)에 의하면 실재성이란 실제적이고 살아 있으며 자연스러운 표현, 교육을 위한 징후와 의도가 드러나지 않은 것, 잘려지거나 조작되지 않은 자료 전체를 의미하며 또 단지 자료의 실재성뿐만 아니라 생산과 수용 조건 전체 및 교실 내에서 학생들에게 요구되는 임무의 실재성까지도 포함한다.

상황으로 인식하기가 매우 어렵다.9) 언어의 형태와 기능에 의미를 부여하는 것이 바로 맥락인데 교실 언어에는 언어의 실제 사용 맥락이 없기 때문이다.

교실 내에서 실재성을 가지는 의사소통은 교사의 질문에 대답하거나 지시를 수행하고 명확한 사항에 대해 의견을 표현하는 행위 정도이다. 그런데 이러한 의사소통은 이미 학습한 내용의 범위 안에서 주로 교사와 학생 간의 질문과 대답 형식으로 이루어지므로 대부분 예견될 수 있는 것들이어서 이 도식을 다른 방식으로 적용하기는 어렵다(Bucher-Poteaux, 1998:317 참조). 따라서 의사소통 능력을 기르기 위한 수업은 언화행위(acte de parole) 혹은 의사소통 기능에 입각한 정형화된 언술(énoncés stéréotypés)을 학습하는 수준에 머무르게 된다. 결국, 학습은 인위적 환경에서 가상현실인 음식 주문, 호텔 예약, 물건 사기 등의 정형화된 상황의 시뮬레이션이나 리허설에 그치게 되며, 학습자가 교실 내 학습을 바탕으로 자신의 필요에 일치하는 의사소통 목적 달성을 위한 실제 언어 사용에 이르기란 거의 불가능해진다.10)

---

9) 또한 교실 내 의사소통은 타자 간 의사소통(exolingue*)이라고 할 수 있다. 타자 간 의사소통이란 대화자 두 사람 모두 혹은 두 사람 중 한 사람이 모국어가 아닌 다른 언어를 수단으로 의사소통함을 의미한다(Cuq, 2003:97-98). 우리나라 상황에서는 교사 역시 목표어를 외국어로서 학습한 상태이므로 모국어 화자와 같은 대화의 상대자가 되어 줄 수 없고 이로 인하여 대화가 실재성을 갖기 어렵게 된다. 더구나 같은 모국어를 공유하는 교사와 학생 간의 목표어를 통한 의사소통은 더욱 부자연스럽고 인위적으로 느껴질 수밖에 없다(Bucher-Poteaux, 1998:318). 학생들은 의사소통이 '거짓'이라는 것을 알기 때문에 진정한 의사소통 의도를 가지고 참여할 수 없게 된다. 또한 타자 간 의사소통에서는 의사소통의 목적보다는 언어와 의사소통의 조작에 초점이 맞추어지게 된다(Véronique, 2000:409).

  * 'exolingue'는 모국어 화자들 간의 의사소통을 의미하는 'endolingue'와 대립되는 개념으로 정확한 번역을 찾기 힘들다. 따라서 본 연구자는 목표어에 대해 원어민과 같은 인식을 갖기 어렵고 목표어 사용 문화의 범주 밖에 있다는 의미에서 외국어 사용자를 타자라고 정의하고 이들 간의 대화를 타자 간 의사소통이라고 번역하였다.

10) 여러 외국어 과목들의 학습과정은 흔히 제2언어의 성공적인 학습에 부적절한 환경에서 이루어진다. 교실 수업만으로 한정된 상황에서 외국어의 유창성을 획득할 수 있는 사람은 거의 없다(Brown, 2007:1). 또 자연스러운 언어 교환을 흉내 내는 의사소통만으로 교수·학습이 굳건해질 수는 없다(Bailly, 1998:327).

3) 학습 동기 부재로 인한 어려움

AC가 가정하고 있는 학습자와 한국 고등학교 학습자의 성격은 동기적인 측면에서도 매우 다르다. AC는 구체적인 언어 학습의 동기를 가지고 있으며 당장 해당 언어 사용을 필요로 하는 성인 학습자를 대상으로 이들의 동기와 흥미, 요구를 고려하여 원하는 것을 우선적으로 가르치도록 하고 있는데 이것은 한국의 고등학교 상황과는 거리가 있다. 한국의 고등학교 학습자들은 학교의 교육과정 운영에 따라 제2외국어를 선택하고 배우기 때문에, 외국어 학습에 대한 흥미는 대부분의 경우 막연한 호기심이나 목표어를 사용하는 나라가 그들에게 불러일으키는 추상적인 이미지에 근거하고 있고 비록 개인적인 흥미를 가지고 있다고 하더라도 외국어 학습에 대한 자신의 동기와 요구를 구체화하고 있는 경우는 매우 드물다. 이민이나 유학, 취업, 연수 등과 같은 구체적인 학습 동기를 가진 성인 학습자와는 다른 입장에 있는 것이다. 유일한 학습 동기라면 시험에서 성적을 잘 받는 것이라고 할 수 있는데 현재 제2외국어 과목의 내신 반영률이나 입시 반영 정도는 매우 미미하므로 이것만으로 모든 학생들이 학습 동기를 유지하기를 기대하기는 어렵다.

4) 학습자 태도에 기인하는 어려움

AC에서 학습자는 대화자이며 의미협상 과정의 파트너이다. 학습자는 교사로부터 일방적으로 정보를 얻는 수동적인 존재가 아니므로 학습자가 만들어 낸 의사소통의 결과물 즉 생산물(produit) 자체보다는 거기까지 이르는 과정(processus)이 더 중요시된다(Germain, 1993:206). 학습의 결과는, 교사나 교육재료에 의해 소개된 것의 생산물이라기보다는 소개된 정보의 성격과 이 정보를 다루는 개인의 방법이 합쳐져서 이루어진 생산물이므로 이 과정에서 개인은 입력에서 생산까지 정보를 다룰 수 있는 능동적 참여자가 되어야 한다. 그러므로 학습자의 능동적인 참여는 의사소통 중심 수업이 성공하기 위한 필요조건이 된다.

그러나 한국의 고등학교 학습자들은 대체적으로 수동적인데 이는 단순히 학습자들의 성격이나 기질 때문만은 아닌 것으로 보인다. 학습자 개개인이 적극적으로 수업에 참여하기에는 학급당 인원수[11]가 너무 많아 교사가 설명 중심의 전통적 교수법이나 방법론의 틀을 벗어나기가 매우 힘들기 때문이다. 그리고 학습자들이 학습 진도에 따른 학습내용을 제대로 소화하지 못하는 것 역시 학습자의 태도를 수동적으로 만드는 요인으로 보인다. 경험적으로 보았을 때, 자신의 학습에 대해 막중한 책임을 지게 되는 의사소통 중심 수업이 시도되는 경우, 교사가 조언자의 역할을 함에도 불구하고 학습자는 무엇을, 어떻게 학습해야 하는지 잘 몰라 언어 학습의 방향성을 상실하는 경우가 많았다. 그 이유는 말로 표현하고 싶은 것은 많은데 목표어를 구사할 능력은 충분하지 않고 이를 교수·학습 과정이 제대로 보상해 주지 않기 때문이다.

---

11) FLE 교실의 학급당 인원수는 10∼15명(Puren, 1998:363)이나 우리나라 일반계 고등학교 학급당 인원수는 2010년 4월 현재 36.5명이다. 그런데 2009년에 7개였던, 학급당 인원수를 30명 이하로 제한하는 자율형 고등학교가 2010년에 17개로 증가하고 특성화 고등학교 역시 학급당 인원수를 25명 정도로 제한하기 때문에 실제적으로 그 외 일반계 고등학교의 학급당 인원수는 40명이 넘는 경우가 많다(학교 알리미, http://www.schoolinfo.go.kr/index.jsp 참조).

결국, 한국의 고등학교 학습자 태도 또한 AC가 가정하고 있는 학습자 태도와는 달라 그 이상의 실현이 어려움을 알 수 있다.

5) 교사 측면에서의 문제

AC에서는 교사를 "언어 사용의 예를 보여 주는 모델(modèle)이자 학습자의 활동을 용이하게 해주는 조력자(facilitateur) 혹은 조언자(conseilleur)이며 교실활동을 조직하는 사람(organisateur), 학습자의 요구와 관심을 분석하는 사람(analyste), 공동 대화자(co-communicateur)"라고 규정하고 있다(Germain, 1993:206). 따라서 교실수업에서 과거 언어 학습에서 전통적으로 교사가 행하던 역할[12]을 그대로 행하기란 불가능해졌다. 왜냐하면, 학습하는 법을 알게 하는 것(apprendre à apprendre)[13]과 학습하게 하는 것(faire apprendre)은 전혀 다르기 때문이다(Holec, 1981:17). 이러한 관점에서 볼 때, MAO나 MAV에서와 마찬가지로 AC에 기반을 둔 수업이 성공하기 위해서는 교사의 유창한 언어 사용 능력이 요구된다. 이때, 교사는 학생에게 훌륭한 언어적 모델이 되어야 할 뿐만 아니라 학생들의 의사소통에 필요한 언어적이거나 문화적인 재료를 제공해 주어야 하는데 한국어를 모국어로 하는 교사가 원어민과 같은 언어의 유창성과 언어 및 언어 사용국가에 대

---

12) Mondana(1998:139)에 의하면 전통적인 교사의 역할이란 목표어에 대한 지식을 학습자에게 전달하는 것이다. 이 목적을 실현하기 위하여 교사는 언어를 학습자들이 이해 가능하도록 만든다. 즉 언어적 사실을 선택하고 적절한 순서로 배열하며 재구성한다. 교수 담화는 설명적 활동으로 이루어진다.

13) "학습자들에게 학습하는 법을 가르치는 것, 즉 학습 내용을 다양하게 구성하고 조작할 수 있는 능력을 얻을 수 있도록 하는 것이 학습 성공을 위한 최선책이라고 생각된다(Apprendre à l'apprenant à apprendre, c'est-à-dire, lui faire acquérir la capacité de réaliser les diverses opérations constitutives d'un apprentissage est considéré comme le meilleur garant de réussite de l'apprentissage)(Holec, 1979:51)."

한 지식을 갖고 있는가 하는 문제가 제기된다.

우리나라 외국어 교사들은 다양한 교수 방법론에 대한 현장에서의 실천이나 평가가 이루어지지 않은 상태에서 AC를 맞이하게 되었고 이 과정에서 교사에 대한 연수가 충분히 이루어지지 않았기 때문에 교사들은 변화된 수업 형태에 적응해서 학습자의 연령이나 흥미, 요구 등을 고려한 수업을 할 수 있을 만큼 교사 자신을 변화시킬 수 있는 준비기간을 갖지 못하였다. 따라서 수업에서 AC를 구현하는 방식을 잘 모르며 안다고 하더라도 이를 체득하여 자연스럽고 효과적인 방법으로 실제 수업을 이끌 수 있는 수준까지는 이르지 못하고 있는 실정이다.

6) 학습시간 부족으로 인한 어려움

현재 고등학교 수업시수는 주당 2~3시간에 불과하고 그것도 2년 내에 종료되므로[14] 이 기간에 주어진 내용을 모두 학습하여 의사소통에까지 이르게 되는 것은 매우 어렵다. 현재의 수업시간은 교과서에 제시된 내용을 충분히 숙지하기에도 부족하므로 이 시간 동안 능동적이며 자발적으로 의사소통하는 능력을 습득하기 위한 연습을 한다는 것은 거의 불가능한 일이다. 고등학교의 학습시간은 주당 5시간 이상의 집중적 학습이 이루어지는 FLE 수업과 비교해도 절대적으로 적으

---

14) 2012년부터 집중 교육과정인 2009년 개정 교육과정이 실시되는 경우 제2외국어 수업은 단지 한 학기 동안 이루어지게 되는데 수업시수는 주당 5시간으로 전체 수업시수는 현재와 차이가 없으나 실제로는 더 축소될 가능성이 있다. 제2외국어에 주당 5시간을 배당하는 것은 입시가 주된 학습목표가 되는 고등학교 현실에 맞지 않기 때문이다. 교육과학기술부(2009:11)가 고시 제2009-41호에 "각 과목의 기본 단위 수는 5단위이며, 각 과목별로 1단위 범위 내에서 증감 운영이 가능하며 가능한 한 학기에 이수하도록 한다"고 밝히고 있는 것으로 보아 추가적인 수업시수의 축소가 예상된다. 2007년 개정된 교육과정은 아직 고등학교에서 시행되고 있지 않으나 2009년에 다시 개정되었다. 2007년 개정 교육과정이 주5일제 실시에 따른 개정이었다면 2009년 개정 교육과정은 여러 학년에 나누어 실시하던 수업을 한 학기에 집중적으로 실시하기 위한 개정이다.

므로 고등학교 수업에서 AC의 이상을 실현하기는 힘들어 보인다.[15]

2. 일본어 교육의 특성

일본어는 다른 외국어에 비해 제도권 교육으로의 도입이 늦어 한
일관계 정상화 이후 제2차 교육과정의 2차 개정시기에 도입되었다.
그러나 제6차 교육과정기까지 학교에서는 주로 프랑스어나 독일어,
스페인어와 같은 유럽어가 주를 이루었기 때문에 제7차 교육과정기
에 이르러서야 영어를 제외하고 가장 많은 학습자가 선택하는 언어
가 되었다. 서울특별시 교육청 2008년 국정감사 제출 자료인 다음의
표를 통해 이를 확인할 수 있다.

〈표 1〉 2008년 현재 서울지역 일반계 고등학교 제2외국어 선택 상황

과목	학교 수	학급 수	학생 수	학생 수(비율)
독일어 I	38	124	4,116	7,079
독일어 II	35	91	2,963	(5.2%)
프랑스어 I	40	159	5,157	8,466
프랑스어 II	39	127	3,309	(6.3%)
스페인어 I	4	22	779	975
스페인어 II	2	6	196	(0.7%)
중국어 I	142	661	22,397	34,299
중국어 II	122	390	11,902	(25.3%)
일본어 I	170	1,555	55,958	84,620
일본어 II	155	835	28,662	(62.5%)

15) 또한 FLE 수업이 이루어지는 BELC나 CLA, 그리고 외국어로서의 일본어 교육을 위한 일본 국제교
류 기금은 외국어 전문 교육기관임에 반해 한국의 고등학교는 외국어 교육만을 위해 설립된 기관
이 아니라는 점도 AC를 실현하기 어려운 요인 중에 하나라고 할 수 있다. 그 기관의 모든 노력이
외국어 교육의 성공에 모아지는 것이 아니기 때문이다.

				35
러시아어 Ⅰ	·	·	·	(0.0%)
러시아어 Ⅱ	1	1	35	
아랍어 Ⅰ	·	·	·	·
아랍어 Ⅱ	·	·	·	
계	225	3,971	135,474	135,474

　　일본어 선택자가 많아질 수 있었던 것은 일본어와 일본 문화에 대한 학습자의 높아진 관심을 학습자 중심이라는 제7차 교육과정의 취지가 뒷받침하였기 때문이었다. 그러면 왜 일본어에 대한 학습자들의 관심이 높을 수밖에 없었는지 일본어는 다른 외국어와 구별되는 어떤 성격 및 특성을 갖는지 알아보자.

1) 학습 환경

　　외국어 습득에 있어서 목표어 사용 환경인가 아닌가 하는 점은 매우 중요하다. 우리나라에서는 학교 이외의 장소에서 외국어에 노출되는 경우가 많지 않아 언어를 배워 실제 사용할 수 있는 기회가 많지 않다. 그러나 일본어는 상황이 조금 다르다. 이웃나라인 일본은 지리적으로뿐만 아니라 오랜 기간, 정치와 경제, 문화적으로 우리와 밀접하게 연관되어 있었다. 거리는 언어 및 문화 접촉의 기회와 연관되는데 가까운 지리적 거리로 인해 일본어 학습자에게는 상대적으로 많은 언어 사용 기회와 문화 습득의 기회가 제공된다. 그러므로 일본어 학습 역시 이질언어 학습 환경에서 이루어지는 것이라 하더라도 접할 기회가 더 많다는 점에서 일본어 학습은 서양언어보다는 유리한 상황에 있다. 한국에 유입되어 사용되고 있는 일본어 어휘가 많으므로 학습자들이 실생활에서 접할 수 있는 어휘의 양은 다른 언어보다 많고 일본인을 만나게 되는 경우도 다른 외국인을 만나게 되는 경우보다 많으며 개개인이 드라마나 애니메이션, 게임 등을 통해 목표어에 접촉하는 일 또한 더 많기 때문이다.

2) 실재성

앞서 언급한 바와 같이 한국인들끼리 외국어로 대화하는 경우, 자연스러움이나 실재성의 측면에서 문제가 있기는 하지만 일본어로 대화할 때는 영어나 프랑스어와 같은 언어로 대화할 때보다 어색함이 적고 비교적 자연스럽게 느껴진다. 프랑스와 일본에서 각각 어학연수를 했던 개인적인 경험으로 볼 때도 프랑스에서 한국인들끼리 프랑스어로 대화하는 것은 매우 어색했던 반면 일본에서 일본어로 대화하는 것은 그다지 어색하지 않았는데 학습자들도 이와 같은 느끼는 것은 마찬가지라고 생각된다.

일본은 사회·문화적인 관점에서도 유사성이 많아 언어 사용 맥락의 이해가 훨씬 용이하여 교실 내 모의 의사소통에서도 실제 사용 맥락을 유추하기가 쉽다. 따라서 학습자는 교실 내에서 이루어지는 의사소통 활동을 전혀 자신의 일과 관계없는 일로 여기지 않게 된다. 실재자료의 사용도 일본어 수업에서 더 수월하게 이루어질 수 있다. 일본과는 문화적으로도 가깝고 일본어는 언어적으로 한국어와 유사하기 때문에 실재자료의 도입과 사용, 이해가 보다 용이하다.

3) 학습동기 및 학습자 태도

역사적으로 사람들이 외국어 학습의 필요성을 느낀 것은 침략이나 정복으로 사회적 통합이 이루어졌을 때 혹은 상업적 이해관계가 발생하였을 때, 독서 욕구와 같은 문화 이해관계가 발생하였을 때였다. 수메르를 정복한 아카드인이 사회나 문화, 종교적인 이유로 수메르의 설형문자와 구어를 배웠다든지, 그리스인들이 문화적인 욕구로 고전인 호메로스를 읽고 로마의 행정과 법률, 군대 체계를 공부하기 위한 도구로 라틴어를 배웠다는 사실을 통해 이를 알 수 있다. 가까운 예로는 2차 세계대전 당시 전쟁에 참여했던 군인들을 들 수 있는데 이들도 필요에 의해 외국어 수업을 받았다. 현대에서는 유학, 이민, 취업 등의 동기로 외국어를 공부하게 된다.

일본어는 다른 언어에 비해 학습 요구가 크다. 많은 문화 접촉에 의해 학습자들의 일본의 대중문화와 전통문화 그리고 그들의 일생생활에 대한 관심이 커졌기 때문이다. 이들은 개인적으로 소설과 만화를 읽고 게임을 하며 애니메이션을 보고 있다. 따라서 일본어 학습자의 학습동기는 다른 외국어 학습자에 비해 구체적이며 학습을 위한 강한 원동력이 되는 것으로 보인다. 이들의 동기는 당장 해당 언어를 배워 사용할 필요가 있는 성인 학습자를 고려한 의사소통 접근법에서 가정하는 학습자의 동기와 가장 유사하다.

또한 일본어는 한국어와 유사성이 많아 문법적인 실수가 있더라도 수업에서 발화가 더 쉽게 이루어진다. 경험적으로 볼 때 학습 초기 단계에서도 교사가 목표어로 발화할 때, 대화에 참여하지는 않더라도 교사의 말을 이해하는 학생 수가 프랑스어 수업에서보다 더 많았다. 매

우 초보적인 수준에서라도 목표어에 대한 이해가 용이하다는 것은 수
업에서 학습자의 태도를 보다 능동적으로 만들어 주는 요인이 된다.

4) 교사

일본어 학습자가 다른 외국어 학습자에 비해 유리한 학습 여건에
있는 것과 마찬가지로 일본어 교사들 역시 다른 언어 교사들에 비해
자신의 언어능력을 향상시킬 수 있는 유리한 조건에 있다. 사회·문
화적 측면에서 목표어를 사용하는 국가에 대한 정보 수입이 더 쉬워
실재자료에 접촉하기도 유리하며 원어민과의 접촉 가능성이 높기 때
문이다. 따라서 의사소통 능력 향상 면에서 볼 때 원어민에 근접한
언어수준을 갖추는 것이 서양언어를 가르치는 교사보다 더 용이하며
언어 사용의 모델로서 원어민 교사와 같은 역할을 수행할 가능성도
더 높다고 할 수 있다.

5) 학습 수월성

학습자들은 프랑스어나 독일어, 스페인어에 대해 호기심을 갖기는
하지만 학습이 시작된 이후에는 일반적으로 생소하고 어려우며 영어
의 발음 및 문법과 혼동된다고 말하는 경우가 많다. 이들 언어는 한
국어와 매우 다른 발음과 문자, 언어체계를 가지고 있어 모국어 능력
이 학습에 큰 도움을 주지 않는데다가 외국어로서 먼저 학습한 영어
규칙과 혼동을 일으키기 때문이다. 또 이들 언어를 구사하는 사람들
의 사고방식과 문화 역시 우리와 매우 다르기 때문에 실제 언어를 사

용하기가 매우 어렵다. 그러나 일본어는 한국어와 음성 및 형태·통사적 유사점이 상대적으로 많아 학습과 사용이 보다 수월하다.

일본어 학습과정에서는 의사소통에 초점이 맞추어진 수업에서 늘 문제시되던 발음과 문법 학습의 문제도 프랑스어 수업에서만큼 큰 문제로 대두되지 않았는데 이는 앞서 지적한 바와 같이 한국인이라면 일본어 발음에 큰 문제가 없고 일본어의 형태·통사적 특성이 한국어의 그것과 매우 유사하여 학습 초기단계에서도 단어를 알기만 하면 자신의 의견이나 생각을 비교적 쉽게 문장으로 표현해 낼 수 있기 때문이다.

처음 외국어를 학습하는 학생들은 목표어로 이루어지는 새로운 사고 체계를 숙련해야 할 뿐만 아니라 새로운 문화와 접촉하고 이를 습득해야 하는데 일본어 학습자의 경우 의식적으로든 무의식적으로든 이미 일본 문화에 상당히 익숙해 있고 일본에 대해 많은 정보를 가지고 있기 때문에 심리적인 측면에서도 훨씬 적은 부담으로 학습에 임할 수 있다.

이와 같은 상황은 외국어를 학습하는 미국인들의 생각에서도 알 수 있다. 다음 표는 언어의 유사성에 따라 학습자들이 느끼는 어려움이 다르다는 사실을 보여 주는 것이다.

<표 2> 동일한 학습조건에서 미국인들이 배우기 어려운 외국어(' 01, ETS)

매우 쉬움	쉬움	어려움		매우 어려움
아프리카어 덴마크어 프랑스어 이탈리아어 스웨덴어	독일어 힌두어 인도네시아어 말레이시아어 루마니아어	알바니아어 뱅갈어 불가리아어 핀란드어 그리스어	헝가리어 폴란드어 러시아어 타이어 터키어 베트남어	아랍어 중국어 일본어 **한국어**

* ETS: 미국의 TOEFL, TOEIC, SAT 시험 주관 기관
* 교육인적 자원부 학교정책 추진단(2006. 11. 17), 국민의 영어 역량 제고를 위한 영어교육 혁신방안

　이 표의 결과가 보여 주고 있는 것은 영어는 한국어와 상호 간 학습이 어렵다는 것이다. 미국인들이 가장 학습하기 쉬운 언어로 프랑스어나 이탈리아어를 꼽고 어려운 외국어로 한국어를 들었다면 마찬가지로 한국인에게는 영어나 프랑스어가 가장 학습하기 어려운 외국어가 될 것이다. 그리고 미국인들이 가장 어려워하는 외국어로 한국어와 일본어를 지목한 것을 우리 나름대로 해석해 보면 한국어와 일본어의 상호 학습이 그만큼 용이함을 의미한다고 볼 수 있다.

　현재 AC의 대안으로 모색되고 있는 것은 PA라고 할 수 있다. AC가 학교나 직업적·사회적 관계 속에서 자신들이 배우고자 하는 언어와 이미 접촉하고 있는 준 초보자(faux débutant)에게 관심을 기울이는 것에 반해 PA는 가장 초보 수준까지도 고려한다는 점이 우리 외국어 교육에 상당히 부응하는 측면으로 받아들여지고 있기 때문이다.

　일본어는 모국어와의 유사성 측면에서 프랑스어나 독일어, 스페인어와 같은 서양언어와 매우 달라 습득과정에 차이가 있을 수밖에 없는데 PA는 모국어 능력의 차이뿐만 아니라 모국어와 목표어와의 관계성에 의해서 학습자가 들여야 할 노력과 시간이 근본적으로 달라진다는 인식에 기반하고 있으므로 우리나라 일본어 교수·학습 과정 결정을 위한 지침이 될 수도 있다. 실제로 JLPT가 제시하는 신 JLPT 개정 포인트에 '과제수행을 위한 언어소통 능력'을 측정한다고 명시하고 그 예로 '지도를 보고 목적지를 찾아 가기', '설명서를 보면서 전자제품 사용하기' 등을 들고 '과제에는 언어를 필요로 하는 것도 있고 그렇지 않은 것도 있다'[16]고 밝히고 있는 점은 이미 일본어 교육에서도 CECR의 일부를 도입했다는 의미로 파악된다. 과제 수행은 CECR의 학습 방법이며 목적지를 찾아가기나 전자제품 사용하기는 단순한 언어적 의사소통이 아니라 '행위'이기 때문이다. 그러나 일본어 교육에 PA를 도입하는 데는 무리가 있다는 지적도 있다. 근본적으로 PA는 유럽언어들 사이의 공통기준인 CECR에 기반을 두어 동양언어인 일본어에 그 방법론을 차용하기는 힘들다는 것이 그 이유이다.

외국어로 의사소통하는 것은 글로벌 시대를 살아가는 우리의 의무이며 생존 전략이라고 할 수 있다. 따라서 우리의 외국어 학습효과를 극대화할 수 있는 방법론에 대한 모색과 연구는 지속되어야 할 것이다.

---

16) http://www.jlpt.or.kr/jlpt/jlpt1.asp?Mcode=1

제 3 장
교육 만족도 및 학습자 태도

외국어 학습은 학습자의 필요와 요구로부터 시작되므로 학습자들의 요구를 파악하고 교수·학습 과정과 내용을 그에 부응하도록 구성하는 것은 학습자 중심의 능동적 수업을 위한 필요조건이 된다. 따라서 학습자들이 자신의 선택에 만족하는지, 또 교육에 대해 어떤 기대나 요구를 가지고 있으며 교사들과는 어떠한 의견 차이를 보이는지를 밝히는 작업은 교수·학습 발전을 위해 꼭 필요한 일이다.

1. 교육 만족도

앞서 서술한 바와 같이 일본어는 다른 외국어에 비해 상대적으로 학습이 용이하여 학습자의 성취감이나 만족도가 다른 외국어에 비해 높을 것이라고 예상된다. 외국어 선택에 자율권이 없던 6차 교육과정 시기에는 프랑스어와 독일어가 제2외국어 수업의 60% 이상을 차지하고 있었지만 일본어에 대한 학생들의 요구는 매우 높았으며 외국어 선택이 가능해진 현재 7차 교육과정에서는 가장 많은 학생들이 일본어를 선택하고 있다. 그렇다면 학생들의 요구가 관철되어 원하던 일본어를 배우게 된 지금 학습자들의 교육에 대한 만족도는 어떤지 또 일본어 교사들의 만족도는 어떤지 알아보는 것은 의미 있는 일일 것이다.

만족도를 알아보기 위하여 서울 시내 일본어 학습자와 교사를 대상으로 설문조사를 하였다. 만족도 조사영역은 크게 교육과정, 교육 환경, 학습자 행동, 교수자 행동 네 영역으로 나뉘며 각 영역은 세부 질문항으로 구성되어 있다. 만족도는 가장 높은 정도를 5로 정하고 1~5의 수치를 준 다음 그중 하나를 표시하게 하여 SPSS 프로그램을 이용하여 분석하였다.

분석의 목표는 첫째, AC에 기반하고 있는 현재 일본어 교수·학습 상황에 대한 학습자와 교사의 실제적인 생각을 파악하고 이를 통하여 교육 상황의 문제점을 진단한 다음 문제의 해결 방안을 모색하기 위한 것이다. 교육 현실과 맞지 않고 비효율적인 사항들을 확인하고 수정할 수 있다.

둘째, 일본어 교육과정을 설계하고 교수·학습 내용을 결정하는 데 필요한 정보를 얻기 위한 것이다. 수집된 정보를 통하여 교육과정이 제시하고 있는 교육목표의 달성 여부를 확인하고 목표 수준을 새롭게 결정하는 한편, 더 중요하게 다루어야 할 사항들을 결정할 수 있다.

가장 만족한 정도인 5에 미치지 못하는 정도와 만족도 5를 기준으로 학습자와 교사들이 나타내는 의견의 차이가 큰 경우 개선이 필요한 사항이 된다. 차이는 학습자가 도달하고자 하는 이상적인 목표 상황이나 교사들이 생각하는 이상적인 상황(수치 5)과 현재 상황과의 차이이며 또 학습자 집단과 교사 집단 간의 의견 차이를 의미한다. 어떠한 항목에 대해서 만족도가 높더라도 집단 간 의견에 큰 차이가 있다면 이 역시 개선이 필요한 사항이라고 볼 수 있다. 예를 들어 학습자 행동에 관하여 학습자 대부분은 만족하고 있으나 교사 대부분이 불만족하고 있다면 여기에서 나타난 차이는 교사들의 요구를 나타내는 근거가 될 수 있다. 반대로 교수자 행동에 대해 대부분의 교사가 만족하고 있더라도 학습자들이 불만족하고 있다면 이 역시 개선이 필요한 학습자들의 요구가 되는 것이다.

설문조사는 2008년 3월, 서울시내 교사 34명과 서울의 수락고와 창동고 8개 학급 118명의 학생을 대상으로 이루어졌다.

일본어 교육에 대한 학습자와 교사의 인식을 알아보기 위하여 네 개 영역으로 나누어 실시한 만족도 조사 결과 각 집단이 지각하는 만족도의 현재 상태는 다음과 같이 나타났다. 조사 결과에서 개별 만족도가 평균 3이하인 경우와 학습자와 교사의 만족도가 유의 수준[17] 내에서 의미 있는 차이를 보이는 경우는 각 집단이 불만족하고 있거나 서로 간의 견해 차이를 좁힐 필요가 있는 것으로서 개별 집단의 요구로 진단할 수 있다.

〈표 3〉 일본어 학습자와 일본어 교사의 만족도 비교

항목	구분	평균(M)	표준편차(SD)	F	유의수준(P)
교육과정	학습자	2.88	0.58	5.75	0.018*
	교사	2.61	0.58		
학습 환경	학습자	2.51	0.72	0.85	0.359
	교사	2.64	0.61		

---

17) 유의수준은 영가설(hypothèse nulle)을 수용할 확률이다. 일반적으로 영가설을 수용할 확률이 0.001, 0.01, 0.05보다 작을 경우 영가설을 기각할 수 있다. 영가설이란, 연구가설의 역으로서, 연구가설이 맞다는 것을 증명하기 위하여 연구가설의 역가설을 설정하고 그 가설이 맞지 않음을 증명함으로써 연구가설을 증명하는 것이다. 본 연구에서 영가설은 '연구대상이 되는 각 집단 간 만족도의 차이가 없다'이다. 또 F값이란 집단 간 평균이 차이가 있는지 없는지를 확인하는 데 활용하는 통계수치이다. 본 연구에서는 이 수치로 집단 간 만족도에 차이가 있는지 확인할 수 있다. F값이 높으면 이 F값에 대한 유의수준, 즉 이 F값을 무시할 수 있는 수준이 낮아지므로 F값이 높고 유의수준이 낮게 나타나면 집단 간 만족도에 의미 있는 차이가 있는 것이다(성태제, 2008:278-284 참조).

학습자 행동	학습자	3.30	0.79	10.08	0.002**
	교사	2.84	0.61		
교수자 행동	학습자	3.09	0.84	3.44	0.066*
	교사	3.37	0.54		

*** = P<.001, ** = P<.01, * = P<.10

일본어 학습자는 네 가지 영역 가운데 학습 환경에 가장 불만족하고 학습자 행동에 가장 높은 만족도를 나타내고 있다. 또 교사는 교육과정에 가장 불만족하고 교수자 행동에 가장 높은 만족도를 나타내고 있다. 학습자와 교사 모두 스스로의 학습활동과 교수활동에 큰 문제가 없다고 판단하고 있는 것이다. 그러나 학습자 행동에 대해서는 학습자 집단과 교사 집단의 의견차가 유의수준 P<.01 범위 내에 있어서 개선이 필요한 사항으로 판단된다.

각 영역별 세부항목에 대한 두 집단의 만족도는 다음과 같다.

〈표 4〉 일본어 학습자와 일본어 교사의 세부항목 만족도 비교

항목	문항	구분	평균(M)	표준편차(SD)	F	유의수준(P)
교육 과정	교과서 내용은 흥미롭다.	학습자	3.37	0.81	0.10	0.754
		교사	3.31	0.93		
	교과서의 학습량은 기초 능력을 키우는 데 충분하다.	학습자	3.11	1.03	0.22	0.642
		교사	3.20	0.90		
	교과서 구성이 학습자들의 참여를 유도하도록 되어 있다.	학습자	2.47	0.92	2.28	0.133
		교사	2.74	0.90		
	주당 수업시간은 적당하다.	학습자	3.14	1.00	0.35	0.553
		교사	3.03	1.04		
	대학 입시에는 적당한 정도로 반영되고 있다.	학습자	2.74	0.96	33.54	0.000***
		교사	1.69	0.87		
	고등학교 2학년 때부터 제2외국어를 배우기 시작하는 것은 적당하다.	학습자	2.43	1.06	15.08	0.000***
		교사	1.66	0.94		

항목	문항	구분	평균(M)	표준편차(SD)	F	유의수준(P)
학습 환경	과목 학습을 위한 자료와 정보 수입이 쉽다.	학습자	2.74	0.95	4.72	0.031*
		교사	3.14	0.97		
	해당 외국어를 학습하여 사용할 기회는 많다.	학습자	2.46	1.10	0.83	0.365
		교사	2.66	1.16		
	교실에 멀티미디어 기기는 잘 준비되어 있다.	학습자	2.42	1.03	9.78	0.002**
		교사	3.06	1.16		
	제2외국어 과목은 중요하게 다루어지고 있다.	학습자	2.42	0.94	17.01	0.000***
		교사	1.69	0.87		
학습자 행동	제2외국어 과목을 자발적인 의지로 선택하였다.	학습자	3.81	1.14	1.59	0.210
		교사	3.54	1.01		
	제2외국어 수업이 중요하다고 생각한다.	학습자	3.16	1.14	2.31	0.130
		교사	2.82	1.17		
	수업태도가 바르며 적극적으로 참여한다.	학습자	3.37	1.01	18.32	0.000***
		교사	2.57	0.78		
	수업준비 및 예습, 복습을 잘 한다.	학습자	2.60	1.07	10.65	0.001**
		교사	1.97	0.71		
	제2외국어 학습이 미래에 유익하다고 생각한다.	학습자	3.56	1.06	1.45	0.231
		교사	3.31	1.13		
교수자 행동	수업을 흥미롭게 구성한다.	학습자	2.95	1.11	2.97	0.087*
		교사	3.29	0.68		
	페어활동, 팀 활동, 역할극 등을 도입한 수업을 한다.	학습자	2.67	1.23	0.03	0.866
		교사	2.71	1.03		
	발음지도를 잘 한다.	학습자	3.15	1.19	1.13	0.290
		교사	3.38	0.78		
	듣기, 말하기 능력이 향상되도록 수업을 한다.	학습자	3.09	1.01	2.45	0.120
		교사	3.38	0.82		
	읽기, 쓰기 능력이 향상되도록 수업을 한다.	학습자	3.31	1.05	0.97	0.326
		교사	3.50	0.79		
	충분한 문법지식을 전달한다.	학습자	3.25	1.14	2.76	0.099*
		교사	3.61	0.79		
	해당 국가의 문화적인 측면을 잘 소개한다.	학습자	3.31	1.23	1.33	0.250
		교사	3.56	0.66		

항목	문항	구분	평균(M)	표준편차(SD)	F	유의수준(P)
교수자 행동	적절한 교수도구(멀티미디어 기기 −컴퓨터, 카세트 등)를 사용한다.	학습자	3.22	1.08	4.82	0.030*
		교사	3.67	0.78		
	수업에 도움이 되는 수업자료(잡지, 광고, 영화, 애니메이션 등)를 사용한다.	학습자	2.91	1.16	2.55	0.112
		교사	3.26	0.99		

***=P〈.001, **=P〈.01, *=P〈.10

    세부 질문항에서 학습자들은 교과서 구성, 입시에 반영 정도, 일본어 수업 도입 시기, 일본어 사용 기회, 교실 멀티미디어 설비, 과목의 위상 항목에 평균 2.5 이하로 불만족하고 있으며 교육과정과 학습 환경의 세부항목에서는 3 이하의 만족도를 보이는 경우가 많았다. 가장 불만족하고 있는 항목이 교실 멀티미디어 설비와 과목의 위상, 언어 사용 기회로 나타나 현재 상황이 학습자들의 요구에 비해 학습여건이 좋지 않으며 일본어 과목이 중요하게 다루어지지 않아 개선이 필요함을 알 수 있다.

    세부 질문항에서 교사들은 입시에 반영 정도와 일본어 수업 도입 시기에 가장 불만족하며 과목의 위상, 학습자들의 수업 준비 및 예습과 복습 상태에 대해서도 불만족을 나타내었다. 특히 입시 반영 정도와 수업 도입 시기에 대해서는 학습자에 비해서도 만족도가 매우 낮아 개선이 시급한 사항으로 판단된다. 학습자 태도에 대해서도 학습자와 교사의 의견차가 매우 커 역시 개선이 필요함을 알 수 있다. 교수자 행동에 대해서는 두 집단 모두 불만족도가 높지 않아 현재 상황에서 교사들의 수업에는 큰 문제가 없는 것으로 판단된다.

    일본어 학습자와 교사들의 현재 교육상황에 대한 만족도 조사 결과를 종합해 보면 다음과 같다.

첫째, 학습자와 교사 모두 교과서가 의사소통 중심 수업에 요구되는 학습자들의 적극적인 참여를 유도하도록 구성되어 있지 않다고 생각한다는 점이다. 교과서가 듣기, 말하기, 읽기, 쓰기 순서로 구성되어 있는 점이 특히 수업을 지루하게 만드는 요인이 되고 있는 것으로 생각된다.[18] 듣기와 말하기 활동이 어려워 수업이 교사가 설명하는 방식으로 이루어지기 때문이다. 실제로 이와 같은 순서로 수업을 진행하기에는 무리가 있다는 지적이 있어 왔다. 학습자들은 자신이 전혀 모르는 새로운 내용을 먼저 들어야 한다는 데 대한 부담을 안고 있으며, 교사들 역시 같은 내용을 여러 번 반복해서 설명해야 하는 부담을 갖게 된다.

한편 교과서는 어휘나 문법, 의사소통 기능 사용에 대한 제약 아래서 제작되므로 실재성이 떨어질 수밖에 없고 이로 인하여 언어의 실제 사용 맥락을 알 수 없게 됨은 물론 학습자들의 흥미를 감소시키는 결과를 가져오는 것으로 보이는데 교과서에 따라 정도의 차이는 있지만 현재 교과서는 학습자의 흥미를 불러일으키고 적극적인 참여를 유도하기에 단조롭고 재미가 없는 것이 사실이다.

둘째, 학습자와 교사 모두 대학 입시에서의 반영 정도와 일본어 과목의 위상에 대해 매우 불만족하고 있다는 점이다.

학습자들은 일본어 과목에서의 성취가 입시로 이어지지 않음으로

---

18) 이것은 제1언어(모국어)와 제2언어(외국어) 습득 과정을 동일시한 결과이다. 어린이의 언어발달과정은 듣기, 말하기, 읽기, 쓰기 순서로 진행되므로 읽기와 쓰기는 언어발달의 상위단계로 여겨져 듣기와 말하기 다음에 제시된다(Stern, 1970:57−58, Brown, 2007:55에서 재인용). 그러나 제1언어와 제2언어의 습득 과정이 동일하다는 데에는 이론의 여지가 많으며 아직 명확한 결론은 없으나 제1언어 습득 과정을 통한 제2언어 습득 과정의 직접적이고 전반적인 유추는 잘못된 것이라는 인식이 일반적이다(Ibid, 55−56).

인하여 학습 자체에 의미를 느끼지 못하고 학습을 소홀히 하게 되는 것으로 보인다. 특히 일본어를 좋아하고 관련학과로 진학하고자 하는 학습자의 경우 성적이 반영되지 않음으로 인한 상실감이나 박탈감이 더 크다. 일본어 관련학과에서도 고등학교 일본어 내신 성적을 반영하지 않기 때문이다. 학습자가 수업에 흥미를 갖지 않고 비협조적인 경우 교사의 의욕은 저하될 수밖에 없으므로 외국어 수업이 성공적으로 이루어지기는 힘들다(Bourguignon, 2007:2). 많은 교사들이 대학 입시에서 일부 대학만이 제한적으로 제2외국어 과목 점수를 반영함으로 인하여 고등학교 수업이 정상적으로 이루어지지 않는다고 생각하고 있다. 이것은 수업에서의 학습자 행동에 대한 불만족 정도로 알 수 있는데 현재 수업에서 학습 동기를 강화하고 학습자 행동을 유발하는 가장 큰 요인이 입시에서의 반영 정도이기 때문이다.[19]

셋째, 학습자와 교사 모두 일본어 도입 시기가 너무 늦어 충분한 학습시간이 보장되지 못한다고 생각하고 있다는 점이다. 현재 고등학교 2, 3학년 약 2년간의 학습으로는 의사소통 능력을 제대로 함양할 수 없다. 게다가 고등학교 3학년에서는 입시와 큰 관련이 없는 제2외국어 수업이 제대로 이루어지지 않으므로 실제 수업 시간은 매우 적어 학습이 더욱 어렵게 된다.

넷째, 언어의 실제 사용과 연습을 위한 학습 환경이 갖추어져 있지 않다는 점이다. 교사들 스스로가 인식하고 있듯이 학습자들에게 훌륭한 언어적 모델이 되기에는 교사의 역량이 충분하지 않은데 원어민

---

[19] 학습자 행동은 학습 동기와 관련되어 있다. 현재 고등학교 교육 전반은 대학입시에 의해 좌우된다. 입시는 학습자들에게 강한 수단적 동기로 작용하는데 제2외국어를 배우는 학습자들은 수단적 동기를 전혀 가질 수 없으므로 초기 학습의욕이 낮아지게 되고 이는 불성실한 학습자 태도로 이어지게 된다. 동기에 관해서는 p.70에서 자세히 논의하도록 한다.

강사는 물론 이 역할을 대신할 멀티미디어 기기마저 제대로 갖추지 않은 경우가 많기 때문이다.[20] 또한 앞서 언급한 바와 같이 이질언어 학습 환경에서 해당 외국어를 학습해 사용할 수 있는 기회가 거의 없는 것도 학습자들의 학습 흥미를 감소시켜 의사소통 수업을 어렵게 만드는 요인이다.

넷째, 교수자 행동 부분에 대해서는 과거와 달리 많이 개선되어 학습자와 교사 사이에 이견이 크지 않은 것으로 나타났다.[21] 그러나 여전히 흥미로운 수업 진행 및 페어활동, 팀 활동, 역할극 도입, 교과서 이외 다양한 교수자료의 이용 등에 대한 요구가 있는 것으로 보아 과다한 학습자 수와 충분하지 못한 학습시간, 교사의 역량 등의 문제로 현재 수업이 AC에 기반을 둔 수업이 요구하는 사항들이 모두 실천되고 있는 것은 아니라는 것을 알 수 있다.

2. 학습자 태도

외국어 학습 과정과 학습에 관계되는 요인에 관한 연구는 매우 광범위하고 다양하게 이루어지고 있는데 이는 학습에서 학습자의 인지적·정의적 요인이 매우 다양하게 작용하기 때문이다. Brown(2007:xi)

---

20) 학교에 따라 다르나 교실에 컴퓨터가 설치되어 있지 않은 경우, 또 설치되어 있더라도 컴퓨터가 구형이거나 제대로 작동하지 않는 경우가 많은 것으로 조사되었다.

21) 교수자 행동에 대해서는 네 집단 모두 평균 3 이상으로 만족하고 있었다. 이은진(2001:66)에 의해 조사된 교수자 행동에 대한 요구와 비교해 볼 때 많은 개선이 이루어진 것을 알 수 있다. 이은진은 "교사는 학습자가 보여 주는 학습자 행위에 대해 학습자보다 요구가 높았고 학습자는 교사가 제공하는 교수자 행위에 불만족을 나타냈는데 이 두 항목에 대한 인식과 요구에 큰 차이가 있어 서로에 대한 실망과 불만이 잠재해 있음을 말해 준다"고 언급한 바 있다. 그러나 학습자들의 설문작성이 교사의 주도하에 이루어졌으므로 학습자들이 교수자 행동에 대해 부정적인 응답을 하기 힘들었을 가능성이 있다는 것도 염두에 둘 필요가 있다. 예를 들어 프랑스어 학습자의 경우 교실 멀티미디어 기기 설비에 대해 불만족도가 높은데 교사의 적절한 교수도구 사용에 대해서는 높은 만족도를 나타내는 모순을 보였기 때문이다.

역시 오늘날 언어 습득에 관한 연구목록은 A에서 Z까지 망라할 수 있을 정도로 다양하다고 주장하면서 학습자의 인지적·정의적 고려 사항을 그중 하나의 연구 항목으로 제시하고 있다.

인지적 요인은 학습과제 성취에 필요한, 학습자가 현재 갖추고 있는 학습 정도를 의미하는 것으로 학습자 표상이나 선행학습, 학습자의 지능, 적성, 인지유형 등 개념을 포함하는데 이러한 요소들은 학습의 성취도에 영향을 미친다. 정의적 요인은 학습자가 학습하려고 하는 과제에 대해 일반적으로 가지고 있는 흥미와 태도, 자아개념, 동기, 요구 등을 의미하며 이러한 요소들 역시 학습의 성취도에 영향을 준다.[22]

이러한 요인들 가운데 표상과 선행학습, 동기, 요구를 학습자 분석 요소로 살펴보도록 하자. 적성과 지능, 인지유형, 자아개념 등은 특별히 외국어 학습 연구 영역에서만 요구되는 요소가 아니라고 생각되고 흥미는 학습 동기와 연관된다고 생각되므로 논의에서 제외할 수 있다.

일본어 학습자의 인지적·정의적 요인에 대한 분석은 앞서 제시한 만족도 조사와 함께 2008년 당시 실시된 것이다.

1) 표상

표상이란 외부의 세계를 마음속에 담아내는 것으로 학습자가 학습하는 언어뿐만 아니라 그 언어를 사용하는 나라와 그 언어권에 살고 있는 사람과 문화에 대해서 가지고 있는 이미지나 고정관념, 선입견,

---

[22] 학업 성취도에 관한 지금까지의 연구를 종합하여 추정하면 인지적 시발행동을 통해서는 학업 성취도에 나타나는 개인차 변량의 50% 정도, 정의적 시발행동을 통해서는 25% 정도 또 교수방법 변인을 통해서는 25% 정도를 예측할 수 있다고 한다(황정규 외, 2005:299–301 참조).

편견, 환상, 태도 등을 의미한다(Cuq, 2003:214-215). 외국어 학습에서의 표상이란, 사회적인 요소들을 배제한 개인의 정신작용 및 인지작용에만 관심을 기울이는 인지심리학의 정신적 혹은 인지적 표상과 비교되는 개념으로서 사회적 표상의 의미가 더 크다. 외국어 학습에는 개인의 인지작용으로 인하여 발생한 표상보다는 사회적 요소가 반영된 표상이 더욱 큰 작용을 하기 때문이다.

Moscovici(1961:26)에 따르면 사회적 표상이란 '행동양식과 개인들 간의 의사소통을 만들어 내는 기능을 하는 특수한 지식 양태'이며 하나의 과정이자 동시에 결과물로서 언제든지 변화 가능한 유동적인 성격을 가지고 있다. 학습자의 표상은 학습자 개인의 경험 즉 가정과 학교, 사회생활을 통해 형성된 것으로서 교육은 물론 대중매체와 인터넷 정보, 책, 주변의 가족, 친구, 교사 등의 영향을 받으며 현재 형성되어 있는 것이라도 앞으로 새로운 경험을 통하여 변화할 수 있다.

표상은 학습자들에게서 다음과 같은 중요한 역할을 한다.

첫째, 목표어와 목표어를 사용하는 국가에 대한 정보가 많지 않은 상태의 학습자들은 자신이 가지고 있는 표상에 의해서 외국어를 선택하고 학습 동기를 부여받으며 또 학습을 지속할 가능성이 크다는 점이다.

목표어와 목표어를 사용하는 국가와 사람들에 대해서 가지고 있는 긍정적인 표상은 학습 동기를 유발하게 되며 학습과 학습의 지속에도 긍정적인 작용을 하지만 반대로 부정적인 표상은 학습 동기의 유발 및 학습과 학습 지속을 저해하는 요소가 되기도 한다. 또 목표어를 사용하는 국가나 사람에 대해 가지고 있는 지나친 환상이나 잘못된 선입견, 고정관념 등은 학습자가 제시된 목표어를 정확하게 이해하는 데에도 부정적인 영향을 미친다.

둘째, 외국어 학습에 있어서 학습이란 필연적으로 다른 언어로 소통되고 있는 세계와 문화의 간섭을 동반하게 되는데 학습자는 자신이 가지고 있는 표상에 따라 이를 해석하고 목표어를 이해한다는 점이다. 표상은 목표어와 관련하여 세계를 해석하고 이해하고 표현하는 방식으로서의 '특수한 하나의 지식 양식(mode de connaissance spécifique)'이며 '인지체계(système cognitif)'이기 때문이다(Jodelet, 1989:36).

2008년 고등학교 일본어 학습자의 표상은 다음과 같이 조사되었다.

<표 5> 학습자 표상[23)

긍정적인 표상	부정적인 표상
일본 - 아시아의 강대국, 아시아의 자존심, 문화산업 강대국, 배울 점이 많다, 조용하고 깨끗하다, 신비롭다, 한국과 밀접한 관계에 있다, 아름답다 (8)	**일본** - 모방의 강대국, 가깝고도 먼 나라, 물가가 비싸다, 역사의 범죄자이다, 한국과 과거 역사 청산이 끝나지 않았다 (5)
일본인 - 귀엽다, 깨끗하다, 예의 바르다, 애교가 많다, 돈이 많다, 친절하다, 개성이 있다, 인사를 잘 한다, 조용하고 차분하다, 질서를 잘 지킨다, 검소하다, 상대방을 배려한다, 남에게 피해를 주지 않는다, 노력하는 민족이다, 규칙과 공중도덕을 잘 지킨다, 성실하다 (16)	**일본인** - 작고 못생겼다, 야비하다, 속마음과 겉마음이 다르다, 가식적이다, 말을 돌려서 한다, 낯을 가린다, 착한 척한다, 촌스럽다, 특이한 사람이 많다, 규격적이다, 남자들이 화장을 한다, 영어를 못한다, 역사의 피해자인 척한다, 우월감이 있다, 주체성이 없다, 비과학적이다(16)
일본어 - 쉽게 친숙해질 수 있다. 발음과 억양이 흥미롭다, 가타카나가 매력적이다, 재미있다, 한국어와 어순이 같다, 예쁘고 귀엽다 (6)	**일본어** - 한자가 어렵다, 문법이 어렵다, 배울수록 어렵다 (3)
도시 - 도쿄, 오사카, 삿포로, 홋카이도, 오키나와 (5)	**역사** - 독도, 역사왜곡, 위안부, 침략, 일제 강점기, 야스쿠니 신사참배, 진주만, 도시락 폭탄, 러일전쟁, 청일전쟁, 진주만 (11)

대중문화	사회
－ 음악, 애니메이션, 드라마, 게임, 패션, 오다기리 조, 히로스에 료코, 엑스재팬, 키무라 타쿠야, 욘사마, 보아, 한류, 짱구는 못말려, 코쿠센, 메이드 카페, 코미케, 캐논, 디즈니랜드, 도요타, 혼다, 소니, *아사다 마오, 안도 미키, 꽃보다 남자, 갸루, 고이즈미* (19)	－ 쪽바리, 야쿠자, 야동, 오타쿠, 오덕, 포르노, 몰래 카메라, 잡신, 사이코, 무서운 영화, *쓰나미, 지진, 원전, 방사능, 일본침몰* (13)
축제와 전통문화	
－ 기모노, 유카타, 벚꽃, 불꽃놀이, 진자, 온천, 다타미방, 고다츠, 마츠리, 게이샤, 무사, 아름답다, 고양이, 다신(14)	
음식문화	
－스시, 사시미, 라면, 우동, 텐뿌라, 미소야 (6)	
가치관	
－개성존중, 다양성 인정, 공과 사의 구별, 개방적, 근검절약(5)	
학생생활	
－특이하고 예쁜 문방구류, 예쁜 교복, 새기 컷(3)	
(총 86항목)	(총 46항목)

　　일본어 학습자 표상의 경우, 일본에 대해서 긍정적인 표상－아시아의 강대국, 아시아의 자존심, 문화산업 강대국 등－과 부정적인 표상－역사의 범죄자, 모방의 강대국, 가깝고도 먼 나라 등－이 극단적으로 나타났다. 이는 일본인에 대해서도 마찬가지였는데 긍정적인 표상－친절하다, 예의바르다, 질서를 잘 지킨다, 검소하다, 남에게 피해를 주지 않는다 등－이 많았지만 부정적인 표상－작고 못생겼다, 겉과 속이 다르다, 가식적이다, 말을 돌려서 한다 등－도 대부분의 학습자가 언급한 사항이었다.

---

23) 의미가 다소 중첩되는 경우도 있으나 설문조사 대상 학습자들이 언급한 단어나 문장을 하나의 항목으로 하였다.

일본문화에 대해서는 긍정적인 표상이 강하였다. 대중문화로 분류한 드라마와 애니메이션, 만화 등에 강한 호감을 가지고 있었고 축제와 전통문화로 분류한 마츠리와 기모노, 불꽃놀이, 온천 등에 대한 호감과 음식문화인 스시와 사시미, 라면 등에 대한 호감도 높았다. 또 일본 학생과 학교생활에 대한 호기심과 호감도 높아 긍정적인 표상－예쁜 문방구류, 예쁜 교복 등－으로 작용하고 있었다.

일본과 일본인에 대한 부정적인 표상은 주로 역사문제 그리고 독도와 연관된 영토분쟁에 관한 것이었으며 일본의 대중문화 중 인터넷에 유포되고 있는 몰래 카메라 영상과 포르노 등도 부정적인 표상이 되고 있었다.

일본어에 대한 표상에서는 한국어와 어순이 같아 쉽게 친숙해질 수 있는 점, 언어 자체가 재미있고 흥미롭다는 긍정적인 면이 강하였으나 한자와 문법이 어렵다는 부정적인 생각도 적지 않았다.

일본어 학습자의 표상은 대중매체의 영향과 한국 사회에 형성되어 있는 전반적인 기성세대 인식의 영향으로 인한 것－역사에 대한 부정적인 표상, 일본인은 겉과 속이 다르다 등－도 많았지만 학습자 스스로의 적극적인 행동으로 만들어 낸 표상도 많았다. 학습자들이 좋아하는 애니메이션과 만화, 게임 등의 경험이 일본어 학습자가 가지고 있는 많은 표상을 구축하고 있었다.

앞서 언급한 바와 같이 표상은 시간이 흐름에 따라 변화할 수 있다. 조사가 실시된 지 상당한 시간이 지났으므로 2011년 6월 본 연구자가 현재 근무하는 창동고등학교 2학년 학생들을 대상으로 다시 표상조사를 실시하여 보았다. 그 결과 2008년 조사 당시와 큰 변화는 없었으나 최근의 이슈인, 아사다 마오나 안도 미키, 일본 동북부 지진

과 쓰나미, 방사선, 원자폭탄 그리고 오타쿠가 한글화된 *오덕, 갸루,*
메이드 카페 등(이탤릭체로 표시)이 새롭게 언급되었으며 아시아의
강대국, 아시아의 자존심과 같은 표현은 사라져 일본이 강한 나라라
는 인식은 많이 줄어든 것으로 보인다.

학습자 표상이 추상적이지 않고 구체적이라는 사실은 학습자들이
일본어와 일본 문화의 실체에 보다 접근해 있다는 사실을 의미한다.
그런데 동일한 학습자가 긍정적인 표상과 부정적인 표상을 동시에
가지고 있고 이 두 표상의 강도가 각각 매우 커서 학습자 내부의 갈
등요인으로 작용하여 학습에 부정적인 영향을 주는 것으로 보인다.
따라서 교수·학습에서는 긍정적 표상을 더욱 강화하고 부정적 표상
은 객관적 인식으로 전환시키는 노력이 필요하다. 이러한 노력을 통
하여 학습시간이 경과함에 따라 학습 의욕이 약화되는 문제를 완화
하는 한편 상호문화적 태도를 기를 수 있다.[24]

학습자들이 언급한 내용으로 보아 학습자들의 일본에 대한 지식은
매우 제한적이다. 따라서 다른 언어보다 용이하다고 하더라도 의사소
통 기능의 습득 과정을 거쳐 언어의 사용에 이르기까지는 역시 상당
한 시간이 걸릴 것이라고 예상된다.

2) 선행학습

선행학습이란 새로운 학습을 시작할 당시 학습자가 이미 축적하고

---

24) "외국어 학습에서 표상은 우리 문화와 목표어 문화 사이의 관계를 돌아보게 하고 이러한 관계화는
외국어 교수활동의 상호 문화적 성격과도 일치하는 것으로서 고정관념에 대한 재고를 동반하게
된다. 따라서 교사가 학습자들과 함께 표상에 대해 공부하는 것은 필수적이다. 이것은 목표어 문화
에 고유한 문화적 코드를 알게 하고 다룰 수 있게 만들어 준다(Collès, 2006:11-12)."

있는 인지적 학습 경험 및 지식이라고 할 수 있으므로 선행학습 정도
는 초기 학습의 용이성과 직결된다고 할 수 있다. 본 논의에서 선행
학습은 두 가지로 생각할 수 있는데, 하나는 일본어와 특별한 관계가
없는 전반적인 인지적 학습 경험이라고 할 수 있고 또 하나는 학습자
가 목표하고 있는 일본어에 관한 선행학습 경험이라고 할 수 있다.
선행학습은 학습자가 가정환경이나 사회환경, 학교환경에서 얻은, 학
습 요소를 비롯한 모든 인지적 경험과 학습자가 일본어 수업이 시작
되기 이전에 얻은 목표 외국어에 관한 지식과 경험 모두를 의미한다.
두 가지는 모두 수업과 학업 성취에 영향을 주지만 특히 일본어에 대
한 선행학습은 교수·학습이 이루어지는 외국어 교실 수업과 학업
성취에 더 많은 영향을 줄 것이다.

일본어 학습은 고등학교 2학년에서 처음 시작하기 때문에 일본어
학습에 관한한 학교 내에서 이루어진 선행학습은 전무한 상태라고
가정할 수 있지만 실제로는 개인에 따라 편차가 크다.

일본어 학습이 시작되는 고등학교 2학년 3월 초, 선행학습에 대해
질문한 결과는 다음과 같다.

〈표 6〉 선행학습 여부

있다	없다	전체
56	62	118
47.5%	52.5%	100%

*무응답: 없음

선행학습은 어떤 방식이었는가에 대한 질문에 대한 응답은 다음과
같았다.

〈표 7〉 선행학습 경로

중학교 수업	17
학습지	16
게임, 애니메이션	8
관심 있어서 혼자 책으로	7
부모님, 주변인	4
학원	5
현지 체류	3
전체	60

*중복응답: 4, 무응답: 3

학습자 118명 중 60명이 선행학습이 있는 것으로 응답하였다. 선행학습자 60명 가운데에는 중학교 재량학습 시간에 학습한 경우가 17명으로 가장 많았고, 가정에서 학습지로 학습하였거나 학습하고 있는 경우도 16명으로 많았으며 게임이나 애니메이션을 통해 공부했거나 관심이 있어서 혼자 공부한 경우도 각각 8명과 7명 있었다. 이들 중에는 소수지만 JLPT[25] 자격증을 소지하고 있거나 JLPT를 준비하고 있는 학습자들도 있었다.

이와 같은 결과는 개별 학습자의 수준 차가 커서 교사의 수업설계와 진행에 어려움이 있다는 것을 말해 준다. 또 선행학습이 있는 경우, 학습자의 입장에서는 수업이 수월하게 이루진다는 이점이 있는 반면 수업의 수준이 학습자 수준보다 너무 낮을 때에는 흥미를 잃게 되는 경우도 있다. 실제 수업을 보면 학습자의 높은 성취도는 선행학습에 의한 경우가 많다. 이는 고등학교 수업자체에 의해 발전된 것이 아니라 이미 가지고 있던 언어 능력에 의한 것이므로 이 경우 고등학교 수업에 의미를 부여하기는 어렵다.

---

25) 일본 국제교류기금이 연간 2회 실시하는 일본어 능력시험.

3) 동기

　동기란, 일정한 목표에 도달하기 위한 개인의 행동을 유발하는 심리적 움직임으로서 일반적으로 목표 추구 행동을 일으키는 유기체의 심리적 기제라고 할 수 있다(Galisson et al, 1976:360 참조). Nuittin(1985:13)에 따르면 동기는 좋아하는 상황이나 대상을 향하여 적극적으로 행동을 이끌어 가도록 만드는 요인이다.　Keller(1983:389)는 동기를 "어떤 목적 혹은 경험에 대한 접근이나 회피를 선택하고 이를 위해 얼마만큼의 노력을 들일 것인가를 결정하는 것"이라고 정의하였다.

　Gardner & Lambert(1972:182, 224−229)는 외국어 학습 동기를 수단적 동기(motivation instumentale)와 통합적 동기(motivation intégrative)로 구분하였다. 수단적 동기는 그 언어를 배움으로써 누리게 될 실용적 혜택과 취업, 승진, 학점 취득, 진학 등에 관계되는 것이고 통합적 동기는 해당 민족과 문화에 대한 개인적인 관심이나 외국어 자체에 대한 관심, 외국어를 배우려는 욕구와 관계된다. Bailey(1986, Brown, 2007:175에서 재인용)는 동기를 내적 동기(motivation interne)와 외적 동기(motivation externe)로 구별하는데, 이는 동기가 학습자의 내부로부터 생긴 것인지 외적인 요인에 기인한 것인지에 따라 구별한 것이다. 학습 동기의 근원이 어디에 있느냐가 학습에 중요한 영향을 미친다는 관점에 따라서이다. 일반적으로 학습자가 특정한 동기만을 갖고 있는 경우는 드물기 때문에 이 네 가지 동기는 서로 배타적인 것은 아니고 복합적으로 나타나게 된다.

〈표 8〉 dichotomies motivationelles

	내적 동기	외적 동기
통합적 동기	L2 학습자가 L2 문화와 통합되고 싶어 하는 경우 (예: 목표국가와 언어에 대한 흥미와 관심, 이민, 결혼)	L2 학습자 이외의 사람이 L2 학습자에게 통합적인 이유로 L2를 배우도록 요구하는 경우 (예: 한국인 부모들이 자녀를 외국인 학교에 보내는 경우)
수단적 동기	L2 학습자가 L2를 사용하여 목표를 달성하고 싶어 하는 경우(예: 취업, 승진, 진학)	외부의 힘에 의해 L2 학습자가 L2를 배우는 경우 (예: 학교에서 외국어를 배우는 경우)

* Bailey의 Motivational dichotomies 참조
* L2: Second Language, 제2언어

    학습자들의 학습 동기를 알기 위한 설문지 문항을 분석한 결과는 다음과 같았다.

〈표 9〉 학습 동기

① 해당 언어에 대한 관심과 흥미	25 (21.6%)
② 국제, 타 문화 이해	11 (9.5%)
③ 해당 국가의 문화에 관심	**31 (26.7%)**
④ 장래 진학, 진로, 취업을 위하여	10 (8.6%)
⑤ 다른 제2외국어에 비해 쉬울 것 같아서	**38 (32.8%)**
⑥ 다른 제2외국어에 비해 활용가치가 높을 것 같아서	16 (13.8%)
전체	131 (100%)

*중복응답: 13, 무응답: 2

    학습 동기를 묻는 질문에 '다른 외국어에 비해 쉬울 것 같아서'와 '해당 문화에 관심이 있어서'라고 대답한 경우가 가장 많았다. '다른 제2외국어에 비해 쉬울 것 같아서'라는 응답이 가장 많은 것은 교과 선택에 있어서 무엇보다 학습의 수월성과 평가를 우선 고려한 결과라고 할 수 있겠다. '문화에 관심이 있어서'라는 대답을 통해서는 일

상생활에서 많이 접할 수 있는 일본문화에 대한 친숙함이 일본어 선택으로 이어지는 것을 알 수 있다.

선택문항의 ①∼③번까지를 통합적 동기라고 보고 ④∼⑥번까지를 수단적 동기[26]라고 보았을 때 ①∼③번 문항에 답한 학습자의 수는 67명으로 통합적 동기를 많이 가지고 있으나 수단적 동기 역시 강한 것을 알 수 있다. 중복응답 수로 보아 일본어 학습에 있어서 동기는 한 가지가 아니며 통합적 동기와 수단적 동기가 복합적으로 작용하고 있음을 알 수 있다.

주목할 만한 점은 학습을 처음 시작하는 3월인 경우, 통합적 동기 수준이 상당히 높게 나타나지만 2학년이 종료되는 12월의 경우 대입 수학능력 시험이라는 외부압력이 가중됨으로 인하여 통합적 동기가 상당히 약화된다는 점이다.[27] 고등학교 2학년 학습자들은 학습 동기

---

26) 면담 결과, 학습자들은 '5) 다른 제2외국어에 비해 쉬울 것 같아서'라는 항목을 학습의 용이성과 동시에 이로 인해 높은 점수를 받는 것 역시 용이할 것이라는 의미로 해석하고 있음을 알 수 있었다. 따라서 수단적 동기로 분류하였다.

27) 이와 관련하여 영어 과목에 대한 다음의 연구 결과(교육인적자원부, 2007) 역시 학령 수준이 높아질수록 외국어 학습시간, 학습정도와 비례하여 학습자들의 내적·통합적 동기가 약화되고 있음을 보여 주는 좋은 예다(http://www.mest.go.kr/main.do 참조).

〈표 10〉 왜 영어를 공부하는가?

	좋아해서	진학, 취업준비를 위해
초등학생	31.2%	58.8%
중학생	20.8%	52.1%
고등학생	14.6%	73.5%

〈표 11〉 영어로 말하려고 노력하는가?

	매우 그렇다	그런 편이다
초등학생	20.3%	26.1%
중학생	5.0%	21.1%
고등학생	3.0%	9.8%

에 대한 질문에 학습이 시작되는 3월과 3학년 진급을 앞둔 12월에 다른 응답을 내놓았다.

3월에는 '일본으로 여행을 하고 싶다', '일본인과 만나 자유롭게 대화할 수 있었으면 좋겠다', '일본의 문화를 알고 싶다', '한국 이외의 다른 나라에 대해서 알고 싶다', '노래, 영화, 애니메이션 등을 자유롭게 감상할 수 있었으면 좋겠다' 등으로 대답했지만 12월에는 제2외국어로 입학 가능한 대학과 학과가 있는지, 제2외국어의 가산점을 부여하는 대학이 어디인지를 알고자 하는 경우가 많았다. 일반적으로 학습이 진행됨에 따라 내적 동기가 강화되는 것이 보통인데 대학 입시가 가까워짐에 따라 내적 동기가 점점 약해짐을 관찰할 수 있었다. Brown(2007:174)은, 수단적 동기에서 통합적 동기로, 외적 동기에서 내적 동기로 나아가는 것이 학습 효과를 높이고 학습을 지속시킬 수 있다고 하였는데 이와 같은 입장에서 보았을 때 고등학교 학습자의 동기 변화 추이는 바람직한 것은 아니다.[28]

학습의 용이성을 학습 동기로 응답했던 학습자들은 학습이 시작된 이후 다음과 같이 변화된 응답을 하였다.

<표 12> 학습 동기 중 '쉬울 것 같아서'라는 응답이 여전히 유효한가?

예	아니오	전체
18	19	37
48.6%	51.4%	100%

*무응답: 1

학습 동기 중 '쉬울 것 같아서'를 선택했던 학생들 중 50%가 일정

---

28) 그런데 제2외국어의 경우, 대학입시의 반영 정도가 미미하므로 당장 현실적인 이득을 볼 수 없다는 면에서 수단적 동기와 외적 동기마저 매우 약해지게 된다.

학습 시간이 지난 후에는 초기의 그런 생각이 잘못된 것이라고 판단하고 있는 것으로 나타났다. 38명 중 19명이 초기의 생각과는 달리 현재 학습하고 있는 외국어가 어렵다고 응답하고 있다. 응답 결과를 볼 때 일본어가 쉬울 것이라는 선입견이 많지만 실제로 학습해 본 결과 어렵다고 느끼는 것을 알 수 있다. 이는 사회통념상 일본어가 쉽다는 사실을 그대로 받아들이고 있던 학습자들이 실제 학습을 통하여 기대만큼 쉽지 않다는 사실을 알게 되었다는 것을 의미한다. 경험적으로 볼 때 많은 일본어 학습자들이 일본어가 매우 쉬울 것이라고 기대했지만 학습과정에서 문자 습득과 한자 읽기, 문법 등에서 어려움을 느끼는 것이 관찰되었다. 학습 요소로 인한 어려움 이외에 목표어에 대해 어렵다는 인식을 가지게 되는 또 다른 이유는 학습 진도를 학습자 개인의 학습 역량 부족으로 따라가지 못하거나 학습자가 복습을 소홀히 하여 이미 배운 내용의 완전한 학습이 이루어지지 않기 때문이다.

일본어 학습이 기대만큼 쉽지 않다는 것은 그러나 여전히 많은 학습자들이 일본어를 선택한 것을 잘 했다고 여기고 있으며 일본어에 대한 흥미를 유지하고 있다.

그리고 제2외국어로 현재 배우고 있는 과목이 아닌 다른 언어를 선택한다면 무엇을 고르겠는가 하는 질문에 대한 응답은 다음과 같았다.

〈표 13〉 다른 과목 선택 시 선호 과목

일본어	중국어	프랑스어	독일어	스페인어	러시아어	아랍어	전체
1	29	53	9	5	6	9	112
0.9%	25.9%	47.3%	8.0%	4.5%	5.4%	7.7%	100%

*무응답: 6

‘제2외국어 과목을 다시 선택한다면 무엇을 고르겠느냐’는 질문에 학습자는 프랑스어와 중국어 순으로 답하였다. 학습자들이 프랑스어와 중국어를 지목했다는 것은 이들이 동양어나 서양어 모두에 관심이 많고 시간과 여건이 허락한다면 이를 모두 학습하고 싶어 한다는 사실과 사회적으로는 중국어의 위상이 높아진 것이 반영된 결과이다. 학습자들은 중국어가 어려울 것 같지만 앞으로 더 쓸모가 있을 것으로 보고 있었다.

입시와 관련하여 학습자들의 학습 동기가 점차 약화되는 것은 유감스러운 일이나 그럼에도 불구하고 설문에 응답함에 있어 학습자들이 보여 준 적극적인 태도를 통해 학습자들이 여전히 영어 이외의 다른 외국어에도 관심이 많다는 사실을 알 수 있다.

4) 요구

요구는 차이와 선호, 부족 등에 의해 설명될 수 있는 매우 광범위한 개념이다. 그러나 교수·학습에서의 요구란 주로 최종 수업[29]이 끝난 후 학습자들이 도달해야 할 언어 수준과 학습자들의 현재 수준과의 차이를 말하며 또 구체적인 교수·학습 내용을 결정하는 과정에서 학습자들이 표출하는 요구 즉 선호에 의해서 판단할 수 있는 요구라고 할 수 있다. 따라서 요구분석이란 학습이 시작되는 시점과 종결되는 시점의 수준 차이를 확인하는 작업이며, 의사소통 기능을 비롯하여 학습자들이 학습할 언어적 내용을 확인 작업이다. 학습을 구

---

29) 본 연구의 논의는 외국어 I 과목에 한정되므로 최종 수업이란 일본어 I 이 종료되는 시점을 말한다.

성하는 데 있어서 학습자가 어떤 목표를 가지고, 어떤 언어내용과 기능(듣기, 읽기, 말하기, 쓰기)을, 어떤 방식으로 학습하기 원하는지를 파악하는 것은 매우 중요하다. 이러한 요구분석은 이 요구를 만족시키는 최선의 방안이 무엇인지를 규명하여 교육목표 설정과 교육내용을 구성하는 데 도움을 주기 때문이다.

Brindley(1984)는 학습자의 요구를 진단 주체에 따라 객관적 요구와 주관적 요구로 구별하였고 요구 진단 시기에 따라서 처음의 요구, 진행 중의 요구로 분류하였다(Nunan, 1999:149 참조).

① 객관적 요구－학습자에 대한 개인적 데이터를 기초로 하여 교사가 진단할 수 있는 언어 숙달도와 언어 사용 유형 및 교사의 개인적인 자료 분석에 의해 진단된 요구를 말한다.
② 주관적 요구－학습자의 희망이나 바람, 기대, 결핍의 표현과 같은 것으로 쉽게 진단하기 어렵고 대부분의 경우 학습자 스스로도 진술하기 어려운 요구이다.
③ 처음의 요구－학습과정이 시작되기 전의 요구이며 교육과정 전문가에 의해 진단되는 요구로 교사의 통제 밖에 있는 것이다.
④ 진행 중의 요구－학습과정이 시작된 후 교사에 의해 비교적 비공식적으로 진단되는 요구이다.

Nunan(1999:149－150)은 주관적 요구를 다시 내용 요구와 과정 요구로 세분화하였다.

① 내용 요구－주제와 문법, 기능, 개념, 어휘 등의 선택과 순서화

에 관한 요구로 전통적으로 교수요목 설계 영역과 관련된 요구
이다.

② 과정 요구─학습과제와 경험들의 선택 및 순서화에 관한 요구
로 전통적으로 교수 방법론의 영역과 관련된 요구이다.

이와 같은 요구들은 교수·학습 내용을 설계하거나 구성하기에 앞
서 고려해야 할 사항들이다. 설계자는 다양한 학습자의 주관적 요구
를 바탕으로 객관적 요구가 무엇인지 판단해야 하며 또 학습자들이
원하는 학습내용은 무엇이며 또 이를 어떤 방식으로 제시할 것인지
결정해야 한다. 학습자 분석과 관련된 요구에 관한 논의는 주로 학습
자들이 스스로 표출하는 교육내용에 관한 것이므로 주관적 요구와
내용 요구를 중심으로 진행하도록 하겠다.

그러면 Brindley와 Nunan의 견해를 바탕으로 고등학교 학습자에게
필요한 분석 항목을 설정하여 이들에 대한 요구를 알아보도록 하겠
다. 먼저 학생들의 현재 수준과 기대 수준을 밝히고 요구분석 항목으
로 교육과정이 제시하는 내용 중 학습목표와 언어 네 기능, 언어 재
료, 수업방식, 수업도구, 오류수정에 관한 질문 항목을 통하여 학습자
의 요구를 밝혀 보도록 한다.

(1) 학습자 현재 수준

먼저 학습자들의 현재 수준을 알아보기 위하여 일본어 학습이 시
작되는 시기, 즉 고등학교에서 2학년 3월의 자신의 수준에 대한 질문
의 결과는 다음과 같았다.

〈표 14〉 학습자 현재 수준

전혀 모른다	42 (35.6%)
문자만 아는 정도	22 (18.6%)
쉬운 문장을 읽고 이해할 수 있는 정도	15 (12.7%)
쉬운 문장을 듣고 이해할 수 있는 정도	29 (24.6%)
간단한 대화	7 (5.9%)
원어민과 자유롭게 대화	2 (1.7%)
해당 외국어 자격증 소지	1 (0.8%)
전체	118 (100%)

학습자의 현재 수준은 선행학습과도 관련이 있는데 선행 학습자들의 학습시간은 평균 30시간 이상으로 추정된다.[30]

현재 수준에 대한 질문에 60%가 넘는 학습자가 문자를 아는 이상의 수준이라고 답하였다. 따라서 결국 다른 외국어와 달리 일본어의 경우는 선행 학습이 되어 있는 학습자 수가 많고 직접 일본을 방문한 경험이 있거나 드라마나 애니메이션, 게임 등을 통하여 일본어를 접한 경험이 있는 학습자 수가 많아 학습자 현재수준을 백지 상태[31]로 보기는 어렵다.

(2) 학습자 기대수준

다음은 학습자들이 1년간의 학습 후에 도달하고자 하는 학습 수준이다.

3월 초 학습자들을 대상으로 질문하였을 때 대부분의 학습자들은

---

30) 중학교 재량학습 시간에 학습한 경우 선행학습 시간은 주 1시간×34주×1년=34시간이다. 경우에 따라 2년간 재량학습 시간을 가진 학습자도 있었는데 이 경우 선행학습 시간은 68시간이 된다. 30 시간은 학습지로 공부한 경우, 혼자서 공부한 경우를 포함한 추정치이다.

31) 아무런 선행지식이나 사고를 갖지 않고 있는 상태.

'목표어로 기본적인 대화를 할 수 있었으면 좋겠다'라고 답하였다. 또 일부는 '자격증을 취득하여 대학 진학에 도움이 되도록 하고 싶다'고 대답했다. 그러나 실제로 수업 이외의 개별 학습 없이 고등학교 수준의 학습만으로 자격증을 취득하는 것은 어렵고, 또 이는 소수 학습자들의 요구이므로 '목표어로 기본적인 대화를 할 수 있었으면 좋겠다'라는 응답을 중심으로 논의를 진행하기로 한다.

'기본적인 대화'에 대한 생각은 학습자들마다 달랐다. '기본적인 대화'가 무엇이냐는 질문에 학습자들은 인사말과 자기소개를 할 수 있는 수준 혹은 길거리에서 외국인을 만났을 때 길 안내를 할 수 있는 수준, 영화나 드라마, 애니메이션을 어느 정도 이해할 수 있는 수준, 학교를 방문하는 일본 학생들과의 한두 시간 정도의 교류에 필요한 대화 수준, 일본 학생들의 홈스테이 프로그램에 참여할 수 있는 수준, 일본여행을 할 수 있는 수준, 유학을 하게 되었을 때 생활에 불편함이 없을 정도의 언어 구사 수준 등으로 다양하게 답하였다. 즉 최종 수업이 끝났을 때 도달하고자 하는 목표는 학습자들마다 매우 다른 것이다.

(3) 교육목표에 대한 요구

학습자들이 교육목표에 대해 정확한 인식을 갖고 있는가 하는 점에 대해서는 의문의 여지가 있다. 설문의 분석 과정과 학습자들과의 대면 접촉을 통하여 많은 학습자들이 '의사소통 능력'을 구어의 실현과 동일한 것으로 생각한다는 것을 알 수 있었기 때문이다.[32] 따라서

---

[32] 이와 같은 인식은 구어의 실현이 학습자들에게 매우 흥미로운 일인데다가 6차 교육과정부터 제시되기 시작한 대화문 형식의 의사소통 기능 예시문이 교수·학습·평가에 상당히 많은 비중을 차

교육목표에 대한 질문항은 학습자들이 이를 주로 구어 의사소통 능력으로 받아들이고 있다는 점을 전제로 한다.

현재 시행되고 있는 제7차 교육과정, 제2외국어 과목의 교육목표인 '기초적인 의사소통 능력 배양'이라는 항목이 효율적이고 이상적이라고 생각하는가에 대한 학습자 응답 결과는 다음과 같았다.

<표 15> 교육목표에 동의 여부

예	아니오	전체
79	38	117
67.5%	32.5%	100%

* 무응답: 1

교육목표에 대하여 일본어 학습자의 67% 이상이 동의하고 있어서 학습자들 대부분이 의사소통의 필요성에 매우 공감하고 있다는 사실을 확인할 수 있다. 그러나 교육목표가 '기초적인 의사소통 능력 배양'이라는 사실을 알고 있는 학습자는 많지 않았는데 이는 실제 수업에서 이러한 용어나 개념을 언급하는 경우가 없다는 것이 하나의 이유라고 생각된다. 또 학습자들은 교사와 함께 하는 교실 수업을 통하여 교육과정을 인지하게 되는데 현재 교사의 수업이 기초적인 의사소통 능력 배양이라는 교육목표와 부합하지 않는 방식인 것도 하나의 이유라고 생각된다.

AC의 장점에 대해서 학습자들은 실용성과 간단한 의사소통이 가

지하기 때문인 것으로 보인다. 또 4차와 5차 교육과정에 걸쳐 시도되었으며 특히 구어를 강조하는 MAO나 MAV의 전통이 남아 있는 것도 또 다른 원인으로 보인다. 전통적 교수법이 여전히 남아 있는 것과 같이 시청각 자료를 이용하여 대화를 위한 문형을 반복하는 MAO나 MAV의 방법론도 완전히 사라진 것은 아니다. MAO와 MAV의 도입은 외국어 교육이 구어를 중시하기 시작했다는 사실을 의미한다.

능하다는 점을 가장 많이 들었으며 읽기와 쓰기를 잘 못해도 말을 할 수 있다는 점과 흥미유발이 잘되는 점도 장점으로 들었다. 소수 의견으로 문화내용을 잘 알게 된다거나 발음 공부가 잘 된다고 응답한 학습자도 있었다.

AC의 장점에 대해서 비교적 일관성 있는 응답이 나온 반면 단점에 대해서는 다양한 의견들이 나왔다. 문법이나 쓰기, 읽기가 잘 안된다고 가장 많이 응답하였다. 문법을 모르기 때문에 학습내용이 체계적으로 정리가 되지 않으며 금방 잊어버리게 되고 깊이 있는 학습이 불가능하다는 것이다. 말하기 능력이 향상되는 것 같지만 실제로는 말할 수 없을 것 같다고 응답한 경우도 있었다. 교과서의 대화 내용은 부자연스럽게 느껴지는 경우가 많으며 말할 수 있더라도 교과서에 제시된 문장 이외의 것은 말할 수가 없을 것이라는 응답도 있었다. 또 기본적인 인사말 이외에는 말할 수 없을 것 같다고 응답한 학습자도 많았으며 말할 기회가 없고 '특별히 말할 이유'를 못 찾겠다고 응답한 학습자도 있었다. 수업의 진행과 평가가 의사소통 중심으로 이루어지지 않는 점도 단점으로 들었다. 교사들이 문법 중심이나 수능 중심의 수업을 하는 경우가 많으며 의사소통 중심으로 수업을 진행하는 경우에도 학습자들이 중요하게 생각하는 시험에서는 이에 대한 평가가 이루어지지 않는다는 점을 지적하였다. 그리고 회화 중심 수업을 하기에 학급당 인원수가 너무 많고 '말하기' 위주의 수업이 원활하게 진행되지 않으며 학습자들의 참여도가 높지 않다는 점도 단점으로 들었다. '말할 수 있는' 사람만 참여하게 된다는 것이다.

함께 대화하기에 학습자들의 수준 차이가 너무 크며, JLPT와 같은 자격시험을 통과하기에는 의사소통 중심 수업이 도움이 되지 않고 교과서의 내용 및 문법 학습량이 절대적으로 적다고 응답한 경우가 상당수 있었으며 수업이 교사에 따라 너무 많이 좌우된다는 응답도 소수 있었다.

(4) 언어 네 기능에 대한 요구

언어의 네 기능 중 현재 수업에서 더 강화해야 할 부분에 대한 학습자의 응답 결과는 다음과 같았다.

〈표 16〉 더 강화해야 할 언어 기능

듣기	43 (32.3%)
말하기	59 (44.4%)
읽기	17 (12.8%)
쓰기	14 (10.5%)
전체	133 (100%)

*중복응답: 26, 무응답: 1

학습자들은 언어의 네 기능 중에서 말하기와 듣기를 더 강화해야 한다고 대답함으로써 구어 의사소통 능력을 향상시키고 싶다는 요구를 나타내었다. 이는 제7차 교육과정의 '기초적인 의사소통 능력 배양'이라는 이상에 동의한다는 내용과 일관성을 보이는 응답이다.

(5) 언어 재료에 대한 요구

학습내용을 구성하는 요소 즉 언어 재료 중 더 강화해야 할 부분에 대한 학습자 응답 결과는 다음과 같다.

〈표 17〉 더 강화해야 할 언어 재료

발음	**36 (25.4%)**
어휘	**39 (27.5%)**
문자	21 (14.8%)
문장구조 (문법)	**23 (16.2%)**
의사소통 기능	22 (15.5%)
문화	1 (0.7%)
전체	142 (100%)

*중복응답: 56, 무응답: 12

　　조사 결과에 따르면 학습자는 어휘를 가장 강화해야 할 학습 요소로 생각하고 다음으로는 발음[33]과 문장구조를 중요하게 생각하고 있다는 것을 알 수 있다. 이 결과는 의사소통 능력의 향상이라는 교육 목표에 찬성하고 언어의 네 기능 중 듣기와 말하기를 더 강화해야 한다는 응답과 배치되는 것으로 보인다. 앞선 응답 결과와 일관성을 갖는다면 의사소통 기능을 가장 강화해야 할 요소로 꼽아야 할 것이기 때문이다. 그런데 이는 학습자들이 의사소통을 원활하게 하고 싶지만 실제 학습과정에서는 발음이나 어휘와 같은 언어적 요소의 학습에 어려움을 느껴 당장은 이를 강화해야 할 필요가 있다고 생각하기 때문인 것으로 보인다.

(6) 어휘에 대한 요구

　　어휘 수 제한에 대한 학습자 응답 결과는 다음과 같았다.

---

33) 일본어 학습자들은 '발음'과 '읽기'를 혼동하고 있는 경향을 보였다. 일본어의 경우 문자를 정확히 읽을 수 있으면 몇 가지 사항을 제외하고는 발음 문제가 없는 편이다, 그런데 학습자들은 문자를 정확하게 모르거나 읽기 연습이 부족하여 제대로 읽지 못하는 경우에 이것을 '발음을 잘 못한다' 라고 생각한다. 따라서 일본어 학습자들이 말하는 '발음'은 경우에 따라서 '억양을 살려 유창하게 읽기'로 해석되어야 한다.

〈표 18〉 어휘 수 제한에 찬성 여부

예	아니오	전체
50	67	117%
42.7%	57.3%	100%

*무응답: 1

57.3%의 학습자들이 어휘 수 제한은 바람직하지 않다고 응답하고 있어 자유로운 어휘의 도입과 사용이 바람직한 것으로 판단하고 있는 것으로 보인다. 언어 재료에 대한 요구 조사에서 학습자들은 어휘를 가장 강화해야 할 요소라고 응답한 바 있다.

교과서에 제시되는 어휘 수는 어느 정도가 적당한지에 대한 응답 결과는 다음과 같았다.

〈표 19〉 어휘 수에 대한 요구

500개 이하	500~1,000개	1,000~1,500개	1,500개 이상	전체
19	60	25	13	117
16.2%	51.3%	21.4%	11.1%	100%

*무응답: 1

학습자는 학습 어휘로 500~1,000개가 적당하다고 생각하는 비율이 가장 높았다. 언어 재료 중에서는 어휘에 대한 요구가 가장 높았지만 지나치게 많은 어휘 학습에 대해서는 부담을 느끼는 것이다. 따라서 언어 재료에 있어서 어휘에 대한 요구가 가장 높았던 것은 제시되는 어휘 수가 적어서라기보다는 학습자 스스로가 어휘 학습을 제대로 하지 않아서 어휘를 잘 알지 못하는 것에 기인하는 것으로 볼 수 있다.

그러나 학습량이 많다는 평소의 주장과는 달리 학습하기를 희망하는 어휘 수가 예상보다 큰 수치로 나온 것은 의외의 결과이다. 학습 어휘 수는 전체 학습량과 직결되는데 학습자들이 이를 잘 인식하지 못한 결과로 보인다. 학습자들은 '많은 어휘를 학습하는 것은 부담스럽다. 그러나 많은 어휘를 학습하는 것이 이상적이다'라는 생각을 가지고 있는데 이상적일 것이라고 생각되는 측면에서 응답하여 실제 학습할 수 있는 어휘보다 많은 어휘를 학습하기를 원하고 있다는 결과가 나온 것으로 생각된다.

(7) 문화내용에 대한 요구

목표어를 구사하는 국가의 문화 가운데 학습자가 관심을 가지고 있는 분야에 대한 질문의 응답 결과는 다음과 같았다.

〈표 20〉 문화 관심 분야[34]

사회문화	53 (17.7%)
환경문화	7 (2.3%)
언어행동 문화	46 (15.4%)
개인생활 문화	62 (20.7%)
일상생활 문화	71 (23.7%)
사회생활 문화	43 (14.4%)
통신문화	17 (5.7%)
전체	299 (100%)

*중복응답: 181, 무응답: 1

---

34) 문화의 분류는 학자마다 다르나 여기에서는 주로 Galisson(1988:84)의 분류를 따랐다. 설문 분석과정에서 개인생활 문화, 일상생활 문화, 사회생활 문화의 경계가 분명하게 해석되지 않은 점이 발견되었다. 생활문화는 그 사회 전체를 지배하는 행위의 규칙 및 가치를 의미하는데 그 가운데 개인생활 문화는 개인의 삶, 취미 등 개인의 영역에 속하는 것을 의미하며 일상생활 문화는 가족과의 관계 등과 관련된 문화, 사회생활 문화는 개인이 연관되어 있는 개별적 사회집단(학습자의 경우 학교)의 문화를 의미한다.

문화 내용에 관해서 학습자는 일상생활 문화, 개인생활 문화, 사회
문화 순으로 요구를 나타내었다. 다른 나라에 비해서 일본의 사회문
화에 대해서는 어느 정도 알고 있다는 생각을 가지고 있기 때문에 좀
더 구체적인 일상생활 문화 영역에 대한 관심과 호기심이 높은 것으
로 여겨진다.

⑻ 수업방식에 대한 요구

수업방식에 대한 질문의 학습자 응답 결과는 다음과 같았다.

<표 21> 선호하는 수업방식

교사의 설명 중심	43 (35.8%)
개인 발표 중심	10 (8.3%)
짝 활동 중심	12 (10.0%)
소그룹 중심	47 (39.2%)
기타	8 (6.7%)
전체	120 (100%)

*중복응답: 2

수업방식에 있어서 소그룹 중심 수업을 가장 선호하고 있으며 다
음으로는 교사의 설명 중심 수업을 선호하는 것으로 나타났다. 학습
자 개인의 발표나 짝 활동에 대한 선호도는 낮게 나타났는데 그 원인
은 이러한 활동에서는 학습자들의 적극적인 참여가 절대적으로 요구
되고 학습자 자신의 책임이 커지므로 부담감을 느끼기 때문인 것으
로 판단된다. 따라서 학습자들의 자발적 참여도가 낮고 책임도 적은
교사 중심 수업에 대한 선호도가 높게 나타난 것으로 보인다.

(9) 수업도구에 대한 요구

수업에 이용되는 도구 중 선호하는 것에 대한 학습자 응답 결과는
다음과 같다.

<표 22> 선호하는 수업도구

교과서	23 (18.1%)
교과용 CD 나 테이프	11 (8.7%)
다양한 멀티미디어 자료-동영상 등	79 (62.2%)
실재자료-그림, 도표, 신문, 잡지 등	9 (7.0%)
기타	5 (4.0%)
전체	127 (100%)

* 중복응답: 8

수업도구에 관한 요구에 대해서는 다양한 멀티미디어 자료를 이용
하는 수업에 대한 요구가 가장 컸으며 그 다음으로는 교과서를 선호
하는 것으로 나타났다. 일상생활에서 인터넷을 비롯한 여러 매체를
이용하는 것이 과거에 비해 익숙해진데다 멀티미디어를 이용하는 경
우 애니메이션이나 동영상 등 재미있는 자료들이 소개되는 경우가
많기 때문으로 보인다. 그러나 교과서 중심의 수업을 선호한다는 응
답도 많아 이를 통하여 여전히 교사가 주도하는 교과서 위주 수업에
대한 요구가 강함을 알 수 있다. 이는 수업방식에 있어서 소그룹 중
심이나 교사의 설명 중심 수업을 선호하는 것과 같은 맥락으로 학습
자들이 수업 참여에서 소극적인 태도를 가지고 있음을 나타내주는
것이다. 또 수업방식과 수업도구에 관한 기타 의견으로는 원어민 강
사에 대한 요구가 포함되어 있었다. 의사소통 능력의 향상이라는 목
표를 달성하기 위해서는 좋은 발음의 모델이 되며 훌륭한 목표어 대

화 상대자가 되어 줄 수 있는 원어민이 필요하다는 것이다.

(10) 오류 수정에 대한 요구

학습상 실수의 교정시기에 대한 학습자 응답 결과는 다음과 같았다.

<표 23> 실수의 교정시기

즉시 모든 사람이 있을 때	76 (63.9%)
나중에 수업이 끝난 다음에 모든 사람이 있을 때	8 (6.7%)
나중에 개인적으로	34 (28.6%)
기타	1 (0.8%)
전체	119 (100%)

*중복응답: 1

오류 수정에 대해서 '즉시 모든 사람이 있을 때'라고 가장 많이 응답하여 그 비율이 64% 정도에 이르고 있다. 학습자의 오류는 즉시 수정하지 않는다는 AC의 일반적인 생각과는 상반된 결과이다. 이것은 학습자들이 틀린 것을 수정하는 것에 대해 부끄러워하거나 좌절감을 느끼는 대신 학습 발전을 위해서 당연한 것으로 받아들이고 있다는 것을 의미한다. 그러나 나중에 개인적으로 수정을 해주기를 바라는 학습자도 29% 정도 있어서 오류 수정에 있어서 개인의 성격에 따라 요구가 다름을 알 수 있다. 따라서 교사는 오류에 대해서 즉시 모든 사람들 앞에서 수정하여야 하는 학습자들의 일반적인 오류인지 매우 개인적인 오류인지를 판단하는 한편, 상황과 학습자에 따라 오류 수정 방식을 선택해야 한다.

3. 종합

3장에서는 현재 의사소통 접근법에 기반을 둔 7차 교육과정으로 일본어를 학습하고 있는 학습자의 만족도와 그들의 구체적인 태도를 알아보았다.

일본어 학습자들이 목표어와 목표어 사용국가에 대해 다른 언어 학습자에 비해 비교적 구체적인 표상과 구체적인 학습 동기를 가지고 있는 점, 언어 사용 기회와 실재 자료 도입, 교사의 언어 사용 능력 및 문화 이해 정도35) 등에서 유리한 상황에 있다는 점 등은 일본어 교수・학습이 상대적으로 원활히 이루어질 수 있다는 사실을 의미하지만 조사 결과 우리나라 고등학교 일본어 교사와 학습자들 역시 의사소통 능력을 향상시키려는 열망과 현실적인 수업 조건 및 상황 그리고 실제 도달할 수 있는 수준 사이에서 많은 괴리감을 느끼는 것으로 나타났다. 교수・학습 상황에 대한 만족도 역시 다른 언어 학습자와 큰 차이를 보이지는 않았다(김미연, 2011:54).

그들의 태도와 생각을 정리하면 다음과 같다.

첫째, 학습자는 학습 초기 모두 해당 언어에 강한 학습 동기를 가지고 있어서 외국어 학습을 시작하는 데는 문제가 없다. 다만 교수・학습 활동이 진전될수록 이러한 동기가 약화된다. 앞서 언급한 대로 우리나라 학습자들에게는 시험이 강한 수단적 동기로 작용하여 성취

---

35) 목표어에 대한 제한적 지식과 사용 능력 때문에 교실 안에서 자유롭게 의사소통하는 환경을 마련하는 것이 용이하지 않다. 또한 스스로 잘 알지 못하는 문화, 때로는 한 번도 직접 경험해 보지 못한 문화를 가르치는 교수자는 예전에 배웠던 문화모델을 그대로 재현하거나 나름대로 갖고 있는 표상에 의존하여 문화수업을 진행하기 쉬운데(이정민, 2007:152) 일본어 교사들이 목표어 사용 환경에 더 익숙하다고 할 수 있으므로 교실 내 의사소통 행위와 교실 내 문화접촉은 일본어 수업에서 더 용이하게 이루어진다.

에 큰 영향을 미치는데 일본어의 경우 대학 입시의 반영 정도가 미미하고 과목의 위상도 높지 않기 때문이다. 약화된 학습자들의 학습 동기와 학습 의욕은 자신들의 성취뿐만 아니라 교사들의 교수활동에 심각한 영향을 주며 적극적인 학습자들의 참여를 필요로 하는 의사소통 수업을 어렵게 만든다.

둘째, 일본어 도입 시기에 대한 불만족도가 높은데 이것은 학습 시작 시기가 매우 늦어 충분한 학습시간이 보장되지 못하는 것이 그 원인이다. 프랑스어의 예를 보면, 프랑스 교육부는 '기초 프랑스어1(Le français fondamental, Niveau 1)'[36] 초급에 약 300~400시간을 할애하도록 하고 있는데 우리나라 고등학교에서 보장되는 수업시간은 고등학교 3학년에서 수업이 충실히 진행된다 하더라도 약 180시간에 불과하다. 따라서 이 시간 내에 현행 교육과정의 '의사소통 능력의 향상과 문화 이해'라는 목표를 달성하는 것은 거의 불가능하다고 할 수 있다.

셋째, 교실 내 멀티미디어 기기 설비가 미비한 점 그리고 교과서의 내용 및 구성 방식 역시 AC의 이념을 실현하는 데 걸림돌이 되고 있다. 멀티미디어 기기는 학습자들의 흥미를 불러일으킬 뿐만 아니라 원어민과 같은 수준의 언어능력을 갖추지 못한 교사의 언어능력을 보완하거나 대치해 줄 수 있는 도구이다. 또 교과서는 학습자들이 목표어에 대한 정보를 얻을 수 있는 거의 유일한 통로로서 실제 원어민이 사용하는 언어를 흥미로운 방식으로 제시해야 한다. 이에 대한 학습자들의 불만이 높다는 것 역시 현재 상황에서 AC의 이념을 실현할 수업을 구현하기가 힘들다는 사실을 말해준다.

---

36) *Dictionnaire de didactique des langues*(Galisson et Coste, 1976:370).

넷째, 흥미로운 수업 구성, 페어활동, 팀 활동, 역할극의 도입, 실재 자료의 도입에 대한 학습자들의 만족도가 낮고 교사들 스스로도 AC의 이념을 구현하는 수업에 대해 자신감이 떨어지는 것으로 나타났다. 이것은 현재의 교실 환경과 학생 수로는 AC 방식의 수업을 진행하기 힘들고 교사의 언어 능력 및 수업 진행 방식 또한 AC 이념을 실현할 수 있는 조건을 갖추고 있지 못한 때문이다.

다섯째, 학습자들은 수업방식과 수업도구, 실수의 교정시기와 관련하여 AC의 이념 및 교육과정이 제안하는 바와 다른 요구를 가지고 있다. 학습자들은 소그룹 중심 및 멀티미디어 기기와 실재자료를 이용한 수업을 선호하지만 그에 못지않게 교사의 설명 중심과 교과서 중심의 수업도 중요하게 생각하고 있다. 과거의 전통적 교수법도 여전히 학습자들에게 유효하다는 것을 알 수 있는 부분이다. 또 실수의 교정시기와 관련하여 학습자들은 그 즉시 수정해 주기를 바라고 있어서 교육과정의 해당 내용은 재고되어야 할 것으로 보인다.

학습자들은 언어 네 기능 중에서 가장 강조되어야 할 부분을 기초적인 말하기라고 응답하여 기초 능력의 향상에 대한 노력 없이 바로 말하기라는 외국어 학습의 성과를 기대한다는 사실을 알 수 있다. 일본어도 외국어라는 사실을 간과하고 모국어인 한국어와 같은 유창성이 짧은 학습기간 내에 획득되리라고 기대하였기 때문이다. 이로 인하여 학습에 어려움을 느끼게 되는 경우 학습 자체를 포기하는 것도 일본어 수업의 문제점이다. 학습자들이 의사소통 중심 수업이 체계적이지 않다고 생각한다는 사실과 말하기 수업의 경우 구어 능력이 우수한 일부 학습자 위주로 진행되는 것에 대해 불만족하고 있다는 사실 역시 AC에서 주장하는 바와 같은 개별 학습자 수준을 고려한 수업 진행에 문제가 있음을 말해 준다.

많은 학습자들이 교과서 위주나 진도 위주의 수업을 문제점으로 지적하고 드라마나 애니메이션, 광고, 영화와 같은 동영상 자료를 사용하기를 희망하였으며 학습자와 교사 간의 친밀도 강화도 더 필요하다고 하여 학습자들은 실제 외국어 수업에서 수업내용의 충실한 전달이나 학습만큼 재미있고 즐거운 수업을 원하고 있음을 알 수 있었다.

학습자와 교사들이 강화해야 한다고 생각하고 있는 항목에 대해 정리하면 다음과 같다.

<표 24> 언어 재료에 대한 학습자와 교사 요구 비교

	일본어 학습자	일본어 교사
발음(읽기)	○	
어휘	○	○
문자		
문장구조		
의사소통 기능		○
문화		

학습자는 발음[37]과 어휘 학습이 강화되어야 한다고 생각하는 반면 교사는 어휘와 의사소통 기능이 강화되어야 한다고 생각하고 있었다. 이와 같은 사항으로 미루어 보아 학습자가 교사보다 더 언어의 기초적인 요소들이 중요하다고 생각하고 있음을 알 수 있다.[38] 어휘는 두

---

37) 앞서 언급하였듯이 일본어의 경우 읽기를 의미한다. 따라서 발음을 제외하였을 경우, 일본어 학습자의 언어 재료에 대한 요구는 어휘와 문법 순으로 나타난다.

38) 학습자들의 요구를 보았을 때, 교사들은 의사소통 기능이 중심이 됨에 따라 문법이 경시되는 점만 비판하고 정작 스스로는 정확한 발음이나 어휘에 대한 지도는 소홀히 한 측면이 있다. 한편, 일본어 교사들이 의사소통 기능에 대한 요구가 높다는 것은 이들이 의사소통 중심 수업에 가장 잘 적

집단이 공통적으로 강화해야 할 필요가 있다고 생각하는 요소였다. 문화는 두 집단 모두 가장 시급한 학습 요소로는 인식하고 있지 않아 언어적 요소보다는 부차적인 내용으로 인식되고 있는 것으로 보인다.

학습자들은 궁극적으로 의사소통이란 목표를 달성하기를 원하지만 고등학교 수업만으로 이 목표에 이르기란 불가능하다는 사실과 의사소통 중심 수업에서 발생하는 문제점을 잘 인식하고 있다. 따라서 교육과정의 목표는 너무 모호하고 의욕에 차 있는 것으로 판단된다. '동시에 너무 많은 목표를 추구하는 것이 아닐까'라는 의문이 제기된다. 자유로운 의사소통과 점진적인 언어 습득 사이에서 균형을 찾기란 매우 어렵다(Bucher—Poteaux, 1998:315, 321).

결국 현재 외국어 수업에 대한 학습자의 우선적인 요구는 '의사소통' 자체에 있다기보다는 의사소통 능력을 키우기 위한 '기초적인 언어능력의 배양'에 있다고 판단되며 교사 역시 이러한 점에 공감하고 있다고 생각된다. 언어 재료 중 의사소통 기능이 차지하는 비중을 줄이고 발음과 어휘, 문법이 차지하는 비율을 늘여야 할 것이다.

3장의 전체적 분석 내용을 보면, 학습 환경 즉 제2외국어의 위상, 도입 시기, 입시에 반영 정도는 학습자의 학습 동기 지속과 학습자 태도에 많은 영향을 주며 교수·학습에 많은 걸림돌이 됨을 알 수 있다. 다양한 외국어 교육의 발전을 위해 시급히 해결되어야 할 문제이다. 이와 같은 문제는 국가적 제도 차원의 문제로서 교육 당국의 현명한 해결책 제시를 기대하며 본 연구에서는 학습자와 교사가 지적한 문제를 해결하기 위해 현재 상황에서 가장 효율적인 결과를 얻기

응하고 있다는 사실을 방증한다. 이와 같은 사실은 만족도 조사에서 일본어 교사들의 만족도가 가장 높게 나타난 사실과도 무관하지 않다.

위한 교수·학습 내용 결정을 중심으로 논의를 이어 가고자 한다.

그렇다면 일본어 교수·학습 내용 결정에 있어서 앞으로 해결해야 할 문제는 다음과 같이 요약할 수 있다.

첫째, 서로 다른 학습자의 언어에 대한 요구 수준은 어떻게 결정할 것인가?

둘째, 현행과 같이 의사소통 기능을 가장 강조할 것인가?

셋째, 학습자의 요구로 미루어 보아 언어 재료에 대한 학습이 시급한데 이들 요소는 어떤 것을 얼마나 제시할 것인가?

셋째, 현재 상황에서 언어 네 기능의 고른 함양은 불가능한 것으로 보인다. 그렇다면 언어의 네 기능 가운데 무엇을 더 강조할 것인가?

넷째, 문화는 어떤 내용을 얼마나 제시할 것인가?

다섯째, 현재 여건에서는 수업에서 AC의 이념을 제대로 실현하기가 어렵다. 그렇다면 대안은 무엇이 될 것인가?

이어지는 논의에서는 3장의 논의 결과를 바탕으로 학습자의 구체적인 언어 데이터를 통해 학습자들에게 더 강화해야 할 언어요소를 규명해 보도록 하겠다. 그리고 제기된 문제점에 대한 해결 방법은 5장에서 찾아보도록 하겠다.

제 4 장
학습자 오류

1. 오류 연구의 목적

일반적으로 오류를 연구하는 목적은, 학습자의 오류 연구를 통해 제2언어 습득과정을 이해하고 이론적인 판단을 내리려는 학문적 목적과 오류의 성격을 이해하여 오류를 근절하고 언어 학습을 보다 용이하게 하려는 교육적 목적으로 나누어 볼 수 있다(Corder, 1981:1, 45, Py, 2000:395).

학문적 목적의 오류 연구는 학습자의 언어를 가능한 한 많이 수집하여 학습자 언어의 전반적인 양상과 특징을 기술하며 오류가 포함된 불완전한 중간언어(interlanguage)가 목표어에 이르기까지의 과정을 밝히는 것이다. 이때 학습자 언어자료 수집은 주로 제도권 밖 즉 교실 밖의 자연스러운 환경에서 이루어진다. 그러나 교육적 목적의 오류 연구는 학습자 오류를 찾아내고 그 성격과 유형, 원인을 밝히는 한편, 오류를 현재 교수기법이 불완전한 것임에 기인한다고 보고 교수·학습의 내용이나 기법에 관해 반성하고 새로운 방법을 모색하며 그 결과를 새로운 교수·학습 과정 설계에 반영하고자 한다. 따라서

언어자료는 주로 교실 내에서 일정 학습자 그룹의 학습 기간 내에 수
집된다.

언어 습득 연구자들은 주로 학문적 목적으로 오류를 연구하며 교
수법 연구자나 교사들은 교육적 목적으로 오류를 바라보게 된다. 어
떤 오류 문장을 발견하였을 때 언어 습득 연구자들은 학습자의 현재
언어 사용에만 주목하지만 교수법 연구자들은 이를 통해 학습자가
습득하지 못한 것과 자신의 교수법 및 교수 내용에 대해 재고하게 된
다(De Salins, 2000:427, Véronique, 2009:323에서 재인용).

본 논의의 학습자 오류 연구의 목적은 교육적인 것으로 초급 일본
어 학습자의 오류를 판단하고 그 양상과 원인을 설명하는 작업을 통
하여 현재 학습이 이루어진 정도를 진단하고 학습 시 주의해야 할 점
을 밝히는 한편 앞으로의 교수·학습 상황에서 학습자들에게 더 강
화해야 할 학습 요소를 규명하는 데 있다. 오류는 단순화되거나 잘못
사용된 학습자 언어이므로 목표어 규범에 이르지 못한 학습자의 현
재 언어능력을 판단하여 교수·학습 과정에서 더 강화해야 할 내용
을 결정하는 데 필요한 지표로 삼을 수 있기 때문이다. 교사나 학습
자 스스로가 더 강화해야 할 학습요소를 주관적으로 판단할 수도 있
지만 오류 연구를 통하여 어떤 요인이 학습을 쉽게 혹은 어렵게 하는
지 객관적으로 파악할 수 있다.

또한 오류 연구를 통해 우리는 교재나 프로그램을 통해서가 아니
라 학습자의 시각에서 학습이 전개되는 방식을 알 수 있다.[39] 학습자

---

39) 이것은 언어 습득 과정을 알기 위한 목적의 오류 연구에서도 마찬가지다. 따라서 언어 습득에 관
한 연구와 교수법에 관한 연구는 상보적인 관계에 있다고 할 수 있다. 그러나 언어 습득에 관한 연
구가 교수법에 매우 긍정적인 정보를 제공할 수 있다는 믿음에도 불구하고 각 영역 연구자들 사이
의 교류가 원활히 이루어지지 못하여 그 영향은 표면적이거나 기술적인 변화 수준에 그치고 있다.

의 시각에서 학습이 전개되는 방식을 안다는 것은 현재 교수 상황에 놓여있는 학습자에게 가장 적합한 수업을 구성하고 전개해 갈 수 있다는 것을 의미한다. 학습자의 오류는 학습과정에서 나타난 학습자 개인들의 언어 데이터를 통해 교육과정 연구자나 교사들이 진단할 수 있는 언어 숙달도나 언어 사용 유형에 관한 정보를 제공해 준다.[40] 따라서 오류에 대한 연구는 학습자에게는 언어능력 향상을 위한 피드백의 기능을 하고 교사나 교육과정 설계자들에게는 학습자의 학습 방법과 절차, 전략, 현재 수준에 관한 정보를 제공하여 개별 과목의 학습자에게 효과적인 수업 방안을 모색하고 효율적인 교수·학습 내용을 구성하도록 해 준다.

우리나라에서 오류에 관한 연구가 시작된 것은 얼마 되지 않았다. 외국어 학습자들의 오류에 관한 연구는 많지 않은데 최근 들어 한국어를 배우는 외국인들의 오류에 관한 연구가 꽤 활발해지고 있다. 오류에 관한 연구는 1970년대 이후 주로 미국을 중심으로 진행되었다. 이민과 유학, 국제 교류가 가장 빈번했던 국가였기 때문에 모국어가 서로 다른 사람들 사이의 의사소통에 관한 연구가 시급하게 필요했기 때문일 것이다. Corder, Selinker, Richards와 같은 연구자들은 오류를 연구하는 오늘날의 우리들에게도 많은 시사점을 제공한다. 따라서 논의는 이들 연구를 기반으로 진행된다.

따라서 언어 습득 연구의 교육적 참여는 중장기적으로 이루어져서 언어교수에서 보다 근본적인 변화를 이끌어 내야 할 것이다(Ibid, 322-324).

40) 언어 습득 연구자들의 입장에서 교수는 먼저 그 대상(objet)을 정하고 행해지는 것이 아니라 상호작용을 통해 다소 명확하고 명시적인 방식으로 함께 만들어 가는 것이며 항상 존재하기 마련인 특별한 상황에서의 돌발변수를 개략적으로 그리는 것이다. 그러나 교수법의 입장에서 대상은 교수법을 기획하는 단계에서 가능한 연결성을 가지는 방식으로 미리 정해지게 된다(De Pietro et al, 2000:463).

2. 오류 연구의 기반 이론

학문적 목적의 오류 연구와 교육적 목적의 오류 연구는 모두 Skinner(1953)의 행동주의 이론이나 Chomsky(1965)의 동일성 가설[41]과 같은 언어 습득 이론에 근거하고 있다. 특히 이들 이론을 바탕으로 대조분석 이론이나 오류분석 이론, 중간언어 이론과 같은, 교육적 상황에 적용할 수 있는 오류 연구 이론들이 나오게 되었다.

1) 대조분석 이론

Skinner의 행동주의에 바탕을 둔 대조분석 이론(Fries, 1945, Lado, 1961)에 의하면 제2언어의 습득은 모국어의 영향을 크게 받는다. 그러므로 모국어와 제2언어 구조를 비교 분석하는 것은 학습자들이 범할 수 있는 오류를 예측하게 해 주고 이러한 예측은 제2언어의 학습과정을 보다 쉽게 해 준다고 주장한다.[42] 오류는 모국어 사용 습관이 제2언어 사용에 개입한 결과로서 모국어와 목표어 사이의 음운과 어휘, 형태·통사적 갈등으로 인해 유발되며 잘못된 습관의 시작이므로 발견 즉시 교정되어야만 하는 것이고 가장 바람직한 것은 오류를 예측함으로써 미리 예방하는 것이다. 대조분석 이론에 근거한 외국어 학습 순서는 학습자의 모국어와 목표어인 외국어 사이의 유사점과 차이점을 밝히고 이에 따른 학습의 어려움을 고려하여 결정하게 된다. 따라서

---

41) 모국어와 제2언어의 습득 과정이 동일하다고 보는 관점.

42) 가장 효율적인 교육재료는 학습할 언어를 학습자의 모국어와 수평적으로 비교, 서술한 과학적 기술에 바탕을 둔 것이다(Fries, 1945:9).

목표어의 어떤 점이 학습을 어렵게 하는지 알기 위하여 어학 교사는 제2언어의 체계 및 기능, 그리고 학습자가 사용하는 제1언어와 제2언어의 차이점을 이해해야 한다(Brown, 2007:2)[43]는 주장도 제기되었다.

그러나 모국어의 간섭과 전이(transfer)를 오류의 원인이라고 보았던 대조분석 이론은 다음과 같은 한계가 있다.

첫째, 모국어와 목표어의 차이점이 모두 오류를 유발하는 것은 아니며 차이가 크다고 해서 더 많은 오류를 발생시키지도 않는다는 것이다. Oller & Ziahosseiny(1970:187)는 철자오류 연구에서 영어를 제2언어로 학습하는 경우, 중국인이나 일본인 등과 같이 전혀 다른 글자를 쓰는 학습자보다 오히려 로마자를 쓰는 스페인이나 독일인 학습자들의 오류가 많다는 것을 보여 주었다. 학습자들은 철자 사용에서 언어 내 혼동뿐만 아니라 근접성과 유사성으로 인해 언어 간 혼동을 일으키는 것으로 나타났다.[44]

둘째, 대조분석은 언어 차이에 의해 유발되는 학습자 오류는 설명할 수 있으나 목표어 내적 원인에 인해 유발되는 다양한 형태의 오류는 예측하거나 설명해 주지 못하여[45] 실제적으로 교육적 적용이 어렵다는 점이다. 그러므로 간섭 현상을 예측하는 것보다는 실제 학습에서 관찰된 자료를 대조 분석하는 것이 낫다는 주장이 제기되었다(Wardhaugh, 1970:129).[46]

---

43) 대조분석 이론은 후에 등장한 오류분석 이론에 의해 부정되었지만 이러한 입장은 오늘날에도 일반적으로 받아들여지는 견해이다.

44) 하나 혹은 그 이상의 언어체계에서 형태나 의미의 차이가 아주 근소하거나 거의 구별되지 않는 경우에도 학습의 어려움이 야기될 수 있다(Oller&Ziahosseiny, 1970:186). 대조분석 이론은 언어가 유사한 경우보다 전혀 다른 경우가 학습이 훨씬 어려울 것이라고 예상하였지만 이러한 연구 결과는 그 반대의 경우도 있다는 것을 보여 준다. 이는 미세한 차이설(subtle differences version)이라고 한다.

45) 오류가 모국어와 목표어의 차이에 의해서만 유발된다면 같은 발화상황에서 제2언어 사용자의 언어 사용은 동일한 방식으로 나타나야 하지만 실제 발화는 매우 다양하다(Selinker, 1974:34-35).

셋째, 오류를 모국어와 목표어 체계 사이의 갈등에 의해서 유발된다는 한 가지 원인으로만 생각하고 학습자의 서로 다른 모국어 능력과 이미 도달한 목표어 수준을 전혀 고려하지 않는다는 것이다. 학습자 개인의 모국어 능력은 목표어 학습에도 영향을 미치게 되며 또 학습이 진전된 이후에는 모국어 영향의 정도가 학습 초기와 다르다.

결국 대조분석 이론은 인간의 언어 사용이 목표어 자체의 성격이나 심리적 요소, 사회·문화적 배경, 수업 방법, 학습 정도 등 다양한 요소의 영향을 받는다는 점을 고려하지 않고 학습을 방해하는 요인을 매우 좁은 시각으로 조망했다는 것이 한계점으로 지적되고 있다.

2) 오류분석 이론

오류분석 이론은, 모든 인간들은 태어날 때부터 보편문법(universal grammar)을 가지고 있으며 언어 습득은 이 문법을 표면화하는 과정을 통해 이루어지므로 근본적으로 모국어와 제2언어의 습득과정은 동일하다는 Chomsky(1965)의 주장에 영향을 받은 것이다. 이 이론에 따르면, 학습자들은 외국어 습득 과정에서도 이미 내재하고 있는 언어 습득을 위한 장치를 사용하며 스스로 알고 있는 모든 언어적 지식 및 세계에 대한 지식을 동원하여 자신이 세웠던 가설을 검증하고 수정해 가며 목표어에 접근해 간다고 한다. 그러므로 학습자의 오류란 학습자가 세운 가설에서 비롯된 필연적인 것이고 학습의 증거가 되며

---

46) 오늘날 대조분석에서는 주로 이러한 입장이 수용되고 있어서 모국어와 목표어를 미리 비교 분석하여 학습의 어려움을 예상하기보다는 관찰된 학습자의 언어자료를 바탕으로 학습의 어려움을 판단하고자 하는데 전자는 대조분석 강설, 후자는 대조분석 약설이라고 한다. 대조분석 약설은 오늘날 언어 간 영향론(cross-linguistic influence)으로 명명된다.

학습과정에 대한 이해를 제공한다(Corder, 1981:7−8). 이때 오류는 어린 아이가 언어체계를 완성해 가는 과정에서 발생하는 오류와 같은 양상으로 나타나므로 어떻게 해서든지 방지해야 하는 잘못이 아니라 정상적인 학습의 한 과정으로 간주된다(Galisson, 1980:57).

대조분석의 한계를 보완하기 위한 오류분석 이론은, 학습자 언어 즉 학습자의 말하기나 작문, 받아쓰기 등에서 범하는 오류들을 수집하여 범주에 따라 오류를 분류하고 오류 빈도에 따른 난이도를 추정하여 문제점을 알아보는 것이다. 오류 분석의 이러한 태도는 교육적 기술, 교수·학습 태도와 실천의 변화, 교사 양성의 개념과 교육 내용의 변화를 가져왔다(Porquier, 1991:211). 대조분석 이론이 오류를 모국어의 영향에 기인한다는 한 가지 원인으로만 생각했던 것에 비해 동일성 가설에 기반을 둔 오류 분석은 오류의 원인이 매우 다양한 것으로 보고 가능한 한 모든 원인을 찾아내고자 하였다. 연구자에 따라 분류가 다르나 Galisson(1980:61−62)은 모국어의 영향 이외에 학습 전략이나 교수방법이 오류의 원인이 되는 것으로 보았으며 목표어 자체와 관련하여 크게 세 가지로 오류 유형을 나누었다.

첫째는, 언어규칙을 잘 모르는 데에서 기인하는 언어능력 오류(erreur de compétence)로 이러한 오류들은 교사, 학습 그룹, 사전, 교재 등의 도움을 받아 교정될 수 있다.

둘째는, 알고 있는 언어규칙을 잘못 적용하여 발생하는 언어수행 오류(erreur de performance)이다. 이것은 학습자의 심리적 원인이나 기억의 불확실성으로 인한 것으로 이러한 오류 역시 학습자 스스로의 관찰이나 학습 활동, 교재, 교사에 의해 교정될 수 있다(Hockette, 1948, Corder, 1981:25에서 재인용).

셋째는, 사회 언어학적 규칙을 모르거나 알고 있더라도 이를 잘못 적용하여 생기는 오류로, 의사소통 전략 오류(erreur de stratégie de communication)이다. 이것은 즉각적인 교정이 어렵고 교정에 시간이 걸린다.

그러나 대조분석 이론의 한계를 극복하고자 했던 오류분석 이론도 한계점을 드러내었는데 Schachter(1977:441−451)는 다음과 같은 사항을 지적하였다.

첫째, 학습자의 언어 데이터에서 오류에만 관심을 갖고 학습자의 언어를 보다 객관적으로 보여 주는 전체 언어자료는 고려하지 않는다는 것이다. 학습자의 언어 습득 양상을 알기 위해서는 오류문장뿐만 아니라 비오류 문장까지 포함한 전체 언어자료를 고려하는 것이 더 합리적이다.

둘째, 오류의 판정 및 분류가 어렵다는 것이다. 오류는 대부분 복합적인 성격을 가지고 있으므로 분석자의 의견에 따라 다르게 분류되기 때문이다.

셋째, 오류의 빈도수에 따라 난이도를 측정하는데 이것이 불합리성을 내포한다는 것이다. 오류 발생 빈도가 높다고 해서 반드시 더 어렵다고 단정할 수는 없다. 학습자가 어려운 문장 사용을 회피하여 특정 오류의 빈도가 낮아질 수도 있기 때문이다.[47] 또 분석에 있어서 연구자가 많이 다룬 언어항목의 오류 빈도가 높게 나타날 수 있다. 따라서 오류에 대한 양적조사가 중요하며 오류의 수와 함께 오류 발

---

47) 예를 들어 한국인 프랑스어 학습자들의 경우는 관계대명사의 사용을 기피하는 경향이 있다. 한국어에 없는 요소이므로 사용이 쉽지 않고 오류 가능성이 높기 때문이다. 따라서 한국인 학습자들에게서 관계대명사의 오류 빈도가 높게 나타나지 않을 가능성이 있는데 그렇다고 하여 이들이 관계대명사를 완전하게 학습하고 있는 것은 아니다.

생률을 다루어야 할 필요가 생긴다.

그 밖의 오류 분석의 한계로는 모국어를 습득하는 어린 아이와 제2언어 학습자는 학습 환경, 학습을 시작하는 시기와 연령 및 인지적 · 정의적 측면이 상이하므로 언어 습득 과정이 다를 수밖에 없다는 점이 지적되었다(Brown, 2007:54-57, 62).

3) 중간언어 이론

앞에 언급한 이론들이 학습자의 오류를 반드시 수정해야 할 잘못으로 보거나 학습의 한 과정으로 인정은 하되 여전히 잘못이라고 보는 입장인 반면, 중간언어 이론은 학습자의 오류를 인정하고 학습자의 과도기적 언어 사용 형태를 자연어와 동등한 위치로 인정하려는 입장이다(Corder, 1981:56).

Selinker(1974)는 외국어 학습자의 언어를 중간언어(interlanguage)로 지칭하고 모국어에서 목표어를 향해 발전해 가는, 나름대로의 규칙을 갖는 독립적인 언어체계로 인정하는 한편 이에 대한 관찰을 통하여 언어 습득 과정을 분석하고자 하였다.[48] 중간언어는 근접 시스템(approximative system), 과도기 능력(transitional competence), 특이 방언(idiosyncratic dialect), 중간 체계(intermediate) 등으로 지칭되기도 하며 목표어 규칙의 일부와 모국어의 흔적 그리고 학습자 나름대로 체계

---

48) Porquier(1991:216)에 의하면 중간언어 이론은 완성되지 않은 학습자의 언어를, 이해보다는 생산에 주로 관심을 갖는 오류분석 이론보다 더 풍부하고 복잡한 형식으로 조사하고 서술하며 수행뿐만이 아니라 언어적 활동을 통하여 드러나는, 학습자가 내재화한 문법에까지 관심을 가지는 것이다. 따라서 오류분석 이론이 오류에만 주로 관심을 갖는 것이라면 중간언어 이론은 학습자의 언어 양상 전체에 관심을 갖는 것이라고 할 수 있다.

화한, 모국어와 목표어 어느 쪽에도 속하지 않는 규칙들을 포함한다 (Porquier, 1991:216, 225). 모국어를 습득하는 유년기의 언어나 외국어를 습득하는 과정에 발생하는 중간언어는 불안정성(instabilité), 화석화(fossilisation), 침투(perméabilité), 후퇴(régression), 단순화(simplification), 발전(développement)의 특성들을 나타낸다(Ibid, 217). 불안정성은 중간언어의 가장 큰 특징으로 학습자의 언어가 하나의 형태로 고정되어 있는 것이 아니라 항상 변화함을 의미하며 화석화란 외국어 학습과정에서 나타나는 하나의 현상으로, 비교적 긴 기간 동안 부정확한 언어 형태가 내재화되어 지속적으로 나타나는 것을 말한다. 학습자는 학습의 일정 시기에 자신이 세운 특정 가설을 고수하려는 경향을 보이게 되는데 이때 오류가 중간언어로 굳어지게 되는 것이다. 학습자가 의사전달을 위하여 중간언어를 사용할 때, 때로는 모국어의 규칙을 사용하기도 하고 반대로 모국어 사용에 외국어 규칙을 적용하기도 하는데 이것을 침투라고 한다. 또한 목표어 규범을 향하여 학습이 진행되는 동안에 교정되었다고 생각했던 오류가 재발하는 후퇴가 일어나는데 이것은 학습자가 현재 자신의 언어가 정확하지 않다고 생각한 결과 이전 단계의 중간언어로 되돌아가는 것을 의미한다. 또 중간언어는 목표어가 복잡하고 어렵기 때문에 가능한 한 가장 단순한 형태의 문장과 제한된 어휘, 시제 등으로 구현되는 단순화의 특성을 지닌다.

한편, 중간언어를 구사하는 학습자는 의사소통에 있어서 목표어 규범과 자신의 중간언어 사이의 간극을 인식하고 이 결점을 보완하기 위해 다양한 전략을 시도하게 된다.

첫째는, 오류를 일으키기 쉬운 구조를 회피하여 오류의 비율을 낮추어 보려는 전략이다(각주 47 참고).

둘째는, 형식적인 오류를 감수하더라도 의사소통 목표를 달성하고 자 하는 전략으로 발화의 단순화(simplification d'énoncés), 부연 설명 (auto-paraphrase), 즉흥적인 어휘 사용(improvisations lexicales), 주제화 (thématisation), 과사용(redondance), 응답 유도(induction de réponses), 비언어 적 요소 사용(supports paralinguistiques) 등이 이에 속한다(Ibid, 238-239).

이러한 중간언어의 특징 및 중간언어 사용자의 의사소통 전략은 오류의 원인이 된다.

일본어 학습 양상을 규명하고 이를 교육적으로 적용하고자 하는 시도에 있어서 대조분석 이론을 차용하는 작업은 흥미롭다. 일본어는 다른 어떤 외국어보다 모국어와의 유사성이란 측면에서 매우 강하기 때문이다. 대조분석 이론 및 이와 관련된 논의들에 따르면 학습자의 모국어와 비슷한 요소들은 학습자들에게 쉽고 모국어와 다른 요소들 은 어렵다(Lado, 1957, Brown, 2007:249에서 재인용). 외국어 학습 초기 에 학습자들은 목표어에 대한 지식이 거의 없거나 전혀 없는 상태이 므로 필연적으로 내재화된 모국어의 규칙에 의존하고 이를 빌려 올 수밖에 없으므로 언어의 유사성은 학습의 용이성과 직결된다.[49] 초 기 외국어 학습은 모국어의 영향을 많이 받고 또 모국어의 전이에서 비롯된 오류가 오류의 상당부분을 차지하므로 대조분석 이론은 많은 오류를 설명할 수 있다.

한편 중간언어 이론은 외국어 습득과정에서 학습자와 학습자의 오 류를 대하는 교사의 태도와 관련하여 수용할 만한 면이 있다고 생각

---

49) Corder(1981:37-38)는 학습자들이 목표어로 발화할 때 모국어의 규칙을 빌리며 모국어를 목표어로 번역하려는 경향이 있다는 사실을 언급하면서 프랑스어 학습자들이 다음과 같은 문장을 생성함을 그 예로 들고 있다.
  예) I want to know the English. ← I want to know English.

된다. 교사가 중간언어에 대해 인식하고 있을 때, 오류가 많음에도 불구하고 학습자의 언어를 중간언어 즉 과도기적 언어형태로 이해하고 학습과정을 보다 긍정적인 방향으로 이끌어 갈 수 있을 것이기 때문이다. 또 오류에 대해 수용적인 태도를 갖게 되어 성급하게 초기 외국어 학습의 성패를 단정 짓지 않고 학습자와 협력하여 학습의 발전을 도모해 갈 수 있을 것이기 때문이다.

그러나 학습자의 오류를 연구하기 위해서는 무엇보다 오류 양상을 체계적으로 분류하고 설명하며 교육적 처방에 관심을 갖는 오류분석 이론을 주로 도입해야 할 것이라고 생각된다. 오류분석 이론을 통해 우리는, 학습자가 도달한 지점과 앞으로 더 학습해야 할 것을 확인하고 학습자가 어떻게 학습하며 어떤 전략을 사용하는지 확인할 수 있으며 또 학습자가 목표어를 배우기 위해 사용하는 불가피한 장치로서 오류를 이해할 수 있게 된다(Corder, 1981:11 참조).[50]

3. 오류의 정의

의사소통을 중시하는 최근의 외국어 수업은 과거 문법중심 교수요목을 채택하던 시기와는 달리 의미・기능적 교수요목[51]을 채택하기 때문에 학습자의 오류를 정의하고 판단하는 일이 매우 어렵다. 의미・

---

[50] 오류분석 이론과 중간언어 이론 사이에 방법론적인 차이는 크지 않다. 차이점은 오류분석 이론이 학습자 언어를 목표어 전체 좀 더 정확하게 말해 교수요목이 결정한 내용과 비교하는 데 반해 중간언어 이론은 지금까지 배운 것과 같은 시점에서의 학습자 언어를 비교하는 것이다. 결국 오류분석 이론이 전향적이라면 중간언어 이론은 회고적이다(Corder, 1981:57). 따라서 오류분석 이론은 일정 기간 내에 정해진 언어 능력을 기르고자 하는 교육적 입장과 더 합치하는 것이다.

[51] 교수・학습 내용 제시순서를 결정함에 있어 문법적인 순서보다는 의미와 기능에 따른 제시순서를 채택하고 있는 교수요목을 말한다.

기능적 교수요목에 따른 수업에서는 문법보다는 의미와 기능을 중시하기 때문에 문법적 오류에 대해 관대한 태도를 갖게 되어 오류의 판단 역시 이러한 취지에 맞게 이루어져야 하기 때문이다.

전통적 교수법에서 오류는 반드시 근절해야 하는, 올바른 언어 사용의 훼손으로 생각되었고 청화식 교수법에서 역시 오류는 언어체계에 대한 침해나 규칙 적용의 태만으로 규정되었다. 그러나 오늘날 의사소통 중심 입장에서 오류는 역동적인 외국어 학습과정을 보여 주는 징후로 받아들여져(Cuq, 2003:101) 많은 연구자들과 교사들이 오류에 대해 관대한 태도를 갖게 되었다. 이런 상황에서는 단순히 오류인지 아닌지를 판단하는 것이 아니라 오류의 원인과 성격, 오류의 정도 및 심각성 그리고 오류를 통하여 학습자 수준을 판단하는 일이 중요하게 된다.

그러면 어떤 것을 오류라고 판단해야 하는지 오류에 대한 정의를 구체화시켜 보도록 하겠다.

오류여부를 판단하기 위해 가장 중요한 기준은 먼저, 문법적 정확성이다. Corder(1971:147)에 의하면 오류는 규칙을 잘 모르기 때문에 일어나는 언어적 일탈 즉 문법적 잘못을 의미하는 것이다. 이러한 오류는, 규칙을 알고는 있지만 발화 수행 과정에서 일시적으로 저지른 실수(error)와는 달리 반복적으로 나타나며 학습자 스스로가 무엇이 틀렸는지 모르고 수정할 수 없는 것이다. 문법을 중시해 온 그간의 우리 외국어 교육의 엄격한 기준으로 본다면 문법적 오류가 있는 문장들을 맞는 문장으로 수용하기 어렵다. 그러나 의미의 전달을 중시하는 의미·기능적 입장에서는 오류에 대한 태도가 관대해진다. 교사나 원어민, 대화상대자가 발화 의도를 이해할 수 있는 경우는 문법적

실수를 포함하더라도 올바른 문장 생성으로 수용될 수도 있다.

이와 관련하여 Chomsky(1965:10−11)의 의견을 참고해 보도록 하겠다. Chomsky는 오류의 판단 기준을, 언어능력을 나타내는 문법성(grammaticality)과 언어수행 능력 즉 의미 전달이 가능한가와 관련된 용인성(acceptability), 두 가지로 제시한다. 이에 따르면 비문법적인 오류문장은 이해 정도와 관련하여 용인성이 높아지기도 한다. 따라서 언어 수행과 관련된 용인성을 기준으로 했을 때 오류문장은 때로 비오류 문장으로 수용할 수 있다.

한편, Corder(1981:39−41)는 문법과 관련된 정형성(well−formedness)[52] 및 의미 전달과 관련된 용인성(acceptability) 그리고 언어 사용 맥락에서의 적절성(appropriateness)을 기준으로 오류를 판단하였다.[53] 이에 따르면 문법에 맞지 않는 문장은 물론 상황에 적합하지 않은 문장도 모두 오류가 된다.

또 Lennon(1991:182)에 의하면 오류는 "같은 맥락이나 유사한 생성 조건에서 원어민 화자가 만들어 낼 가능성이 거의 없는, 학습자가 만들어 낸 언어 형태나 조합"이다. 오류에 대해 매우 허용적인 입장임을 알 수 있다.

이와 같이 오류에 대한 정의는 연구자마다 다른데 학교 교육에서는 적용되는 교수법의 흐름과 맥을 같이하여 오류에 대한 정의와 판

---

52) Chomsky의 용어로는 문법성이다.

53) "어떤 문장은 표면적이고 형식적인 오류가 없더라도 여전히 잘못된 것일 수 있다. 이 문장은 완벽한 형식을 갖추었지만 문맥상 잘못되었을 가능성이 있다. 표면적이고 형식적인 완벽함이 오류가 없다는 것을 절대적으로 보장해 주지는 못한다(…). 원어민 화자가 발화하는 문장이라도 문맥을 벗어나면 모호해진다(However, a sentence may still be erroneous and show no outward and formal signs of this. Il may be perfectly well−formed and yet be erroneous in the context. Purely superficial formal correctness is no guarantee of absence of error(…). Well−formed sentences produced by native spreakers are mostly ambiguous out of context)."

단 및 오류를 대하는 태도가 점차 관대해졌다고 할 수 있다. 그러나 학교 외국어 교육은 초보 단계에 불과하므로 이 단계에서 오류의 허용 범위를 지나치게 넓게 설정하는 것은 바람직해 보이지 않는다. 규칙에 대한 정확한 인식이 정립되는 것이 어려워질 수 있기 때문이다. 다만 성격이 다른 오류 문장을 생성한 학습자들 간에 학습한 내용의 동화 정도에 차이가 있는 것은 분명하므로 학습이 더욱 발전할 수 있도록 오류를 통하여 학습자들의 현재 학습 상태를 판단하고 적절한 조치를 취해야만 한다. 오류와 비오류를 명확히 하되 오류의 발생에 대해서는 관대한 태도를 보임으로써 학습 동기나 의욕이 저하되는 것을 막고 학습이 지속적으로 이루어지도록 하는 것이 중요할 것이다.

4. 오류의 유형

앞선 논의에서 오류를 정의하고 판단하는 기준을 제시하였다. 그러나 이것만으로 학습자의 오류를 모두 설명하기 어려우므로 오류의 유형을 살펴보면서 실제로 적용할 수 있는 판단기준을 결정해 보도록 하겠다.

오류에 대한 이론적인 논의에 따르면 오류의 유형은 크게 두 가지로 나누어 살펴볼 수 있다.

첫째, 오류는 원인에 따라 분류할 수 있다(Selinker, 1974:35). 원인에 따라 구분했을 때 오류는 크게 간섭 오류, 언어 내적 오류, 발달 오류로 나누어진다.

간섭오류는 학습자들의 언어 사용에서 발견되는 제1언어나 제3언어의 규칙이 유발하는 오류이다. 목표어가 먼저 학습한 언어들과 규칙이 다를 경우 흔히 잘못된 문장을 생성하게 되기 때문이다. 언어 내적 오류는 언어의 규칙을 잘 모르는 데서 오는 언어능력 오류(erreur de compétence)로 학습과정에서 목표어 규칙을 과적용하거나 잘못 적용함으로써 발생하는 오류이다. 또 발달오류는 학습자의 제한된 학습 경험과 교과서, 교실 수업의 영향으로 학습자 나름대로 세운 가설에 따라 발생하는 것이다.[54]

Corder(1967:147−159) 역시 오류를 발생 원인에 따라 언어 간 전이에 의한 오류, 언어 내 전이에 의한 오류, 학습 환경 요소에 의한 오류로 분류하였다.

예를 들어 '잘 봐 주세요', '관대하게 봐 주세요'의 의미를 전달하기 위해 일본어 학습자가 'よく見てください'와 같은 문장을 생성하였다면 모국어가 외국어 사용에 간섭을 일으킨 예, 즉 언어 간 전이가 이루어진 경우이다. 또 부정형 활용에 있어서 'おもしろいではありません'과 같은 문장을 생성하였다면 학습자들이 일본어 안에서 규칙의 혼동을 일으켜 일어난 언어 내적 오류 즉 언어 내 전이로 인한 오류라고 볼 수 있다.

그리고 일본어 학습자들이 보통체 서술형 어미인 '一だ'의 활용을 잘 몰라 오류를 일으키는 가장 큰 원인이 미처 교사가 설명하지 못했거나 교재가 이러한 내용을 충분히 다루지 못한 것에 기인한다고 판단한다면 이는 발달상의 오류 즉 학습 환경 요인에 의한 오류라고 규

---

54) 언어학습자는 목표어의 체계나 규칙을 발견하는 과정에 있다. 학습자는 스스로 또 대부분 무의식적으로 자신이 사용할 수 있는 기본적인 언어로 이 체계를 구축해 나간다. 가설을 만드는 과정에서 교사나 교재가 제공하는 정보와 설명을 이용하게 되는데 데이터가 불충분하거나 잘못된 정보가 제공되는 경우 불가피하게 잘못된 잠정적인 가설을 형성한다. 이때 잘못된 정보가 제공된다는 것은 교사가 잘못된 정보를 준다는 것이 아니라 불완전하거나 모호한 정보를 제공한다는 것을 의미한다(Corder, 1981:52−53).

정할 수 있다.

<표 25> 원인에 따른 오류의 분류

오류의 분류	예
간접오류 (언어 간 전이에 의한 오류)	よく見てください゜ (×) ← よろしくおねがいします゜ (○)
언어 내적 오류 (언어 내 전이에 의한 오류)	おもしろいではありません゜ (×) ← おもしろくありません゜ (○)
발달오류 (학습 환경에 의한 오류)	こんにちは゜ わたしは美穂だよ゜ － はじめまして゜ ユンソラです゜ (×) ← こんにちは゜ わたしはユンソラ゜ (○)

둘째, 오류는 결과에 따라 분류할 수 있다(James, 1998:129－161 참조). 결과에 따라 분류했을 때 오류는, 언어학적 분류 기준에 의해서 철자·어휘상의 오류, 음성적 오류, 의미적 오류, 형태·통사적 오류, 화용적 오류로 세분된다. 또 결과에 따른 오류는 학습자의 표면적 언어 사용 전략을 기준으로 했을 때는 누락, 첨가, 대치, 어순의 오형성 등으로 나누어진다(Corder 1981:36).

그런데 학습자의 문장 생성 결과를 보면, 언어 사용이 부자연스럽고 올바른 문장이 아닌 것이 분명함에도 불구하고 오류 사항을 판단하고 수정하기 어려운 오류가 발견되는데 이때 고려해야 할 것은 Burt & Kiparsky(1972:56－58)의 분류방법이다. 이 연구는 오류를 발생한 범위에 따라 전체적 오류와 부분적 오류로 구분하고 있다.

전체적 오류가 일어난 문장은 문장의 생성의도를 명확히 알 수 없는 경우가 대부분이고 일부만을 수정해서는 바른 문장이 되지 않는다. 생성 의도를 알 수 없으므로 어느 부분을 수정해야 할지 판단하기 어렵고 원어민 화자도 발화 의도를 이해할 수 없는 경우가 많다.

전체적 오류 문장은 의미 전달이 정확히 되지 않아 의사소통 자체가 어렵다(Burt & Kiparsky, 1972:73).

이에 반해 부분적 오류는 앞서 제시한 언어학적 분류나 학습자의 언어 사용 전략에 따른 오류 유형들이다. 부분적 오류는 특정 문장 요소의 문법적 잘못이나 단순한 대치, 첨가, 누락 등이 발생한 것을 의미하므로 수정이 용이하며 문장 구조와 의사소통에 큰 영향을 주지 않는다(Lennon, 1991:189－191). 따라서 부분적 오류보다는 전체적 오류가 좀 더 심각한 문제임을 알 수 있다. 고등학교에서 일본어 학습자의 경우, 단문 중심의 문장을 생성하기 때문에 전체적 오류를 일으킬 가능성은 적지만 일본대학에 진학하기 위하여 자기소개서를 쓰는 경우에 전체적 오류 문장을 생성하는 경우가 많았다. 평소 학습 때와 달리 긴 문장을 생성해야 하는데 이때 작성된 자기소개서는 의미 전달이 정확히 되지 않고 어떻게 교정해야 할지 판단하기 어려운 경우가 많았다.

한편, 어떤 요소가 오류인지를 판단하기 위하여 전체 텍스트 내에서 고려해야 하는 단위를 밝히는 작업이 필요한데 이와 관련된 것이 영역과 범위에 대한 논의이다(Lennon, 1991:189). 언어는 단어, 구, 절, 문장, 담화 등 구조로 이루어져 있으므로 오류를 명백히 하기 위해서는 철자법, 어휘, 문법, 담화 각 단위를 고려해야 하기 때문이다. Lennon은 다음과 같이 영역과 범위를 규정하였다.

① 영역: 오류임을 판정하기 위해 고려해야 하는 음소로부터 담화에 이르기까지의 텍스트 내 언어학적 단위.
② 범위: 오류 문장의 교정을 위해 삭제, 대치, 첨가, 재배치해야 하

는 텍스트 내 언어학적 단위.

영역과 범위의 개념은 오류 부분을 판단하고 수정하는 데 매우 중요한 역할을 하는데 특히 여러 개의 문장으로 이루어진 텍스트 내 특정 문장의 오류를 판단할 때 더 중요한 판단 기준이 될 수 있다.

외국어 학습은 기본적으로 오류를 동반할 수밖에 없다. 오류 없이 정확하게 말하거나 쓰는 일은 모국어에서도 힘들기 때문이다.[55] 그러나 앞서 언급한 바와 같이 오류의 유형과 정도는 학습자마다 다르므로 오류는 학습자의 언어능력을 말해 주며 더 강화해야 할 교수·학습 요소 결정에서의 지표가 된다. 일본어는 모국어와 유사하므로 이에 기인한 오류나 비오류 문장을 파악하는 일이 중요하다. 오류의 원인이나 성격이 서양언어와는 다를 것으로 예상된다.

그렇다면 다음으로는 이상의 논의를 바탕으로 고등학교 학습자의 오류를 분석하고 그에 관한 교육적 해결책을 모색하기 위하여 실제 교수·학습 과정에서 드러난 오류를 수집하여 결과에 따라 분류하고 그 원인을 알아보기로 하겠다.

5. 오류의 원인

초급 단계에 있는 고등학교 외국어 학습자들은 목표어에 대한 지식이나 정보, 학습, 훈련이 부족하기 때문에 이들이 생성하는 문장은

---

55) 많은 언어 사용 상황에서 누군가가 보유한 지식과 상황적 요구 사이에는 잘못된 결합이 생기는 것이 사실인데 이것은 원어민 화자도 마찬가지이다. 우리 누구도 우리의 언어에 대해서 완전하고 완벽한 지식을 가지고 있지는 못하다(Corder, 1981:46).

대부분 오류를 포함하게 된다. 오류의 원인으로는 목표어에 따라 비중을 달리하여 앞서 논의한 언어 간 전이, 언어 내 전이, 학습 환경 등이 작용할 것이라고 전제해 볼 수 있는데 실제로 오류의 원인에 관해서는 연구에 따라 그 결과가 다르다. 토론토의 영어를 모국어로 하는 2년차 스페인어 학습자(고등학생)를 대상으로 한 Tran－Thi Chau(1975:133)의 연구는 모국어의 영향이 약 51%를 차지하고 목표어 자체 원인이 27% 정도이며 그 밖의 원인이 22% 정도라고 한다. 그러나 캘리포니아와 뉴욕의 스페인어를 모국어로 하는 초급 영어 학습자(5~8세)를 대상으로 한 Dulay & Burt(1974:129)에 의하면 목표어 습득 과정의 학습 전략에 의한 오류가 87.1%인 데 반해 모국어 간섭에 의한 오류는 4.7%에 불과하다. 이러한 상이한 연구결과는 초급 일본어 학습에서 나타나는 오류의 원인을 규명하는 데 있어서 상당히 흥미로운 시사점을 제공한다. 외국어 학습에 있어서 모국어의 영향과 목표어의 영향이 차지하는 비율은 학습자의 연령과 학습 수준, 언어학습 환경 등 다양한 조건에 따라 매우 달라질 수 있음을 시사하기 때문이다.

오류와 관련하여 모국어 및 목표어의 상관관계 그리고 목표어 내 원인에 대해서는 많이 연구된 반면, 학습 환경 측면에 대해서는 많은 연구를 찾아볼 수 없다. 학습 환경은 교재나 교사의 역할, 실제 수업 방식과 관련되므로 언어 자체의 성격과 큰 관계가 없어 다른 오류 원인들과는 그 위상이 달라 언어 자체에 관심을 두는 연구자들의 관심을 끌지 못한 것이 그 주된 이유라고 생각된다. 더구나 학습자의 언어 사용에 중대한 영향을 미치는 학습 환경의 예로 목표어를 사용하는 동질언어 환경을 들 수 있는데 우리나라 학습자들이 이러한 상황에 놓인 것은 아니기 때문에 학습 환경 원인에 의한 오류는 여기에서 주요한 원인으로 다루지 않기로 한다.

한편, 한국의 외국어 학습에서는 외국어로서 가장 먼저 배우기 시작한 영어의 영향을 무시할 수 없다. 영어의 전이는 언어 간 전이에 포함되는데 본 논의에서는 모국어인 한국어와 영어가 외국어 학습에 미치는 영향 정도가 다른 것으로 보고 모국어의 간섭과 영어의 간섭을 별도의 항목으로 다루기로 한다.

1) 언어 간 전이: 모국어의 간섭

모국어가 외국어 학습에 어느 정도의 영향을 주는가에 대해서는 의견이 다르지만 모국어가 외국어 학습에 영향을 미친다는 사실에 대해서는 대부분의 연구자들이 인정하고 있다. 언어 간 전이는 외국어 학습의 초기 단계에서 많이 일어나며 이것은 모든 학습자 오류의 중요한 원인이 된다. 외국어 학습 초기 단계에서 모국어의 영향을 많이 받게 되는 것은 외국어 체계에 익숙해지기 전 단계에서 학습자가 자신의 언어 학습에 끌어들일 수 있는 언어체계가 모국어밖에 없기 때문이다.[56]

모국어의 전이가 외국어 학습에 긍정적인 영향을 주어 학습에 도움을 줄 때, 이를 긍정적 전이 혹은 전이(transfer)라고 하고 부정적인 영향을 주어 오류의 원인이 될 때, 이를 부정적 전이 혹은 간섭(nagative transfer, interference)라고 한다(Lado, 1957).

---

56) 학습자들은 모국어의 체계를 목표어 수행에 적용하는 경향이 있는데 Kellerman(1977)은 이를 전이성(transferability)라고 하였으며 Corder는 차용 가능성(Borrowability)라고 지칭하였다(Corder, 1981:96에서 재인용).

대조분석 이론에서는 외국어 습득과정에 있어, 모국어의 부정적인 간섭의 측면만을 강조하였다. 그러나 실제로 모국어가 외국어 습득에 부정적인 영향만 미치는 것은 아니다. 문장이 주어, 서술어, 목적어 등의 성분으로 이루어진다는 사실에 대한 인지 자체가 외국어 학습에 도움이 되며 모국어에 대한 기본 지식이 외국어 학습의 배경이 되어 주기 때문이다. Odlin(1989:36)은 모국어와 목표어 어휘의 유사성은 이해 능력을 기르는 데 소요되는 시간을 단축시켜 주며 모음 체계의 유사성은 소리 인식을 쉽게 하고 쓰기 체계의 유사성은 목표어로 읽고 쓰는 데 유리한 출발점이 될 수 있으며 또 언어 구조의 유사성은 문법의 습득을 쉽게 한다고 하였다. 앞에 제시한 설문조사에서 나타난 바와 같이 유사성으로 인해 일본어 학습자들은 상대적으로 학습을 용이하게 생각한다.

2) 언어 내 전이

외국어 학습 초기 단계에서는 모국어의 영향이 크지만 학습이 진전됨에 따라 모국어의 영향은 줄어들고 목표어 자체 내에서 일어나는 전이에 따라 오류가 발생한다는 것이 일반적인 견해이다. 학습이 시작되어 제2언어를 습득하기 시작하면 언어 내에서 일어나는 전이 및 간섭이 많아지게 되는데 이는 학습자가 더 이상 모국어의 규칙에 기대지 않아도 이미 선행 경험으로 축적된 목표어 자체의 규칙을 참고할 수 있기 때문이다.

James(1998:185－187)는 언어 내 간섭 원인을, ① 잘못된 유추, ② 오분석, ③ 불완전한 규칙의 적용, ④ 과사용, ⑤ 제약 조건의 무시,

⑥ 과적용, ⑦ 지나친 일반화 또는 단순화, 일곱 가지로 제시하고 있다. 그러나 언어 내 전이에 의한 오류의 원인은 경계가 분명하지 않기 때문에 한 가지 원인으로 단정하기가 어렵다. 따라서 오류 분석 시 연구자가 명확한 기준을 설정해야만 한다.

3) 학습 환경

학습 환경에 의한 오류는 발달 오류라고 하기도 하는데 이것은 앞서 언급한 대로 학습자의 제한된 학습 경험, 교과서 및 교실수업의 영향으로 학습자 나름대로 세운 가설에 따라 발생하는 것이다. 학습 환경은 교사와 교재가 있는 교실 상황을 의미하며 교실 밖에서 자연스럽게 목표어를 사용하는 경우는 사회적 환경까지도 포함하게 된다.[57] 그러나 우리의 경우, 일상생활에서는 목표어를 사용하지 않는 이질언어 환경이므로 학습 환경은 주로 교육과정, 교과서, 학교 환경 및 만족도 조사에서 학습 환경으로 분류한 과목의 학습 여건(학습 자료와 정보 수입, 언어 사용 기회), 교실 설비 및 교사를 의미하게 된다.

교과서가 학습자 오류의 원인이 되는 경우는 교과서가 오류의 원인이 될 수 있는 내용을 다루지 않거나 잘못 다룬 경우 혹은 소홀히 하고 있는 경우라고 할 수 있다. 또 교사의 설명이 충분하지 않거나 미처 설명하지 못한 경우 또 교사 자신의 외국어 구사 방법에 문제가 있는 경우에는 교사가 학습자 오류의 원인이 된다. 예를 들어, 교사가

---

57) 사회적 환경에서 외국어를 학습하는 경우는 그 사회 구성원의 언어를 그대로 습득할 가능성이 높다. 비근한 예로 한국으로 귀화한 외국인 중, 경상도 지역에 거주하는 사람은 경상도 사투리를 구사한다.

'ㄱ' 발음을 잘못 전달한다면 학습자들의 발음 인식 자체에 문제가
발생한다. 교실 내 언어가 매우 격식을 갖춘 형식이라는 것 또한 학
습자들의 오류 원인이 되는데 교실 상황에서 외국어를 배운 경우는
구어체나 축약형의 사용이 매우 어렵고 배운 언어를 실제 상황에 맞
게 사용하기도 힘들기 때문이다.[58] 교육과정이나 학습 여건, 교실 설
비 등은 언어적 내용 및 정보와 관련되지 않으므로 직접적인 오류의
원인이 되지는 않는 것으로 생각된다. 그러나 AC에 따른 의미·기능
중심 교육과정은 정확성보다 유창성을 중시하여 오류에 대해 관대한
태도를 취하기 때문에 오류에 대한 교정이 제대로 되지 않아 지속적
으로 같은 오류를 범하게 되는 원인으로 작용할 수 있다. 또 학습 여
건이 외국어 학습 상황에 적합하지 않고 교실 설비 등이 미비되어 있
을 때, 학습자는 충분한 언어적 자료를 제공받지 못하게 되므로 자신
의 오류에 대한 교정기회를 제한받게 된다.

4) 언어 간 전이: 영어의 간섭

프랑스어나 독일어, 스페인어 등 서양언어를 학습하는 한국인 학
습자들의 오류 원인으로는 영어의 간섭을 들 수 있다. 영어는 대부분
의 한국인들이 가장 먼저 학습하게 되는 외국어로서 외국어를 대표
하는 이미지를 구축하고 있는데 서양언어의 경우 형태상 유사성이
많아 형태·통사적인 면에서 긍정적인 전이 현상도 있지만 발음 및
어휘 측면이나 일부 통사·의미적인 측면에서 긍정적인 전이보다는

---

58) 반대로 애니메이션이나 드라마, 게임 등을 통하여 구어에 먼저 접촉한 일본어 학습자의 경우는 반말
　　에는 익숙하나 존댓말에 익숙하지 않아 상황에 맞지 않게 반말을 구사하는 것이 관찰되기도 한다.

간섭현상이 두드러진다.[59] 근접성과 유사성으로 인해 혼동이 유발되거나 무의식적으로 영어의 규칙을 적용하는 간섭이 일어나기 때문이다.

일본어 학습에도 영어의 영향이 있다고 할 수 있는데 일본어에는 영어로부터 온 많은 외래어가 있어서 어휘의 의미 이해 면에서는 전이를 일으키지만 발음과 철자법은 영어와는 매우 다르므로 간섭으로 인한 오류를 유발한다.

언어 간 차이뿐만 아니라 유사성이 전이 및 간섭을 일으킨다는 주장을 수용한다면 외국어 학습에서 영어는 일본어보다는 서양언어 학습에 영향을 주고 한국어는 일본어에 영향을 미친다고 할 수 있다. 실제 일본어 학습에서 영어의 간섭으로 인한 오류는 서양언어 학습에 비해 미미하다.

6. 오류의 실제 예

그러면 지금부터 실제 수업을 통해 관찰되고 수집된 학습자들의 언어생성 자료를 바탕으로 일본어 학습자들이 범하는 오류의 예들을 알아보기로 하겠다. 오류의 분류는 James(1998)의 견해에 근거하여 오류 결과에 따라 발음 오류, 철자 및 어휘 오류, 의미적 오류, 형태ㆍ통사적 오류, 화용적 오류로 분류하였다. 이를 논의하는 가운데 오류원인에 대한 논의도 함께 병행하였는데 오류 원인은 한 가지 이상이 될 수도 있으므로 좀 더 중대한 원인이라고 생각되는 쪽으로 분류하고

---

59) 통사적인 측면에서 간섭현상의 예를 하나 들어 보면, 프랑스어의 대명사 목적어가 들어가 있는 명령문이 그 예이다. 예) Je regarde la. ← I see her. 또 일본어의 경우는 '한번 더'를 의미하는 'もう いちど'가 한국어와 어순이 달라 학습자들이 의미를 잘 인지하지 못하는 것이 그 예라 할 수 있다.

설명하였다.

오류자료는 2003년부터 2011년까지, 서울의 수락고와 창동고 수업 및 수업(말하기 및 읽기의 경우)과 중간, 기말 고사의 서술형 문항답지, 연간 네 차례 실시된 수행평가(읽기, 말하기, 쓰기)를 통하여 수집되었다. 또 학생들의 일본 방문 및 일본 학생들의 한국 학교 방문 시 교류행사에서 관찰된 학습자들의 언어 사용을 통하여 수집한 예도 있다.

고등학교 학습자들의 오류를 분석하는 데에는 여러 가지 한계가 있었다. 제한된 수업시수 내에서 정해진 양을 학습해야 하기 때문에 교수·학습 활동에서 학습자들의 듣기, 읽기, 말하기, 쓰기 활동이 언제나 활발하게 이루어지는 것이 아닌데다가 교사 중심의 수업으로 흐르는 경우가 많아 자료의 수집이 어려웠다. 따라서 듣기, 말하기, 읽기, 쓰기의 언어 네 기능에 따른 정확한 오류분류는 어려웠으며 듣기, 말하기의 구어 오류와 읽기, 쓰기의 문어오류 사이의 연관관계를 명확히 밝히는 데도 한계가 있었다. 또 발음 오류는 말하기나 읽기를 통하여 밝혀진 것이지만 말하기를 전제로 한 문장 생성에서의 오류는 준비 단계인 쓰기를 통하여 주로 발견된 것임을 밝혀둔다. 고등학교 학습자들이 쓰기를 통해 미리 준비하지 않고 자연스럽게 목표어로 발화하는 경우는 많지 않기 때문이다.

본 연구의 가장 큰 한계점은, 오류분석 이론의 한계로 지적된 바와 같이 연구자가 제시하는 오류의 예가 일정기간 동안 실제 교육현장 경험을 통하여 수집된 것으로서 고등학교 학습자들이 저지를 수 있는 모든 오류를 포함하지는 않는다는 것이다. 언어의 생성 방식이 다양한 만큼 오류의 예는 매우 다양하므로 연구자와 연구 상황에 따라 얼마든지 다른 예들이 발견될 수 있다. 따라서 본 장의 분석 결과는 이러한 전제를 바탕으로 해석되어야 할 것이다.

서양언어 학습자의 경우, 완전히 다른 언어체계로 인하여 학습에 모국어인 한국어의 긍정적인 전이가 이루어지기는 힘들지만 오류를 일으키는 모국어의 간섭 또한 적다. 반면 일본어의 경우는 앞서 논의한 바와 같이 언어의 유사성으로 인해 초기 단계의 학습에서 한국어가 상당한 영향을 줄 것을 보인다. 긍정적인 전이가 많다면 학습이 용이하여 일본어 학습자들은 서양언어 학습자보다 유리한 입장에서 학습을 시작하게 되지만 부정적인 전이 즉 간섭이 많다면 학습은 어려워진다. 실제로 어떠한지 구체적인 예를 통하여 알아보도록 하겠다.

아래 글은 일본어를 배우기 시작한 지 약 4주[60] 되는 수락고 2학년 학생이 일본 학생과의 교류회 준비를 위하여 수업시간에 쓰고 발표한 자기소개이다. 짧은 글이지만 한국인 학습자들이 저지르는 여러 가지 오류를 보여 주는 좋은 예이다.

はじめまして。(→ (1) 화용적 오류)
わたしわキムミンスです。(→ (2) 영어의 간섭, (3) 조사 표기 오류)
わたしわKこうこう2学年[61]です。(→ (5) 한국어 어휘 사용)
わたしわ3ばんです。(→ (6) 한국어 어휘 사용)
どうぞよろしくをねがいします。(→ (4) 철자 혼동 오류)

이 짧은 글을 통하여 다음과 같은 경향을 발견할 수 있다. 이러한

---

60) 일본어 학습계획에 나타나듯이 초면인사는 제1과에 배당되어 있는 의사소통 표현이다. 가나 학습에 얼마나 많은 시간을 부여했는지에 따라 달라지나 보통 일본어 학습 10시간 이후이다.

61) 이 문장을 생성한 학습자는 한국어의 한자만 알고 일본어로 읽기는 하지 못하여 히라가나 표기를 하지 못하였다.

경향은 초보 단계에서 빈번하다.

❶ 교과서적인 말투: 초면 인사, はじめまして。

> (1) <u>はじめまして</u>°（×）
>   ←<u>こんにちは</u>°（○）
>   (안녕하세요?)

'はじめまして'는 초면 인사의 전형적인 예로 매우 격식을 갖춘 정중한 말이다. 그런데 학습자들은 교과서[62]의 영향으로 일본인들을 처음 만나면 상황에 관계없이 반드시 이와 같이 인사해야 한다고 생각하는 경향이 있다. 이 말은 성인들끼리 일상적으로 사용하는 인사이므로 만약 대화 상대자가 같은 또래의 고등학생이라면 초면 인사로는 'こんにちは/こんばんは'가 더 자연스럽다. 때문에 이러한 사용은 문장 자체는 오류가 아니지만 문장을 상황에 맞지 않게 사용함으로 인해서 발생하는 화용적 오류의 예라고 할 수 있다. 이 오류는 교과서의 내용이 언어 사용 집단의 실제 언어 사용을 잘 반영하지 못하여 생긴 결과이기 때문에 학습자들에게 원인이 있는 것은 아니다. 따라서 학습 환경 원인에 의한 오류라고 할 수 있다. 관찰 결과, 실제로 교류회에 참가한 일본인 학습자들의 경우는 단 한 명도 이러한 초면 인사를 하지 않았다.

---

62) 대한 교과서, 성안당, 민중서림, 교학사(유용규 외), 학문 출판사의 「일본어Ⅰ」 등 현행 교과서의 대부분이 초면인사의 가장 대표적인 표현으로 'はじめまして'를 제시하고 있다.

2 영어의 간섭: 주어 わたし의 남용

> (2) <u>わたしわ</u>キムミンスです° (×)
> ←<u>∅</u>キムミンスです° (○)
> (김민수입니다.)

　이 오류는 학습자들이 외국어로는 영어를 먼저 배웠기 때문에 일본어 역시 영어처럼 사용하려는 경향이 있음을 보여 준다. 영어의 영향으로 모든 문장에 주어를 사용하고 있다. 그래서 짧은 자기소개에도 불구하고 문장마다 주어 '나는'을 반복함으로써 부자연스럽게 되었다. 한국어로 자기소개를 할 때 문장마다 '나는'을 사용하는 경우와 같다.

　이것은 문법적으로 잘못된 문장이 아니므로 교사들에 의해 잘 수정되지 않는 오류이다. 또한 일본어 자체가 서양어 기준의 문법 체계로 정비된 점도 있기 때문에[63] 학습 환경 원인에 의한 표면 전략적인 오류 가운데 과사용의 오류로 볼 수 있다.

3 조사 は、へ、を의 오류

> (3) <u>わたしわ</u>キムミンスです° (×)
> ←<u>わたしは</u>キムミンスです° (○)
> (김민수입니다.)

---

63) 주격 인칭 대명사는 일본어 문법이 서양어를 기준으로 정비된 하나의 일례이다. 한국어와 마찬가지로 일본어 역시 발화에 주어가 생략되는 것이 보통이다. 따라서 인칭 대명사의 사용이 많지 않다. 그러나 서양어 문법에 따라 주격 인칭 대명사가 정리되었다.

대부분의 히라가나는 제 이름이 곧 자기 소리가 되는데 조사로 쓰이는 'は'와 'へ'는 예외이다. 이러한 사실을 발화에 잘 적용하지 못하여 주격조사 'は'의 경우 [wa]로 발음하지 않고 [ha]로 소리를 낸다든지 방향을 나타내는 'へ[e]'의 경우 [he]로 소리 내는 경우가 수업초기 단계에서 발견된다. 또 이를 교정해 주면 조사가 아닌 경우에도 조사와 같이 소리 내기도 한다. 이것은 언어 내 전이로 하나의 규칙을 다른 경우에도 적용시키는 전형적인 과적용의 오류이다. (3)은 결국 소리와 글자를 일치시키지 못하기 때문에 쓰기에서도 잘못을 저지른 예이다.

(4)는 'を[o]'를 모양은 다르나 발음이 같은 'お[o]'와 혼동한 오류 예이다.

(4) <u>を</u>ねがいします°（ × ）
　←<u>お</u>ねがいします°（ ○ ）
　(부탁드립니다.)

이것은 하나의 가나가 쓰임에 따라 두 개의 발음을 가짐에 따라 발생하는 (3)의 오류와 달리 서로 다른 두 개의 가나가 같은 발음을 가짐으로 인해 발생하는 오류인데 を는 조사로만 사용되는 가나이므로 조사를 정확하게 몰라 일어나는 조사 사용의 오류로 볼 수 있다. (3), (4)의 오류는 학습 환경 원인이나 영어의 간섭으로 인한 (1), (2)의 오류와는 달리 주로 언어능력의 부족에서 기인하는 것으로 보인다.

4 한국어(한자어) 어휘를 그대로 쓰려는 경향

> (5) わたしはKこうこう2<u>学年</u>です° (×)
> ←わたしはKこうこう2<u>年生</u>です° (○)
> (저는 K고등학교 2학년입니다.)

    한국과 일본은 같이 한자 문화의 영향 아래 있지만 토착화 과정에서 서로 달라진 한자어들이 있는데 학습자들에게서는 한국어에 있는 단어를 그대로 사용하려는 경향이 발견된다. '2학년'은 일본어로 '2年生'라고 표현해야 하는데 (5)를 보면 한국어에서 '2学年'이라고 하기 때문에 이를 그대로 사용하려 한다는 사실을 알 수 있다.[64] 'くみ(組)'와 'はん(班)'도 한국어의 어휘를 그대로 사용하려는 경향을 보여 주는 예이다. 이것은 각각 '학급'과 '조'의 의미인데 한국어에서는 반대로 'くみ(組)'가 '조'이고 'はん(班)'이 '학급'이기 때문에 (6)과 같이 오용이 빈번하다.

> (6) 3<u>ばん</u>です° (×)
> ←3<u>くみ</u>です° (○)
> (3반입니다.)

    이와 같이 한국어의 어휘와 유사한 단어들은 일본어 학습에 전형적인 모국어 간섭을 일으킨다.

    한편, 위에서 살펴본 소개 글은 일본어 생성의 오류 관찰에서 일정 영역[65]과 상황까지 고려해야 함을 보여 준다. 초면 인사 'はじめまし

---

64) 일본어의 경우 문어체인 공문서에서만 2学年이 사용되므로 구어에서의 사용은 오류가 된다.

て’의 경우, 발화자가 고등학교 2학년이라는 것이 드러나는 3행까지
를 영역으로 하였을 때 드러나는 오류이다. 발화 상황이 회사원들끼
리의 상담이나 교사들 간의 만남이라면 허용할 수 있게 되어 오류가
아니기 때문이다. 또 주어 ‘わたし’의 과사용과 반복 역시 2행에서 4
행까지 영역으로 고려하여 밝힐 수 있는 오류이다. 학습자는 이러한
오류를 지적받고 스스로 수정하여 다음과 같이 자기소개 글을 썼는
데 여기에서는 오류가 거의 보이지 않는다.

<table>
<tr><td>はじめまして°
わたしわキムミンスです°
わたしわKこうこう2<u>学年</u>です°
わたしわ3ばんです°
どうぞ よろしく <u>を</u>ねがいします°</td><td>⇒</td><td>こんにちば°
(わたしは)キムミンスです°
Kこうこう2<u>ねんせい</u>です°
3くみです°
どうぞ よろしく <u>お</u>ねがいします°</td></tr>
</table>

이와 같은 논의를 종합해 보면, 일본어 학습자의 문장 생성에서 모
국어의 간섭, 언어 내 전이, 영어의 간섭 및 학습 환경 원인에 의한
발달상의 오류가 발생함을 알 수 있다. 조사된 학습자들의 전체 오류
를 결과에 따라 분류해 보면 다음과 같다.

1) 발음 오류

의사소통을 강조하는 외국어 교육에서는 정확성보다 유창성을 강
조하지만 실제 수업에서 만나게 되는 학습자들은 비록 초급 수준에
있다 하더라도 정확한 발음에 대한 요구가 높다. 외국어로 간단한 대

___
65) 114-115쪽 참고.

화를 할 수 있어도 발음이나 억양이 자연스럽지 못하면 학습자는 자신의 외국어 수준에 대해 만족하지 못하고 반대로 단순한 수준에서라도 정확한 발음을 할 수 있다면 자신의 현재 수준에 더 만족하는 경향이 있다.

최근 의사소통 접근법의 영향으로 학교 수업에서는 발음을 이전만큼 강조하지 않는다. 그리고 학습량이 많아 발음연습에 충분한 시간을 할애하기 어렵고 학생들의 실제 발음이 평가에 반영되는 경우가 거의 없어 발음 교육은 소홀히 되고 있는 경향이다. 정확한 발음을 한다는 것이 초보자에게는 어려운 일이다. 단순히 목표어와 한국어의 발음 체계를 비교하는 것만으로는 실제적인 발음교육이 이루어지지 않는다. 교사 스스로가 정확한 발음을 인식하고 좋은 모델이 되어야 할 필요성도 있다.

대조분석 이론에서는 가장 전형적인 모국어 간섭의 예로 발음을 들고 있다. 모국어 발음이 목표어 사용에 간섭을 일으키므로 우리는 흔히 특정 발음이나 억양으로 발화자의 국적을 추정할 수 있으므로 외국인에게 일본어를 가르치는 일본인 교사는 발음으로 한국인과 중국인을 구별할 가능성이 있다. 목표어가 모국어와 완전히 상이할 때 발음은 학습자들에게 매우 어려운 학습 요소가 되지만 반대로 일본어와 같이 한국어의 음성체계와 유사한 언어의 경우 발음은 학습하기 용이하고 오류는 상대적으로 적어진다. 발음과 관련된 오류는 일본어 자체의 규칙을 잘 모르거나 알더라도 실제 발화에 잘 적용하지 못하여 발생하는 오류, 한국어의 간섭으로 인한 오류, 선행 학습한 영어의 영향으로 인한 오류로 나누어 볼 수 있다.

학습자들이 일으키는 오류의 예로는 다음과 같은 것들이 있다.

1 조사 へ

(7)은 위 (3)에서 논의한 바와 같이 조사로 사용될 때 발음이 달라지는 'へ'를 제대로 발음하지 못한 오류이다.

> (7) こちらへどうぞ
> [he]←[e]

그런데 이와 같은 오류는 일본인과의 음성구조의 차이에 기인하는 것은 아니다. 학습자가 목표어 규칙을 잘 몰라 발생한 것이다.

2 파찰음 つ

(8)과 (9)는 파찰음 つ 소리를 제대로 하지 못한 경우이다.

> (8) 何をするつもりですか° (뭐 하실 거예요?)
> [tʃɯ]←[tsɯ]
> (9) このシャツはどうですか° (이 셔츠는 어떠십니까?)
> [tʃɯ]←[tsɯ]

'つ[tsɯ]'는 [t]와 [s]를 동시에 내는 소리이다. 영어 'cats', 'that's'의 'ts'음과 유사하므로 오히려 서양인 학습자들에게 용이한 발음이라고 할 수 있는데 한국인 학습자들은 한국어의 '쯔[tʃɯ]'와 같이 소리 내는 오류를 범한다. 의미 전달에 큰 영향을 주지는 않으나 유창성과 관련하여 교정이 필요한 오류라고 할 수 있다. 이 오류는 음성구조의 차이에 기인하는 것이다.

3 탁음[66]

  (10)~(11)은 탁음을 청음으로 소리 낸 경우이다. 한국어에는 어두에 탁음이 없어 발음이 잘 되지 않기 때문이다.

> (10) <u>た</u>いじょうぶです° (×)
>   ←<u>だ</u>いじょうぶです° (○)
>   (괜찮습니다.)
> (11) <u>ここ</u>にはバイトをしまし<u>だ</u>° (×)
>   ←<u>ごご</u>にはバイトをしまし<u>だ</u>° (○)
>   (오후에는 아르바이트를 했습니다.)

  일본어는 성대의 울림이 있고 없고에 따라서 전혀 다른 단어가 되는 경우도 있으므로 이러한 오류는 교정해야 할 오류들이다. 탁음을 청음과 구별하지 않고 발음했을 경우, 의미 전달에 문제가 생기는데 특히 최소 변별쌍을 이루는 단어가 있을 경우 (11)과 같이 의미가 완전히 달라지기 때문이다. '오후에는 아르바이트를 했습니다'와 같은 문장을 생성하고자 하였으나 청음과 탁음의 구별이 제대로 되지 않아 '여기에서는 아르바이트를 했습니다'와 같은 의미의 문장을 생성하였다. 교과서 수준에서는 제시되는 어휘 수가 제한되어 있어 의미 전달에 영향을 주는 경우가 많지 않지만[67] 이와 같은 오류가 수정되지 않았을 경우에는

---

66) 탁음이란 유성 파열음/파찰음/마찰음 등과 모음이 합쳐진 소리이다.

67) 「일본어 I」(대한 교과서, 오증자 외)에서 발견되는 최소 변별쌍은 ここ(여기)/ごご(오후) －か(의문 종조사, －까)/－が(역접 조사 －이지만), －だ(－이다)/－た(－였다), て(손)/－で(－이고), ど(土)/と(－와, －과), 다섯 개에 불과하였다. 그러나 교과서에 제시된 단어 중 だいがく(대학), てんき(날씨), とうきょう(동경), こむ(막히다), かく(쓰다), ガス(가스), パン(빵)과 같은 단어는 각각 교과서에는 제시되지 않은 たいかく(체격), でんき(전기), どうきょう(동향), ゴム(고무), かぐ(가구), かす(찌꺼기), ばん(반)과 같은 최소 변별쌍을 가지고 있다.

앞으로의 학습 발달에 영향을 줄 것으로 예상할 수 있다.

④ 무성화(Devoicing of vowels)된 모음

모음의 무성화란 모음이 무성 자음 사이에서 성대의 진동 없이 약화되어 그 소리가 약해지는 현상을 말한다. 모음은 원래 모두 유성음인데 'い'와 'う' 두 모음은 무성 자음 사이에서 무성음화 된다(酒井真弓, 2002:3 참조). (12)와 (13)은 は행의 'ひ'와 'ふ' 다음에 오는 모음이 약화되는 것을 잘 몰라 발생하는 오류이다. 이 경우 발화 시에는 오류임에도 불구하고 의미 전달을 할 수 있으나 듣기에서는 소리 자체를 잘 인지하지 못하여 의미 이해에 실패하게 된다.

(12) ひとがおおぜいいますね° (사람들이 많이 있군요.)
　　 [çi]←[ç(i)]
(13) ふくをきる° (옷을 입다.)
　　 [ɸɯ]←[ɸ(ɯ)]

(14)와 (15)는 무성화된 모음을 잘 알지 못해 일어나는 또 다른 오류의 예이다.

(14) ラジオをききます° (라디오를 듣습니다.)
　　 [ki]←[k(i)]
(15) しちじです° (7시입니다.)
　　 [ʃi]←[ʃ(i)]

무성화된 모음은 소리가 매우 약해져 잘 들리지 않게 되므로 이러

한 현상이 듣기에 미치는 영향은 매우 심각하다고 할 수 있다.[68]

⑤ 촉음 っ

촉음 'っ'는 다른 가나 한 글자와 마찬가지로 1박을 가지게 되는데 학습자들은 한국어의 받침처럼 인식해서 1박을 부여하지 않는 경우가 많다. 따라서 발음할 때 촉음을 의식하지 않고 무시하는 경우가 생기는데 (16)과 같은 문장 생성이 그 예이다.

> (16) いてください° (×)
> ←いってください° (○)
> (가 주세요.)

'가 주세요'라는 문장을 만들고자 하였으나 촉음 'っ'의 1박이 지켜지지 않아 전혀 다른 의미의 문장을 생성한 오류이다. 의도와는 달리 '있어 주세요'라는 의미의 문장이 생성되었다.

이와는 반대로 촉음이 없음에도 불구하고 촉음을 발음함으로써 의미가 다른 문장을 생성하는 경우도 있다.

> (17) きってください° (×)
> ←きてください° (○)
> (와 주세요.)

---

68) 모음의 무성화 현상은 일본어의 모든 방언에 있는 것은 아니지만 일본인이 일상적으로 듣는 구어 −텔레비전, 라디오 등−에서는 빈번하게 나타나 무시할 수 없다. 실제 외국인 학습자에게 청취 작업을 부여해 보면 모음의 무성화가 듣기의 방해 요소 가운데 꽤 큰 위치를 점하고 있다는 사실 을 알 수 있다(일본어 교육사전, 1982:13).

(17)은 '와 주세요'와 같은 의미의 문장을 생성하고자 했으나 'き'
와 'て'사이에 촉음 'っ'를 넣어 발음함으로써 의도와는 달이 '우표
주세요'라는 전혀 다른 의미의 문장이 생성된 경우이다. 한국어의 된
소리와 거센 소리의 영향으로 'きて'가 세게 발음되어 'きって'와 같
이 발음된 것이다.

　탁음과 관련된 오류들과 마찬가지로 촉음 'っ'와 관련된 이와 같은
오류들은 비록 부분적 오류라고는 해도 의사소통 자체에 영향을 주
기 때문에 교정이 필요한 오류이다.

6 장단음

　(18)~(21)과 같이 장단음 역시 학습자들의 빈번한 발음 오류의 예
이다.

> (18) おじいさんがきました° (×)
> 　←おじさんがきました° (○)
> 　(아저씨가 왔어요.)
> (19) ホームステイ先のおばあさんがくれました° (×)
> 　←ホームステイ先のおばさんがくれました° (○)
> 　(홈스테이 주인아주머니가 주었어요.)
> (20) きいてください° (×)
> 　←きてください° (○)
> 　(오세요.)
> (21) コーピーしてもいいです° (×)
> 　←コピーしてもいいです° (○)
> 　(복사해도 좋습니다.)

　(18), (19)에서와 같이 'おじいさん/おじさん', 'おばあさん/おばさ

ん’은 각각 ‘할아버지/아저씨’, ‘할머니/아주머니’의 뜻이나 한국 학습자들은 장음 ‘い’와 ‘あ’를 의식하지 않고 똑같이 소리 내기 때문에 의미의 구별이 잘 되지 않는다. 이 단어들을 모두 장음으로 발음하는 경향이 있어 주로 ‘할아버지’와 ‘할머니’로 의미가 전달된다. 이러한 현상은 말하기에서뿐만 아니라 듣기에서도 마찬가지이기 때문에 듣기 활동에서는 학습자들이 의미를 정확히 알지 못하고 각자가 원하는 방식으로 의미를 받아들이는 오류를 범하게 된다. (20)은 각각 ‘들어 보세요’, ‘오세요’의 뜻으로, 학습자의 의도는 ‘오세요’와 같은 문장을 생성하고자 한 것이었으나 ‘き’를 길게 발음함으로써 의미가 달라진 경우이다. (21)은 이러한 오류가 외래어에서 나타난 경우로 장단음을 잘 구별하지 않는 한국어의 습관 때문에 그를 길게 소리 내어 오류가 발생하였다. ‘コーピー’라고 발음하는 경우 그 의미를 한국어 ‘커피’라고 인식하여 ‘コーヒー’와 혼동을 일으키게 되므로 말하기는 물론 듣기에서도 오류가 발생한다.

촉음과 마찬가지로 이러한 장단음의 구별 역시 의미에 영향을 주고 의사소통의 맥락에 영향을 미치므로 부분적 오류이나 심각한 오류가 된다. 요음 ‘ゃ’, ‘ゅ’, ‘ょ’를 제외한 일본어의 가나 한 글자와 마찬가지로 장음 역시 1박을 가지며 장음과 단음으로 서로 다를 때 의미 역시 달라지는 단어들이 있는데 한국어에서는 장단음의 구별이 많지 않아 어려움의 요인이 된다.[69] 위의 오류 예를 보면 일반적으로 알려진 대로, 학습자들은 한국인의 음성 체계에 존재하지 않는 발음

---

69) 밤(어두운)/밤(먹는), 눈(내리는)/눈(신체), 배(타는)/배(먹는)와 같은 것이 한국어 장단음 구별의 예인데 한국어에서는 일본어에서와는 달리 철자상으로는 장음과 단음의 구별이 없으며 실제 발화에서는 장단음의 구별이 사라지고 있는 추세이다.

의 경우에서는 모두 어려움을 느낀다는 것을 알 수 있다.

2) 철자 및 어휘 오류

그러면 다음으로는 철자 및 어휘 오류에 대해 알아보기로 하자. 일본어를 막 배우기 시작한 학습자들은 가나를 학습하는 데 많은 어려움을 겪는다. 또 일본어 어휘는 한국어와 형태나 발음이 유사한 경우에는 의미 이해가 매우 용이하지만 쓰기에서는 반드시 그렇지 않다.

■ 단순한 철자 오기

가나는 한자의 변형으로 획의 규칙적인 변화가 있는 글자가 아니기 때문에 서로 유사한 형태를 가진 경우가 많아 특히 초보 학습자들의 경우는 철자상의 오류를 범할 가능성이 매우 높다.

→ 유사 글자 혼동

(22) やまださんを<u>あ</u>ねがいします°（ × ）
　　←やまださんを<u>お</u>ねがいします°（ ○ ）
　　(야마다 상을 부탁드립니다.)
(23) い<u>ね</u>がいます°（ × ）
　　←い<u>ぬ</u>がいます°（ ○ ）
　　(강아지가 있습니다.)
(24) おか<u>わ</u>がないとき´はやくかえります°（ × ）
　　←おか<u>ね</u>がないとき´はやくかえります°（ ○ ）
　　(돈이 없을 때 집에 일찍 돌아갑니다.)

(25) よる11時にわます゜ (×)
　　←よる11時にねます゜ (○)
　　(밤 11시에 잡니다.)
(26) ちちとははといもうと´ そしてわにしです゜ (×)
　　←ちちと ははといもうと´ そしてわたしです゜ (○)
　　(아빠, 엄마, 여동생 그리고 저입니다.)
(27) そるそるしつれいします゜ (×)
　　←そろそろしつれいします゜ (○)
　　(이제 슬슬 실례하겠습니다.)
(28) じゅうななさりです゜ (×)
　　←じゅうななさいです゜ (○)
　　(17살입니다.)
(29) べんきょうしことしょかんにいきませんか゜ (×)
　　←べんきょうしにとしょかんにいきませんか゜ (○)
　　(공부하러 도서관에 가지 않으실래요?)
(30) もっとかすいのはありませんか゜ (×)
　　←もっとやすいのはありませんか゜ (○)
　　(좀 더 싼 것은 없습니까?)

위의 예들은 형태가 유사한 일본어 철자끼리의 혼동으로 인한 철자 오류가 많다는 사실을 보여 준다. (22)~(25)에는 형태가 비슷한 'あ'와 'お', 'ね'와 'ぬ', 'わ'와 'ね' 사이의 혼동이 나타나고 있다. 'ぬ'는 'め'와 혼동을 일으키는 경우도 있다. (26)~(28)에서는 'に'와 'た', 'る'와 'ろ', 'り'와 'い'의 혼동이 보인다.[70] (29)에서는 문장 내 'に' 사용이 두 차례 있는데 하나는 'こ'와 혼동하여 오류를 일으켰고 다른 하나는 바르게 쓰고 있다. 가나 학습이 아직 완전하게 이루어지지 않았기 때문이다. (30)은 か와 や 사이에서도 혼동이 일어나고 있음을 보여 준다.

---

70) 이러한 오류들은 유사한 형태에 의해 유발되었다는 점에서 같은 발음에 의해 유발된 (4)의 'を'와 'お'의 혼동과 성격이 다르다.

➜ 히라가나와 가타카나의 복합적 사용

(31) <u>たバこ</u>はちょっと°（ × ）
　　←<u>タバコ</u>はちょっと°（ ○ ）
　　(담배는 좀…·.)
(32) <u>りんゴ</u>ひとつください°（ × ）
　　←<u>リンゴ</u>ひとつください°（ ○ ）
　　(사과 하나 주세요.)

(31)과 (32)는 가타카나어 표기에 있어서 히라가나와 가타카나를 혼용한 잘못이다. 이것은 학습자들이 히라가나 내에서 혼동을 일으킬 뿐만 아니라 가타카나와도 혼동을 일으킨다는 사실을 보여 준다.

➜ 철자 누락 및 대치

다음은 학습자들이 특정 철자를 누락하는 경향을 보이는 오류이다.

(33) まだひるごは<u>∅</u>はたべていませ<u>∅</u>°（ん누락 × ）
　　←まだひるごは<u>ん</u>はたべていませ<u>ん</u>°（ ○ ）
　　(아직 점심은 먹지 않았어요.)

(33)과 같이 많은 학습자들에게서 단어의 끝에 오는 철자 'ん'의 누락이 발견된다. 철자의 누락은 흔히 일어나는 실수인 경우도 있지만 특정 철자 'ん'이 자주 누락되는 것은 'ん'이 한국어의 받침 'ㄴ, ㅁ, ㅇ'을 포괄하는 음소로 소리가 매우 약하여 소홀히 하게 되는 경향

때문인데 발생빈도가 높아 오류로 보인다.

(34)~(38)은 올바른 철자대신 발음이 유사한 다른 철자를 대치해 쓴 오류이다.

(34) ここは<u>あ</u>しつです°　(×)
　　←ここは<u>わ</u>しつです°　(○)
　　(여기는 다타미방입니다.)
(35) <u>じ</u>ゅうがくせいではありません°　(×)
　　←<u>ち</u>ゅうがくせいではありません°　(○)
　　(중학생이 아닙니다.)
(36) ここにはめ<u>づ</u>らしいものがたくさんあります°　(×)
　　←ここにはめ<u>ず</u>らしいものがたくさんあります°　(○)
　　(여기에는 희귀한 물건이 많이 있습니다.)
(37) <u>じゃ</u>っしもたくさんありますね°　(×)
　　←<u>ざ</u>っしもたくさんありますね°　(○)
　　(잡지도 많이 있습니다.)
(38) ちちはかい<u>さ</u>ゃいんです°　(×)
　　←ちちはかい<u>し</u>ゃいんです°　(○)
　　(아빠는 회사원입니다.)

　　완전 초급에 가까울수록 비슷한 글자를 혼동하는 오류가 많으나 가나를 정확하게 학습하였음에도 불구하고 다른 글자로 대치하는 오류를 범하는 것은 유사한 발음들을 각각 올바르게 철자화하는 단계까지는 이르지 못하였기 때문이다. 그러나 이러한 대치의 오류들은 글자와 발음의 상관관계에 대하여 어느 정도 학습이 이루어졌음을 시사해 주는 것이기도 하다. 특히 (34)~(36)과 같이 하나의 글자를 소리가 유사한 다른 글자로 대치한 오류보다는 (37)~(38)과 같이 두 개 이상의 글자를 조합하여 소리를 유추해낸 것은 비록 오류이기는 하나 학습이 진전되고 있음을 말해 준다.

② 요음 표기 오류

다음과 같은 철자 오류는 요음 'ゃ', 'ゅ', 'ょ'에 대한 잘못으로 요음이 앞의 철자와 함께 1박으로 소리 난다는 사실을 잘 모르거나 안다고 하더라도 쓰기에 잘 적용하지 못하여 발생하는 오류이다.

> (39) ちちはかいしゃいんでははしゅふです゜ (×)
> ←ちちはかいしゃいんでははしゅふです゜ (○)
> (아빠는 회사원이고 엄마는 주부입니다.)
> (40) いっしょにやまのぼりにいきませんか゜ (×)
> ←いっしょにやまのぼりにいきませんか゜ (○)
> (함께 등산 가실래요?)

③ 장음 표기 오류

앞서 논의한 발음 오류와 관련된 것으로 장음을 잘 모름으로 인해서 읽기에서는 물론 철자 쓰기에서도 오류가 발생한다. 이러한 오류는 읽기에서는 변별이 잘 되지 않아 오류가 없는 듯 판단되기도 하지만 쓰기를 통하여 오류가 밝혀진 경우이다. 장음이든 단음이든 모두 길게 발음하는 경향을 가진 학습자도 (41)~(44)에서와 같이 쓰기에서는 오히려 장음표기를 잘 하지 않는 경향을 보인다.

> (41) おはよございます゜ (×)
> ←おはようございます゜ (○)
> (안녕하십니까?)

(42) 倉洞こうこうの2ねん<u>せ</u>です゚（ × ）
　　←倉洞こうこうの2ねん<u>せい</u>です゚（ ○ ）
　　(창동 고등학교 2학년입니다.)
(43) わたしは 李診榮と<u>も</u>します゚（ × ）
　　←わたしは 李診榮と<u>もう</u>します゚（ ○ ）
　　(저는 이진영이라고 합니다.)
(44) ど<u>よ</u>びはつごうがわるいんです゚（ × ）
　　←ど<u>よう</u>びはつごうがわるいんです゚（ ○ ）
　　(토요일은 사정이 안 좋아요.)

　이러한 장음의 오류는 가타카나 표기에서도 나타난다. (45)~(47)는 한국어에도 존재하는 외래어로 한국어에서는 장음이 아니기 때문에 일본어 어휘에서도 단음으로 처리한 탓에 발생한 오류이다.

(45) <u>カレライス</u>をたべました゚（ × ）
　　←<u>カレーライス</u>をたべました゚（ ○ ）
　　(카레라이스를 먹었습니다.)
(46) <u>タクシ</u>にのりました゚（ × ）
　　←<u>タクシー</u>にのりました゚（ ○ ）
　　(택시를 탔습니다.)
(47) <u>ジュス</u>をのみました゚（ × ）
　　←<u>ジュース</u>をのみました゚（ ○ ）
　　(주스를 마셨습니다.)

　(48) 역시 장음에 관한 오류로, 철자를 잘 몰라 같은 철자를 반복해 씀으로써 장음을 표기하는 오류를 일으킨 예이다. 일본어에서는 같은 철자가 반복되는 경우, 장음으로 읽기 때문에 이 오류는 일본어 학습이 원인으로 일본어가 언어 내 간섭을 일으킨 것이다.

(48) <u>ええご</u>がすきです° (×)
　　←<u>えいご</u>がすきです° (○)
　　(영어를 좋아해요.)

４ 촉음 표기 오류

　학습자들은 촉음을 잘 인식하지 못하기 때문에 발음 즉 읽기에서
는 물론 쓰기에서도 오류를 일으킨다. 장단음에 있어서 주로 장음으
로 발음하는 것과 마찬가지로 촉음에 있어서는 소리가 없음에도 불
구하고 촉음을 넣어 발음하는 경향이 있다. 쓰기에서는 이러한 경향
과 관계없이 임의적으로 촉음을 첨가하기도 하고 누락시키기도 하는
데 주로 촉음을 누락시키는 오류가 많은 편이다. (49)는 촉음이 없으
나 있는 것으로 잘못 생각하여 일어난 오류이며 (50)과 (51)은 촉음을
잘 인식하지 못하는 것은 물론 동사 변화를 잘 모름으로 인하여 일어
난 복합 원인 오류이다.

(49) てんきもよ<u>っ</u>かったですか° (×)
　　←てんきもよ<u>∅</u>かったですか° (○)
　　(날씨도 좋았습니까?)
(50) まどをあけ<u>∅</u>てもいいですか° (×)
　　←まどをあけ<u>っ</u>てもいいですか° (○)
　　(창문을 열어도 될까요?)
(51) おふろにはい<u>∅</u>て１０時にねます° (×)
　　←おふろにはい<u>っ</u>て１０時にねます° (○)
　　(목욕하고 10시에 잡니다.)

　(52)는 가타카나 표기를 잘 모를 뿐만 아니라 한국어와 다른 방식

으로 소리 나는 외래어에 익숙하지 않아 일어난 오류이다.

(52) サンドイ<u>∅</u>チをたべました° (×)
　　←サンドイ<u>ッ</u>チをたべました° (○)
　　(샌드위치를 먹었습니다.)

5 탁음 표기 오류

(53)~(56)은 청음을 탁음으로 잘못 쓴 오류이다. 일본어에서 어두의 청음은 한국어의 격음이나 경음에 비해 매우 약하기 때문에 어두 청음을 탁음으로 혼동하여 잘못 표기하였다.

(53) <u>ご</u>んにちは° (×)
　　←<u>こ</u>んにちは° (○)
　　(안녕하세요?−낮 인사)
(54) <u>ご</u>んばんは° (×)
　　←<u>こ</u>んばんは° (○)
　　(안녕하세요?−밤 인사)
(55) <u>だ</u>かいですか° (×)
　　←<u>た</u>かいですか° (○)
　　(비싸요?)
(56) <u>ど</u>ころで 何メートルぐらいですか° (×)
　　←<u>と</u>ころで 何メートルぐらいですか° (○)
　　(그런데 몇 미터 정도입니까?)

(57)~(63)은 학습자들이 소리로 청음과 탁음을 구별할 수 있는 경우에도 쓰기에서는 자주 탁점을 누락시킨다는 사실을 보여 준다. 특히 (60)은 문장 내에 탁점이 사용되는 단어가 'かぞく'와 'ごにん' 두

개가 있는데 특정 한 단어에서만 탁점을 누락시키고 있는 경우다. 이를 통하여 학습자들이 탁음을 알더라도 하나의 철자표기로 받아들이는 데는 시간이 걸린다는 사실을 알 수 있다.

(57) はじめまし<u>で</u> (×)
　　←はじめまし<u>て</u> (○)
　　(처음 뵙겠습니다.)
(58) よろしくおね<u>か</u>いします (×)
　　←よろしくおね<u>が</u>いします (○)
　　(잘 부탁드립니다.)
(59) か<u>そ</u>くは 4 にんです (×)
　　←か<u>ぞ</u>くは 4 にんです (○)
　　(가족은 4명입니다.)
(60) かぞくは<u>こ</u>にんです (×)
　　←かぞくは<u>ご</u>にんです (○)
　　(가족은 5명입니다.)
(61) よん<u>て</u>ください (×)
　　←よん<u>で</u>ください (○)
　　(읽으세요.)
(62) ま<u>た</u>きめていません (×)
　　←ま<u>だ</u>きめていません (○)
　　(아직 결정하지 않았어요.)
(63) コーヒーをのん<u>た</u>りおちゃをのん<u>た</u>りします (×)
　　←コーヒーをのん<u>だ</u>りおちゃをのん<u>だ</u>りします (○)
　　(커피를 마시기도 하고 차를 마시기도 합니다.)

(64)와 (65)는 각각 외래어에서 탁점을 누락시키거나 반탁점 대신 탁점을 쓴 오류이다. 탁음과 관련된 오류는 가타카나 어휘에서도 빈번하게 나타난다.

(64) <u>ヒ</u>ールをのみました゜（ × ）
　　←<u>ビ</u>ールをのみました゜（ 〇 ）
　　（맥주를 마셨습니다.）
(65) しゅみはコン<u>ビ</u>ューターです゜（ × ）
　　←しゅみはコン<u>ピ</u>ューターです゜（ 〇 ）
　　（취미는 컴퓨터입니다.）

6 어휘의 혼동

　　다음 오류는 일본어 내 어휘에서 혼동을 일으키는 예이다. 수업을
통해 보면 학습자들이 'こそあどことば' 가운데 유난히 'それ'와 'あ
れ'를 잘 구별하지 못하고 혼동하는 경우가 많다.

(66) これはせんえんで<u>それ</u>はせんごひゃくえんです゜（ × ）
　　←これはせんえんで<u>あれ</u>はせんごひゃくえんです゜（ 〇 ）
　　（이것은 천 엔이고 저것은 천오백 엔입니다.）

7 한국어의 차용

　　(67)와 (68)은 한국어와 유사한 단어 사용에 있어서 단어의 일부분
을 한국어 단어의 일부로 대체한 오류이다. 읽기와 말하기에서 일어
난 이러한 대체의 오류는 그 당연한 논리적 귀결로서 말하기뿐만 아
니라 쓰기 오류로 이어지게 된다.

(67) ちゅうがく<u>せん</u>です゜（ × ）
　　←ちゅうがく<u>せい</u>です゜（ 〇 ）
　　（중학생입니다.）

(68) あねはだいがくせんです° (×)
　　←あねはだいがくせいです° (○)
　　(언니는 대학생입니다.)

　위 오류들은 학습자들이 ん을 누락하는 경향과 맞물려 더욱 빈번
하게 나타난다. 한편 앞서 언급한 바와 같이 한국어에 있는 어휘를
그대로 사용한 오류도 있다. 이는 주로 한자어에 근거하나 한국어와
일본어에서 형태가 달라진 어휘에 나타나는데 (69)~(72)가 그 예이다.

(69) 夏放学になにをするつもりですか° (×)
　　←夏休みになにをするつもりですか° (○)
　　(여름방학에 뭐 하실 거예요?)
(70) 冬放学はながいです° (×)
　　←冬休みはながいです° (○)
　　(겨울방학은 길어요.)
(71) 万円です° (×)
　　←1万円です° (○)
　　(만 엔입니다.)
(72) 高等学生です° (×)
　　←高校生です° (○)
　　(고등학생입니다.)

　외래어에 있어서도 한국어를 그대로 사용하거나 영어를 사용하는
오류가 나타나는데 (73)~(76)이 그 예이다.[71]

---

71) 이러한 학습자의 언어 사용 양상은 의사소통 전략의 하나로 언어 교체(language switch/code－switching)
　　라고 한다. 언어 교체는 제2언어 발화에서 제1언어나 제3언어를 사용하는 것을 말하는데 흔히 부
　　족한 지식을 보충하기 위해 시도되는 보상 전략이다(Brown, 2007:139).

(73) <u>커피/coffee</u>をください。（ × ）
　　　←コーヒーをください。（ ○ ）
　　　(커피 주세요.)
(74) この<u>컴퓨터/computer</u>をつかってもいいですか。（ × ）
　　　←このコンピューターをつかってもいいですか。（ ○ ）
　　　(이 컴퓨터 써도 됩니까?)
(75) <u>햄버거/hamburger</u>を ひとつください。（ × ）
　　　←ハンバーガーをひとつください。（ ○ ）
　　　(햄버거 하나 주세요.)
(76) <u>콘서트/concert</u>にいきませんか。（ × ）
　　　←コンサートにいきませんか。（ ○ ）
　　　(콘서트에 가지 않으실래요?)

일본어에서 외래어와 관련하여 주목해야 할 점은 예를 들어 일본인들은 커피를 의미하는 'コーヒー'를 영어의 'coffee'와 전혀 다른 단어, 즉 일본어 단어라고 인식한다는 점이다.[72] 그러나 이러한 표기 및 발음 방식은 한국 학습자들에게는 매우 어색하게 느껴지는 것이 보통이다. 한국인 학습자들은 영어로 먼저 학습한 이러한 단어들을 일본어로 받아들이려 하지 않는다. 따라서 단지 모르기 때문이 아니라 심리적인 문제로 인하여 한국어나 영어처럼 발음하고 표기할 때에도 위 예들에서와 같이 표기하는 경우가 많다. 말하기나 쓰기에서와는 달리 듣기 시에는 이러한 단어들을 잘 듣고 이해하는 것으로 보아 위에 제시된 오류는 학습자들의 심리적인 측면과 관련이 있다고 보는 것이 정확한 분석일 것이다.

그런데 철자 및 어휘 오류를 분석해 보면 대개 학습자들이 오류를 범하는 원인은 하나 이상인 경우가 많다. (77)의 경우는 'や'와 'せ' 철

---

[72] 우리의 경우도 외래어를 한국어 어휘의 일부로 수용하고 있지만 심리적인 측면에서 일본인에 비해 순수 한국어 어휘로 수용하는 정도는 약한 것으로 생각된다.

자의 혼동뿐만이 아니라 장음을 인식하지 못한 데서 기인하는 장음 오류도 함께 일어난 경우이다.

(78)은 'さ'와 'き'를 혼동한 철자 오류와 장음 오류를 한꺼번에 일으킨 예이다.

　일본어 학습자의 철자 및 어휘에 관한 오류는 철자의 혼동, 히라가나와 가타카나의 혼용과 같이 학습이 정확히 이루어지지 않아 발생하며 요음이나 장음, 촉음과 같이 한국어에 존재하지 않은 언어적 요소에서 기인하거나, 또 한국어의 유사단어를 사용하려는 경향에서 기인한다. 또 읽기와 말하기에서 생성되는 오류는 쓰기에서도 같은 양상으로 나타남을 알 수 있다. 듣기에 관한 오류는 측정 기회도 많지 않고 또 정확히 알기도 어렵지만 이러한 양상으로 미루어 볼 때 학습자가 오류를 일으킬 때에는 어떤 한 기능에서만 그러한 것이 아니라 언어 네 기능 모두에서 같은 오류를 일으킨다는 것을 알 수 있다.

3) 형태·통사적 오류

일본어는 한국어와 어순이 유사하기 때문에 형태·통사적인 면에
서는 유럽어보다는 훨씬 쉬운 편이다. 학습 과정에서 학습자들이 보
이는 구조적 오류는 어순보다는 주로 서술어의 형태변화 즉 동사와
형용사의 현재 및 과거, 긍정형과 부정형 변화에서 나타난다.

■ 서술형 어미

(79) うちへかえます°（ × ）
　　←うちへかえります°（ ○ ）
　　(집에 돌아갑니다.)
(80) あさごはんをたべります°（ × ）
　　←あさごはんをたべます°（ ○ ）
　　(아침밥을 먹습니다.)

학습자들은 동사 군에 따라 다른 ます형의 규칙을 혼동하여 동사
의 활용에서 오류를 일으킨다. (79)는 예외 1류 동사인 'かえる'를 형
태에 따라서 2류로 분류하여 일으킨 오류이며 (80)은 반대로 2류 동사
인 'たべる'를 1류 동사규칙에 따라 활용하여 일으킨 오류이다. 그러
나 이러한 오류들은 동사의 분류 및 변화 규칙에 대한 학습이 아직
완전하지 않아 일어나는 오류이기 때문에 오류 빈도가 높지만 학습
시간과 비례하여 교정될 수 있는 것들이다.

보다 심각한 문제는 (81)~(83)과 같이 '－です'와 '－ます'의 개념
과 쓰임 자체를 잘 모르는 데 기인한 오류이다.

(81) ほんをよみ<u>です</u>゚ （×）
　　←ほんをよみ<u>ます</u>゚ （〇）
　　（책을 읽습니다.）
(82) 富士山がみえ<u>でした</u>゚ （×）
　　←富士山がみえ<u>ました</u>゚ （〇）
　　（후지산이 보였습니다.）
(83) あさ7じにおき<u>でした</u>゚ （×）
　　←あさ7じにおき<u>ました</u>゚ （〇）
　　（아침 7시에 일어났습니다.）

　‘－です’는 영어의 ‘be’ 동사에 해당하나 일본어에서는 조동사로 분류되며 명사나 형용사 뒤에 사용되는 데 반해 ‘－ます’는 일반 동사의 어미이다. 그러나 이를 잘 몰라 많은 학습자들이 ‘－です’와 ‘－ます’의 선택에서 혼란을 느끼는 것으로 보인다.

　다음의 예는 과거형 문장의 생성에 있어서 ‘－かった’와 ‘－でした’를 혼동하거나 중복 적용하는 경우이다.

(84) おもしろい<u>でした</u>゚ （×）
　　←おもしろ<u>かったです</u>゚ （〇）
　　（재미있었습니다.）
(85) おもしろ<u>かったでした</u>゚ （×）
　　←おもしろ<u>かったです</u>゚ （〇）
　　（재미있었습니다.）

　(84)는 い형용사의 과거형 변화에 명사나 な형용사의 규칙을 적용하여 생성된 오류이다. い형용사의 활용에서 아주 흔히 나타나는 오류인데 이것은 학습자들이 명사나 な형용사의 활용과 혼동하기 때문에 발생한다. (85)는 い형용사를 변화에 い형용사의 규칙과 명사나 な

형용사에 적용되는 규칙 두 가지를 모두 적용하여 생성된 오류이다.

(86)은 현재의 상태를 나타내야 하는 표현에 한국어의 '안 먹었어요'와 같이 완료된 과거 시제를 사용함으로 인하여 유발된 오류이다.

(86)
A: もうたべましたか°
　(식사했어요?)
B: いいえ゛ まだたべませんでした° (×)
　←いいえ゛ まだたべていません° (○)
　(아니요, 아직 안 먹었어요.)

'たべませんでした'는 '먹지 않았다, 굶었다'의 의미로 부사 'まだ'와 어울리지 않는데 학습자들은 한국어를 일본어로 그대로 옮기려는 경향 때문에 오류를 일으키게 된다.

(87)은 학습자들이 반말[73]과 존댓말에 잘 유의하지 않는다는 사실을 보여 주는 오류이다.

(87) あのえいが みました° (×)
　←あのえいが みた° (○)
　(그 영화 봤어.)

일본어Ⅰ에서는 보통 존댓말인 '－です'가 먼저 소개되고, 기본형

---

[73] 한국어와 일본어는 존댓말과 반말이 매우 발달한 언어이다. 한국어의 경우 존댓말은 '－ㅂ니다', 반말은 '－(이)다' 같이 복잡하지 않으나 일본어의 경우, 존댓말(경어)은 존경어, 겸양어, 정중어, 미화어로 나누어지며(경어의 지침, 일본 문부성, 2007 참조) 반말은 보통어라고 부른다. 고등학교 교과서는 이 중 일반적인 존댓말이라고 할 수 있는 정중어로 되어 있으며 존경어와 미화어의 일부를 다룬다. 대부분의 교과서는 보통어인 반말에 대해서는 많이 다루고 있지 않으며 일본어Ⅰ의 후반부나 일본어Ⅱ의 초반부에서 다루기 시작한다.

이면서 반말인 '－だ'에 대한 설명은 별도로 다루어지지 않는데 교과서가 격식을 갖추거나, 공식적인 만남을 의사소통 상황의 기본으로 설정하고 있어 일상생활에 쓰이는 반말은 소홀히 다루고 있는 탓인 것으로 생각된다. 이와 같이 교과서에서는 존댓말 사용 상황을 기본으로 다룸으로 인해 최근 고등학교에서 빈번한 일본인 학생과의 교류 시 일본인 학생들은 반말을, 한국 학생들은 존댓말을 사용하는 어색한 상황이 발생하는 것도 관찰된다.

② 부정문

(88)은 학습자들이 명사의 부정형 활용, '－では ありません'을 い형용사의 부정형 활용에 적용시킴으로 인하여 발생한 오류이다.

(88) かわいいではありません。(×)
　　←かわいくありません。(○)
　　(귀엽지 않습니다.)
(89) おもしろいではありません。(×)
　　←おもしろくありません。(○)
　　(재미있지 않습니다.)
(90) たかいくありません。(×)
　　←たかくありません。(○)
　　(비싸지 않습니다.)
(91) おおきいくありません。(×)
　　←おおきくありません。(○)
　　(크지 않습니다.)
(92) きれいでありません。(×)
　　←きれいではありません。(○)
　　(예쁘지 않습니다.)

③ 조사

조사의 사용에서는 다음과 같은 오류가 발견된다.

➜ を의 잘못된 사용

(93) うみをすきです°（×）
   ←うみがすきです°（○）
   (바다를 좋아해요.)
(94) にほんのぶんかをすきです°（×）
   ←にほんのぶんかがすきです°（○）
   (일본 문화를 좋아합니다.)
(95) わたしはかぞくをすきです°（×）
   ←わたしはかぞくがすきです°（○）
   (저는 가족을 사랑합니다.)
(96) でんしゃをのります°（×）
   ←でんしゃにのります°（○）
   (전철을 탑니다.)

(93)~(96)은 한국어의 '-을, -를'이 조사 'を'에만 상응한다고 생각함으로써 발생한 오류이다. '바다를 좋아해요'와 같은 문장을 일본어로 쓰고자 했을 때 '좋아한다'는 의미의 'すき'는 조사 'が'와 사용해야 하고 '타다'의 의미인 'のる'에는 조사 'に'를 사용해야 하지만 단순히 한국어의 용례만을 생각하여 'を'를 사용하였다.[74]

---

74) 최근 일본인들은 (86)~(88)과 같이 'すき'앞에 'を'를 사용하는 경우가 많고 村上龍나 村上春樹의 소설, 즉 문어에서도 이와 같은 사용 예가 발견된다. 또 드물지만 (89)와 같이 'のる'앞에 'を'를 사용하는 경우도 있다(요시모토 하지메, 2005:49 참조). 그러나 이것은 아직 표준 일본어로 인정되지 않았으며 비문법적이라는 견해가 지배적이므로 현재 교육 상황에서 허용할 수 있는 문장 생성은 아니라고 생각되어 오류로 처리하였다.

➜ は의 잘못된 사용

(97)은 주격조사 '는'가 잘못 사용된 오류이다. '저는 취미가 컴퓨터입니다'라는 문장을 만들기 위해서 그에 상응하는 한국어 문장에서 사용되는 조사를 그대로 사용함으로써 오류를 일으켰다.

이와 같은 오류는 학습자들이 문장 생성 시 일본어로 바로 생각하기보다는 한국어로 먼저 생각하고 이를 일본어로 옮기려는 경향이 있다는 사실을 보여 준다.

또한 조사가 잘못 사용된 예로는 다음과 같은 예를 들 수 있다.

➜ と의 잘못된 사용

(98)은 접속사 'そして'의 쓰임을 잘 몰라서 명사와 명사를 연결하는 조사 'と'를 대신하여 쓴 것이다. 또 'と'를 '-와, -과'로 해석되는 영어의 'and'의 쓰임과 같은 방식으로 적용한 것으로도 보인다.

➜ の와 を의 누락

　명사와 명사가 연결될 때 사용되는 조사 ‘の’의 누락은 매우 빈번
한 오류인데 이는 같은 표현의 경우 한국어에서는 ‘－의’를 사용하지
않는 경우가 많아 이에 해당하는 ‘の’를 생각할 수 없기 때문이다. 초
급 일본어 학습자들은 한국어의 구조에 일본어 단어를 대입하여 문
장을 구성하고자 하는 경향이 있고 실제로 이 방법이 유용할 때도 많
은데 ‘の’의 사용은 항상 그렇지는 않은 경우이다. (99)에는 명사인
‘かぞく’와 ‘しゃしん’을 연결하는 ‘の’가 누락되어 있다.

(99) かぞく∅ しゃしんです°（×）
　　←かぞくの しゃしんです°（○）
　　(가족사진입니다.)

　따라서 ‘일본 회사’와 같은 예는, ‘にほんのかいしゃ(日本の会社)’로
써야 하지만 학습자들은 흔히, ‘にほんかいしゃ(日本会社)’로 쓰고 말
하는 오류를 범한다. 이러한 오류들은 표면 전략적 오류 유형으로 누
락의 오류라 할 수 있다.

　(100)은 목적격 조사 ‘を’를 누락시킨 오류이다. 이 문장의 경우 발
화했을 때 의미 전달은 가능하지만 학습자가 조사 ‘を’를 잘 모르고
있다는 사실은 분명해 보인다.

(100) きのうはなに∅しましたか゜ (×)
　　　←きのうはなにをしましたか゜ (○)
　　　(어제 무엇을 했습니까?)

◢ 접속사

접속사 사용에서는 다음과 같은 오류가 발견되었다.

(101) わたしはいま１７さいですたから゛いまわたしはこうこうせいです゜ (×)
　　　←わたしはいま１7さいでこうこうせいです゜ (○)
　　　(저는 17살이고 고등학생입니다.)

　이 문장은 주어 'わたし', 부사 'いま'가 불필요하게 반복되어 앞서
언급했던 (2)의 자기소개 문장에서 'わたし'를 반복 사용한 것과 같이
동일 단어의 과사용이 일어난 경우이다. 그러나 이와 같은 반복이 의
미 전달에 중대한 영향을 미치지는 않는 것으로 볼 때 이 문장에 있
어서 심각한 오류는 접속사 'だから'의 사용이다. 우선 'だから'에서
탁점이 빠져 있어 틀린 것은 제외하고라도 앞 문장과 뒤 문장의 연결
을 위해 'だから'를 사용한 것은 의미상 적절치 않다. '저는 17살입니
다. 그러니까 고등학생입니다'와 같이 고등학생인 이유가 17살이라는
나이 때문인 것처럼 서술되어 있기 때문이다.

◢ て / た / たり

　(102)는 て형을 사용해야 하는 경우에 한국어상의 의미를 그대로
적용한 결과 '－た'로 끝나는 과거형을 사용한 오류이다. '일본에 갔

다 왔다'라는 문장을 생성함에 있어서 '갔다'를 일본어로 그대로 옮김으로써 발생하였다.

(103)은 음편[75] 규칙을 정확하게 적용하지 못하여 발생한 오류이다. 동사 'きく'를 열거형으로 바꾸었을 경우, 'きいたり'가 되어야 하나 학습자들은 이 규칙을 적용함에 있어서 자주 'い'를 누락시키는 오류를 범한다.

6 복합적 오류

초보 학습자들의 오류를 관찰해 보면 일반적으로 한 번에 한 가지의 오류를 범하는 경우보다는 여러 유형의 오류를 동시에 범하는 경우가 많다. (104)와 (105)에는 철자와 어휘에 관련된 오류 및 형태 통사적 오류가 모두 보인다.

---

75) 음편이란 일정 조건에서 발음의 편의를 위해 어중, 어미에 발생하는 음의 변화를 말한다(일본어 교육사전, 1982:138). 동사의 연용형에 'て/た/たり'가 따라올 때 음이 변하게 된다.

(104) べん<u>き</u>ょう<u>する</u>にと<u>し</u>ょうかんにいきませんか゜ (철자, 장음, 동사 ×)
　　←べん<u>きょうしに</u>と<u>しょ</u>かんにいきませんか゜ (○)
　　(공부하러 도서관에 가지 않으실래요?)
(105) テ<u>ル</u>ビをみたりおんがくを<u>きき</u>たりします゜ (철자, 음편 ×)
　　←テ<u>レ</u>ビをみたりおんがくを<u>きい</u>たりします゜ (○)
　　(TV를 보기도 하고 음악을 듣기도 합니다.)

(104)에는 철자 및 장음과 관련된 부분적 오류와 함께 동사 활용에 관련된 오류가 함께 나타나고 있으며 (105)에는 가타카나의 오류와 함께 음편 활용의 잘못이 포함되어 있다. 음편 현상을 잘 몰라서 ます형 어간을 사용한 예이다.

7 호응관계

다음과 같은 경우는 주어와 술어의 호응관계가 잘못된 것으로 학습자가 문장 내의 주술 호응관계의 일관성을 유지하지 못하여 일어난 오류이다.

(106) わたしのしゅみはえを<u>かくし</u>たいです゜ (×)
　　←わたしのしゅみはえを<u>かくこと</u>です゜ (○)
　　(제 취미는 그림 그리기입니다.)

이 문장을 생성한 학습자는 먼저 자신의 취미를 표현하기 위하여 '제 취미는 그림 그리기입니다'와 '저는 그림을 그리고 싶습니다' 두 가지 문장 형태를 구상했으나 결국 하나의 바른 문장을 생성하지 못하고 두 문장을 혼합하여 '저의 취미는 그림을 그리고 싶습니다'와

같은 오류 문장을 만든 것으로 보인다. 그런데 'たい' 앞에 동사 'か
く'를 적절히 변화시키지 못하고 원형 'かく'에 원래 알고 있던 'した
い'를 접속시킴으로 인하여 술어 내에서도 형태 통사적 오류를 일으
키고 있다. 'たい'를 활용하고자 했던 학습자의 의도를 존중한다면 문
장은 다음과 같이 교정될 수 있다.

(106)' わたしはえをかきたいです。
      (저는 그림을 그리고 싶습니다.)

이러한 오류는 의문문에서도 발견되었는데 일본어에서 의문문은
프랑스어와는 달리 어순을 바꾸지 않고 의문 종조사 'か'의 단순 첨
가로 만들어지기 때문에 상대적으로 생성하기가 쉽다. 그러나 의문문
생성에 있어서 때를 나타내는 부사와 서술어가 서로 호응하지 않는
오류들이 자주 관찰된다.

(107) きのうはなにをしませんか。

(107)은 발화 의도가 '어제는 무엇을 했습니까?'인지 '오늘은 무엇
인가 하지 않겠습니까?'인지 명확히 알 수 없는 문장으로 어느 부분
에서 오류가 일어났는지 알기 어렵다. 만약 발화 의도가 전자의 경우
라면 문장은 다음과 같이 교정되어야 한다.

(107)' きのうはなにを<u>しませんか</u>° （ × ）
　　 ←きのうはなにを<u>しましたか</u>° （ ○ ）
　　 (어제는 무엇을 했습니까?)

반면에 발화 의도가 후자라면 문장은 다음과 같이 교정될 것이다.

(107)" <u>きょう</u>はなにかしませんか° （ ○ ）
　　 (오늘은 무엇인가 하지 않겠습니까?)

아래 (108)은 (107)의 오류와 유사한 예로 부사와 서술어의 호응 관계가 맞지 않는 경우이다. 이 문장은 '어제 무엇을 했습니까?'라고 말하기를 의도했으나 학습자가 동사의 과거 시제를 잘 몰라서 오류가 발생하였다.

(108) きのうはなにを<u>しますか</u>° （ × ）
　　 ←きのうはなにを<u>しましたか</u>° （ ○ ）
　　 (어제는 무엇을 했습니까?)

그러나 이 문장은 다음과 같이 부사어의 수정으로도 바른 문장이 될 수 있다.

(108)' <u>きのう</u>はなにをしますか° （ × ）
　　 ←<u>きょう/あした</u>はなにをしますか° （ ○ ）
　　 (오늘/내일은 무엇을 합니까?)

이 오류는 프랑스어에서 발견되는 'Je rencontre Marie hier'와 같은 문
장에서 볼 수 있는 오류로서 목표어에 관계없이 학습자들이 단어들
사이의 호응 관계에 관련된 오류를 범한다는 것을 보여 주는 예이다.

❽ 어휘 대치 및 첨가

또한 학습이 상당히 진전된 이후에 발생하는 오류로 어휘 대치의
오류가 있다. 여러 단어를 알게 된 학습자가 형태 통사적으로 바른
위치에 바른 어휘를 적용하지 못하는 경우이다. (109)는 'の'와 'ほう'
모두를 알고 있는 학습자가 단어 선택을 잘못한 예이다. '백화점에는
안 가는 것이 좋아요'와 같은 문장을 생성함에 있어서 유사한 의미를
가졌으나 대치할 수 없는 잘못된 단어를 사용하였다. 일반명사 'ほう'
를 사용해야 하는 자리에 형식명사 'の'를 사용한 것이다.

> (109) デパートはいかない<u>の</u>がいい。 (명사 대치 ×)
> ←デパートはいかない<u>ほう</u>がいい。 (○)
> (백화점은 안 가는 게 좋아)

(110)은 'もの'와 'こと'의 정확한 용법을 잘 몰라 일으킨 오류이다. 'も
の'가 구체적인 사물을 지칭하는 데 반해 'こと'는 추상적인 사실을 지칭
하는데 그에 상응하는 한국어 단어의 의미가 비슷하여 잘못 사용하였다.

> (110) すきな<u>もの</u>はゲームとどくしょです。 (×)
> ←すきな<u>こと</u>はゲームとどくしょです。 (○)
> (좋아하는 것은 게임과 독서입니다.)

그리고 다음과 같은 예는 부사에 대한 혼동으로 정도를 나타내는 'とても'를 양적으로 많음을 나타내는 'たくさん'으로 대치한 것이다.

(112)는 첨가 오류로 자신이 기르고 있는 강아지의 나이를 말하기 위하여 '도치는 6살입니다'와 같이 간단하게 표현할 수 있는 것을 '도치의 나이는 6살입니다'와 같이 표현함으로써 발생한 첨가 오류이다. 게다가 '나이'라는 단어로, 조수사로서 독립적으로 쓸 수 없는 'さい'를 사용함으로써 단어의 선택에서도 오류가 발생하였다.

형태・통사적 오류를 살펴보면 오류 원인은 주로 두 가지로 귀결된다. 하나는, 언어의 규칙이 유사하기 때문에 한국어의 규칙을 그대로 일본어에 적용하려는 학습자들의 경향이다. 이러한 오류의 예방을 위해서 교사는 학습자의 오류를 미리 예측하고 오류 가능성이 있는 사항에 대해 좀 더 명확한 설명이 이루어지도록 노력할 필요가 있다. 또 하나는, 한국어에서 찾아볼 수 없는 일본어만의 규칙인 경우, 학습이 제대로 이루어지지 않고 또 학습이 이루어졌더라도 이를 적절히 적용하는 훈련이 부족한 것이 원인이다.

이 같은 오류는 한국어 어휘를 일본어 문장에 대치하여 사용하는 것만으로도 일본어 생성이 가능하리라는 선입견이 일본어 학습의 걸림돌로 작용한다는 사실을 보여 준다. 또 학습이 어느 정도 진전된 이후에라도 알고 있는 것을 적절히 적용할 수 있도록 훈련하는 데는 시간이 필요하다는 사실을 시사한다.

4) 의미적 오류

다음으로는 프랑스어 사용에서와 마찬가지로 의미를 정확하게 이해하지 못함으로 인하여 일본어 사용에서 생성되는 의미론적 오류들로 어떤 것이 있는지 살펴보도록 하자.

■ 어휘 이해와 적용상의 오류

(113) まんがを<u>みる</u>° (×)
　　←まんがを<u>よむ</u>° (○)
　　(만화를 보다.)
(114) しんぶんを<u>みる</u>° (×)
　　←しんぶんを<u>よむ</u>° (○)
　　(신문을 보다.)
(115) せが<u>おおきい</u>° (×)
　　←せが<u>たかい</u>° (○)
　　(키가 크다.)
(116) <u>むずかしい</u>です° (×)
　　←<u>たいへん</u>です° (○)
　　(힘들어요.)

(117) <u>おもしろい</u>です°（×）

　←<u>たのしい</u>です°（○）

　（즐겁습니다.）

(118) あめが<u>くる</u>そうです°（×）

　←あめが<u>ふる</u>そうです°（○）

　（비가 온다고 합니다.）

(113)과 (114)는 '읽다'라고 표현해야 하는 것을 한국어에서처럼 '보다'라는 표현을 사용한 오류이다. 또 (115)는 'おおきい'를 잘못 사용한 경우로 한국어에서는 '키가 크다'라고 표현하지만 일본어에서는 '키가 높다'라고1 표현하는데 한국어를 그대로 번역함으로써 발생한 오류이다. (116)는 'むずかしい'와 'たいへん'의 의미를 잘 구별하지 못하여 발생한 오류이다. 각각 '어렵다'와 '힘들다'의 의미인데 한국어에서는 '힘들다'는 표현을 할 때에도 '어렵다'라는 단어를 쓰는 경우가 있기 때문에 오류가 유발된 것으로 보인다. '어렵다'는 '수학 문제가 어렵다'와 같은 경우에 사용하고 '공부할 것이 많아 힘들다', '숙제가 많아 힘들다'라는 표현을 하고 싶을 때에는 'たいへん'을 사용해야 하는데 학습자들은 이를 잘 구별하지 못한다.

(117) 역시 단어의 의미 구별이 명확하지 않아 발생한 오류이다. '재미있다'와 '즐겁다'가 한국어에서 혼용되고 있고 '즐겁다'라는 단어는 덜 사용되는 경향이 있기 때문에 'たのしい' 대신 'おもしろい'를 사용한 것으로 보인다. (118)은 '비가 온다'라는 표현에서 '온다'를 일본어로 그대로 옮김으로써 오류가 되었다. 일본어에서는 '비가 내린다'라는 표현만이 맞기 때문이다.

② 구문의 이해와 적용상의 오류

지금까지 살펴본 의미론적 오류는 단어 차원에서 발생한 오류이나 다음에서 살펴볼 오류들은 문장을 일본어 표현 방식에 맞지 않게 사용함으로써 발생한 오류이다.

> (119) おふろをする°（ × ）
>   ←おふろにはいる°（ ○ ）
>   (목욕하다.)
> (120) よくみてくださぃ°（ × ）
>   ←よろしくお願いします° /おお目にみてくださぃ°（ ○ ）
>   (잘 부탁드립니다. / 너그럽게 봐 주세요.)

(119)는 한국어의 '목욕하다'를 일본어로 그대로 옮김으로써 발생한 오류이다. 일본어에서는 '목욕하다'라고 표현하지 않고 '목욕탕에 들어가다'라고 해야 하는데 한국어와 같은 방식으로 표현하여 오류가 되었다. (120) 역시 한국어 관용표현이 가지고 있는 의미를 일본어 사용에 그대로 적용하여 오류를 범한 경우이다.[76] '잘 부탁드립니다' 혹은 '너그럽게 봐 주세요'라는 문장을 생성하고자 하였으나 한국어에서와 같이 '잘 좀 봐 주세요'라고 표현하여 오류가 되었다.

이러한 의미론적 오류는 한국어와 일본어에 유사점이 많다 보니 한국어의 의미를 그대로 일본어에 전이시킨 결과 발생하게 된 것으로 보인다. 그런데 이러한 오류는 프랑스어에서도 어휘 수준에서 발견된 바 있다. 학습자들이 목표어에 관계없이 외국어 사용 시 상응하는 한국어 표현의 의미를 그대로 적용하려는 경향을 가지고 있다는

---

76) 일본 대학에 진학하고자 하는 고3 학생이 자기소개서에 쓴 문장이다.

사실을 알 수 있다.

5) 화용적 오류

화용적 오류는 언어적인 지식은 가지고 있지만 실제 발화 상황에 적절하게 사용하지 못함으로 인하여 생기는 오류라고 할 수 있다. 언어적 요소가 학습되었더라도 실제 적용에는 문제가 발생하는 경우가 많은데 이는 일본인의 언어 사용과 관련된 문화적 지식이 부족하기 때문이다.

그러면 화용적 오류에는 어떤 것들이 있는지 알아보도록 하겠다.

■ 호칭

(121)~(123)은 호칭 사용과 관련된 오류이다.[77]

> (121) おかあさんはうちにいます。(×)
> ←ははうちにいます。(○)
> (어머니는 집에 계세요.)
> (122) ちちとははとあねさんと゛ そしてわたしです。(×)
> ←ちちとははとあねØと゛ そしてわたしです。(○)
> (아버지와 어머니, 언니 그리고 저입니다.)
> (123) おじさん゛ トイレはどこですか゜(×)
> ←あのう゛ すみません。トイレはどこですか゜(○)
> (저, 화장실이 어디예요?)

---

77) 최근 일본의 젊은이들에게서는 자신의 가족을 지칭하면서 굳이 겸양의 표현을 쓰지 않는 경향도 발견된다. 그러나 정확한 호칭에 관한 규칙은 현행 교과서가 제시하고 있는 바를 기준으로 한다.

(121)와 (122)는 존칭 표현은 알고 있으나 자신의 가족을 지칭할 때는 존칭을 써서는 안 된다는 사실을 잘 적용하지 못해, 자신의 어머니나 언니를 지칭하면서 존칭을 사용한 오류이다. 특히 (122)는 나의 언니를 나타내는 'あね'에 존칭 'さん'을 붙여 더욱 어색한 문장이 되었다. 단어 자체가 오류가 됨과 동시에 한 문장 내에 자신의 가족을 지칭하는 겸양어와 존경어가 섞여 사용되고 있기 때문이다. 이와 같은 문장 생성은 학습자가 아직 가족 호칭에 숙달되지 않아 사용에 혼란을 느끼고 있기 때문인 것으로 보인다. (123)은 일본 학교 방문 시 관찰된 학습자의 발화로 누군가를 불러 주의를 환기시키고자 할 때, 한국어에서와 같이 '아저씨'라고 부른 오류이다. 'あのう´ すみません'과 같은 표현이 더 정확하고 올바른데 이를 잘 몰라 한국어에서와 같은 방식으로 발화한 것이다. 가족에 관한 호칭을 가족 이외의 사람에게 사용하는 경우가 한국어의 경우보다 많지 않다는 것을 알지 못하고 있음을 알 수 있다.[78] 또한 인사말에서도 언어행동 문화와 관련된 지식이 부족하여 저지르는 오류들이 관찰되었다.

② 인사

인사말은 학습하기 쉬운 것으로 여겨지지만 실제 상황에서 자연스럽고 올바르게 사용하는 것은 쉽지 않다. 예를 들어 (124)와 같이 수업에서 'みなさん´ こんにちは'라고 인사했을 때, 아무런 연습 없이 'せんせい´ こんにちは'와 같이 즉각 응답할 수 있는 학습자는 많지 않다.

---

78) 일본어에서도 가족 이외의 사람을 지칭하면서 'おばさん', 'おじさん', 'おばあさん', 'おじいさん' 등을 사용하는 경우가 있지만 실례가 될 가능성이 높아 면대면 상황에서 호칭으로 사용하는 경우는 한국어에서의 사용에 비해 극히 적다.

(124)
A: みなさん´ こんにちは°
  (여러분, 안녕하세요?)
B: ……………° / みなさん?(×)
  ← せんせい´ こんにちは° (○)
  (선생님, 안녕하세요?)

인사말을 단지 배우기만 했을 경우, 학습자들은 대답을 하지 않고 그냥 웃거나 혹은 배우지 않아서 모르는 단어, 'みなさん'에 대해 관심을 표시하는 경우가 많다.

(125)은 일본어 인사말의 의미를 한국어의 의미에 일대일로 적용한 결과 발생한 오류이다.

(125) おあいできてうれしいです° 79) (×)
  ←こんにちは° (○)
  (만나서 반갑습니다.)

학습자는 이와 같은 발화를 한국어의 '만나서 반갑습니다'나 영어의 'Nice to meet you'와 일치하는 표현이라고 생각하는 경우가 많다. 그러나 실제 이 말은 오랫동안의 기다림 끝에 만날 수 있었던 경우 사용하는 말이다. 만나기를 고대하고 있던 자신의 우상을 만난 경우, 열성팬이 유명배우나 가수를 만난 경우처럼 '매우 영광스럽고 기쁘다'라는 의미를 포함하고 있으므로 일반적으로 사용하지는 않는다.

---

79) 일본어 I 수준에서 제시되는 표현은 아니지만 선행학습이 되어 있는 학습자, 특히 일본 방문 경험이 있는 학습자들이 많이 쓰는 말이므로 오류자료에 포함시켰다.

이러한 문장 생성에 대해서 원어민 교사는 실제 이러한 말을 들은 일본인들은 내색은 하지 않으나 매우 당황하므로 일반적으로 사용하지 않는 것이 좋다고 조언하였다. 이 표현은 일본어 수준이 높은 학습자들만이 제대로 사용할 수 있는 표현으로 실제 사용 맥락에서 오용이 심하다. 이 문장의 오용은 교사들에게서도 빈번하게 관찰되었다. 초기 단계에서 학습하는 일반적인 인사말은 매우 쉽게 여겨지지만 실제 사용되는 인사말의 용례는 매우 다양한데 다른 오류들과 마찬가지로 한국어와의 차이를 인식하지 못하고 한국어에서의 사용을 그대로 적용함으로 인하여 오류가 발생한다.[80]

3 제안과 거절

또 문장 사용의 실제 사용 예를 잘 몰라 거절 표현에 있어서 오류를 일으키는 경우가 있었는데 (126)이 그 예이다.

(126)

A: コーヒーはどうですか°

　　(커피 어때요?)

---

[80] 학습자들의 언어 사용에서 발견된 것 이외에 다음과 같은 인사의 표현들도 언어적 이해만으로는 정확한 의사소통에 실패하게 되는 경우이다.

① また゛あそびにきて ください° (또 놀러오세요.)

이와 같은 표현은 손님이 돌아갈 때 하는 단순한 인사말로서 반드시 또 놀러오라는 의미는 아니다. 그런데 이 말을 들은 외국인이 며칠 후 초대했던 일본인을 다시 방문하여 일본인을 당황하게 만들었던 에피소드가 있을 만큼 이러한 표현은 언어 자체만으로 해석해서는 오해의 소지가 있다.

② いただきます° (잘 먹겠습니다.)

한국에서 이 말은 초대받은 사람이나 대접을 받는 사람이 초대한 사람이나 식사비를 지불하는 사람에게 하는 말인 데 반해 일본어에서는 단순히 '감사한 마음으로 이제 식사를 시작하겠다'의 의미가 강하다. 그런데 식사자리에서 이 말을 들은 한국인들은 자신이 식사비를 지불해야 하는 것이 아닌가 하여 마음이 불편하게 된다. 따라서 언어 자체보다는 언어를 사용하는 방식에 대한 이해가 요구된다.

상대방이 무엇인가를 권했을 때, 한국어에서의 의미를 생각하여 'いいです(좋아요)'라고 대답하였지만 문맥상으로 '괜찮아요, 됐어요'의 의미가 되어 발화의 의도와 반대로 거절이 된 예이다.

그리고 (127)과 같이 상대의 권유에 대한 거절의 뜻으로 부정문을 사용하는 경우가 있는데 이것 또한 상황에 따라 오류가 된다.

이 오류는 고등학교 2학년 중간고사의 문제 중 'パンをどうぞ'라는 제안에 대한 답을 쓰는 항목에서 발견된 것인데 원어민 교사는 이에 대해서 문법적으로 맞고 의미도 이해되지만 부자연스럽고 상황에 따라서는 매우 실례가 되므로 피해야 할 표현이라고 하였다. 이 경우 적절한 응답은 'もう いいです'나 'もう けっこうです'라고 할 수 있다. 또 일본어 능력이 더 우수한 경우라면 'ありがとうございます'라고 한 뒤 'さっきたべたばかりですので'와 같이 설명을 붙이는 것이 더 적절하고 올바른 언어 사용으로 보인다.

　이와 유사한 상황으로 (128)의 경우가 있는데 이것은 제안에 대한 거절로서 응답이 적절치 않은 경우다. A가 무엇을 하자고 제안하는 상황에서 B와 같이 답을 하지 않기 때문에 이러한 표현을 사용하는 것은 오류가 된다.

　'아니요, 됐어요'와 같은 직설적인 거절의 표현이 실례가 된다는 점을 생각하면 '좋긴 한데, 내일은 좀…'과 같은 표현이 올바른 것을 알 수 있다. 거절할 때에도 'いいえ'와 같은 단어를 사용하기보다는 구체적인 날짜를 넣고 '그날은 안 된다'는 것을 나타내는 것이 바람직하다.

　화용적 오류는 언어적 능력과는 관계없이 일본어 사용의 사회문화적 맥락을 모르기 때문에 발생하는 오류이다. 이러한 오류의 특징은

학습자는 물론이고 교사도 오류라는 것을 잘 인식하지 못하는 경우
가 많다는 것이다. 이러한 오류들은 학습자들이 일본어의 화용적 쓰
임을 잘 모르는 상태에서 한국어나 영어와 같이 이미 알고 있는 언어
의 사용 방식으로 문장을 생성하려는 데에서 기인한다.

7. 오류 분석의 결과

지금까지 일본어 학습자의 오류 유형 분석을 통하여 학습자들이
어떤 방식으로 문장을 생성하며 어떤 오류들을 범하게 되는지 알아
보았다.

위에서 제시된 오류를 보면 초급 학습자들의 오류는 상당히 많은
데 이러한 결과가 일본어 학습이 매우 어렵다는 것을 의미하는 것은
아니다. 제시된 오류 예는 관찰된 결과를 가능한 모두 수집한 결과이
므로 오류 빈도보다는 각 오류들이 문장 생성과 의미 전달에 미치는
영향 그리고 교정의 수월성을 기준으로 학습의 어려움을 생각해 보
아야 할 것이다.

1) 원인에 따른 분석

그러면 먼저, 학습자의 오류를 원인별로 분석해 보고 이에 따라 교
수·학습 상황은 어떻게 달라져야 하는지 논의해 보도록 하겠다. 앞
서 언급하였듯이 많은 경우 오류의 원인은 한 가지로만 단정할 수 있
는 것은 아니다. 따라서 여러 가지 원인이 복합적으로 작용한 오류들
은 다음과 같은 기준에 따라 그 원인을 분류하였다.

우선 여러 가지 원인 가운데 오류 발생의 가장 주요한 이유가 된다고 판단되는 원인으로 분류하였다. 예를 들어 장단음, 촉음과 관련된 오류의 경우는, 그 원인이 한국어에 이러한 발음이 없어 발생한다고 보았을 때에는 모국어의 간섭에 의한 오류라고 볼 수 있고 학습이 충분히 이루어지지 않아 일본어 내 규칙을 잘못 적용하여 발생하는 것으로 보았을 때에는 언어 내 전이로, 교사의 설명이 부족한 것에 주로 기인한다고 보았을 때에는 학습 환경에 의한 오류로 볼 수 있다. 그러나 이 오류는 중급 정도의 수준에 이른 학습자도 교정하기 힘든 오류이기 때문에 앞서 논의한 바와 같이 한국어에 이러한 발음 요소가 없는 것이 가장 큰 원인으로 보인다. 특히 초급 학습의 경우 한국어의 간섭에 의한 요인이 좀 더 심각하게 작용한 것으로 보아 모국어 간섭으로 분류하였다.

128개의 오류를 원인별로 분류해 보면 다음과 같다.

① 언어 간 전이: 모국어의 간섭

   (2), (5)〜(6), (10)〜(21), (41)〜(47), (49)〜(51), (53)〜(72), (86), (93)〜(97), (99), (102), (113)〜(123), (125)〜(127): 총 67개

② 언어 내 전이(일본어 능력 부족)

   (1), (3), (4), (7)〜(9), (22)〜(40), (48), (52), (66), (77)〜(85), (88)〜(92), (98), (100)〜(101), (103)〜(112), (124), (128): 총 56개

③ 언어 간 전이: 영어의 간섭

   (73)〜(76): 총 4개

④ 학습 환경

   (87): 총 1개

논의 대상이 된 전체 오류 가운데 모국어 영향에 의한 오류가 가장 많았다. 그 다음으로는 일본어 능력 부족으로 인한 오류가 많았으며 영어의 간섭, 학습 환경에 의한 오류는 매우 적은 편이었다. 이처럼 일본어에서는 모국어로 인한 오류가 절대적으로 많아 모국어가 프랑스어 학습에서보다 일본어 학습에 더 많은 영향을 미친다는 사실을 알 수 있다.[81] 영어의 간섭으로 인한 오류는 일부 외래어에 나타나는 것을 제외하고는 거의 없는 것으로 나타났다.

오류 원인을 모국어의 간섭과 언어 내 전이, 학습 환경 원인, 영어의 간섭으로 나누어 보았을 때 언어별 오류원인은 다음과 같이 분류되었다.

<표 26> 원인에 따른 오류 분류

오류 원인	모국어 간섭	언어 내 전이 (언어능력 오류)	학습 환경	영어의 간섭	합계
오류 건수	66	57	1	4	128
오류 비율	51.6%	44.5%	0.8%	3.1%	100%

오류분석 이론의 한계로 지적된 바와 같이 밝혀진 오류만을 가지고 학습자가 학습한 규칙의 불완전성이나 오류의 심각성을 밝히기는 어렵다. 그러나 상기 분석 결과는 일본어 학습에서 다음과 같은 사항을 의미한다.

첫째, 한국어의 간섭으로 인한 오류가 가장 많은 것으로 보아 모국어가 학습에 긍정적인 영향을 주기도 하지만 한편으로는 학습을 방해하기도 한다는 것이다. 근접성과 유사성 때문에 학습과정에 한국어

---

81) 고등학교 프랑스어 학습자 오류의 경우 모국어 원인에 의한 오류는 전체 오류의 14%에 불과하였다(김미연, 2011 참고).

의 간섭이 많아 무의식적으로 한국어의 규칙을 적용하는 결과를 가져오기 때문이다. 일본어 학습에서 모국어는 언어적·문화적 사실로부터 빌려 올 수 있는 언어 사용 모델이 되므로 차이에 대한 인식이 필요하다.

둘째, 그러나 간섭이 많다고 해서 학습이 더 어려운 것은 아니다. 모국어 간섭에 의한 오류는 '미세한 차이'에 의한 오류이므로 오류가 많음에도 불구하고 문장 생성이나 의미 전달의 목표는 달성되기가 쉽기 때문이다. 또 오류 분석에서 비오류 문장에 대한 논의가 빠져 있기 때문에 모국어의 긍정적인 전이는 발음이나 어휘, 통사구조의 유사성을 통하여 유추할 수 있을 뿐 정확히 그 양이 측정되지 않았다. 간섭이 많다는 것은 그만큼 모국어의 체계가 목표어 학습에 영향을 준다는 것을 의미하고 긍정적인 전이 또한 많을 것이라는 사실을 의미한다.

셋째, 서양언어보다는 용이하다고 여겨지지만 언어 내 전이로 인한 오류도 많은 것으로 보아 일본어가 쉽다는 일반적인 생각과는 달리 목표어 자체의 어려움이 학습의 장애가 된다는 점이다. 앞서 언급하였듯이 일본어는 음성이나 어휘, 어순 면에서 한국어와 유사한 점이 많아 학습이 쉽게 느껴지는 측면이 있다. 한국어가 서양언어보다 일본어의 음성 체계에 가까우므로 발음 오류는 많으나 심각하지 않고 쓰기나 읽기에서의 오류가 의사소통을 방해하는 경우도 상대적으로 적다.

그러나 이러한 점 때문에 정확한 학습이 소홀히 되어 오류가 포함된 중간언어 단계에서 화석화되는 경우가 많고 고급 단계에 이르는 데 문제가 발생하게 된다. 일본어 학습에서 한국인 학습자들이 고급 단계에 이르러서도 여전히 오류가 많이 포함된 문장을 생성하는 반면 영어나 프랑스어 등 서양언어를 모어로 하는 화자들은 거의 오류가 없는 일본어를 구사하는 경우를 보게 되는 것도 이러한 이유 때문이라 하겠다.

모국어와 목표어가 완전히 상이할 때 학습자는 모든 요소를 학습의 대상으로 생각하지만 모국어와 목표어가 유사할 때 학습이 용이한 부분을 소홀히 하여 오류가 고착화되는 경향이 있으므로 초급 단계의 용이성이 목표어 학습의 성공과 반드시 연결되지는 않는다는 사실에 유의해야 한다.

이상의 논의를 종합해 보면, 오류분석 이론이 주장하고 있는 바와 같이 초기 일본어 학습에서는 모국어와 유사한 탓에 모국어의 영향이 매우 크게 나타난다. 모국어나 선행 학습된 외국어의 영향은 일정 학습단계에 이르면 완전히 사라지지는 않지만 점차 줄어들게 된다. 외국어 학습 초기에 발음 및 철자, 어휘 관련 오류[82]에 모국어 혹은 영어의 간섭이 많았지만 학습이 진전됨에 따라 목표어 능력 부족으로 인한 형태 통사적 오류, 화용적 오류 예가 많아진다는 사실이 이를 잘 보여 준다.

결국 학습 시간과 비례하여 한국어의 영향이 줄어든다고 할 수 있는데 특히 일본어의 경우는 특성상 학습이 진행됨에 따라 한국어에 없는 한자 어휘와 표현법이 많은 비중을 차지하게 되어 유사성으로 인한 목표어 학습의 용이성이 점차 줄어든다. 일본어 학습에서 모국어의 영향을 프랑스어와 비교하여 도식화하면 다음과 같다.

---

82) 언어학습 초기에는 발음과 철자, 어휘 학습이 많은 부분을 차지한다.

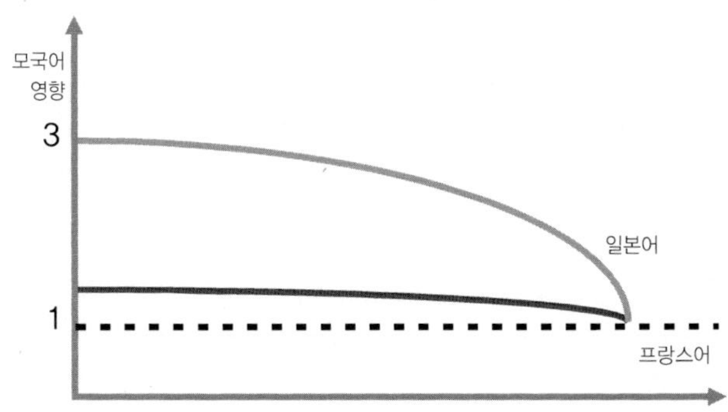

*일본어와 프랑스어 오류의 모국어 간섭 원인은 각각 52%와 14%이므로 초기 일본어 학습에서 모국어 간섭은 프랑스어의 약 3배가 된다.

그러므로 학습 초기에는 일본어가 쉽게 느껴지지만 일정 단계에 이르게 되면 서양언어만큼은 아니라고 하더라도 목표어의 성격에 따른 어려움이 커진다고 할 수 있다. 한자의 쓰기와 읽기가 어려운 때문인데 이것은 성인 일본어 모어화자들에게도 읽을 수 없는 한자가 존재하여 완벽한 언어 사용이 어려운 것과 같은 이유에서이다.[83] 고급 수준의 학습 단계에 이르면 일본어 자체의 특성이 어려움이 원인이 되기 때문에 모국어의 간섭과 전이는 대부분 사라진다고 생각된다. 그러나 고등학교에서의 언어의 학습은 초급 단계에 있으므로 이미 알고 있는 언어의 전이 및 간섭이 학습에 매우 큰 영향을 미친다는 사실은 고등학교 교수·학습 과정에서 반드시 염두에 두어야 할 사항이다.

---

83) 최충희(2008)는 2007학년도 중등 일본어 교사 동계연수에서 "한국 대학생들(한국 외국어 대학교)들을 대상으로 조사한 결과 일본어를 가장 어려운 외국어로 인식하고 있다"고 밝힌 바 있다.

2) 결과에 따른 분석

제시한 일본어 오류 예 128건을 오류 결과에 따라 분류하면 다음과
같다.

<표 27> 결과에 따른 오류 분류

오류 유형	발음 오류	철자, 어휘 오류	형태 통사적 오류	의미적 오류	화용적 오류	합계
오류 건수	16	60	34	8	10	128
오류 비율	12.5%	46.9%	26.6%	6.2%	7.8%	100%

오류를 분석하는 과정에서 초보 단계의 한국 학습자들에게 다음과
같은 특징이 있음을 알 수 있었다.

첫째, 발음 및 철자상의 오류, 어휘, 문법 수준의 오류 즉 형태에 관
련된 오류가 의미에 관련된 오류보다 많다.

둘째, 학습이 진전됨에 따라 발음 및 철자상의 오류는 점차 교정이
되지만 완전히 교정되지는 않고 부적절한 어휘 사용이나 문법적인
실수는 여전히 많다.

셋째, 알고 있는 어휘와 문법 요소를 활용해 정확한 문장을 만들었
으나 문법적으로만 정확하고, 이해가 가능한 의미 있는 문장을 생산
해 내지 못하는 경우가 있다. 이러한 현상은 하나의 문장일 때보다
문장과 문장이 연결될 때 더 심하고 또 실제 대화를 가정한 텍스트를
만들 때 더 두드러지게 나타난다.

넷째, 목표어로 바로 생각하지 않고 한국어로 먼저 쓰거나 생각하
고 목표어로 옮기려는 경향이 있다. 이로 인해서 의사소통을 위한 문

장 생성이 '번역'과 '작문' 작업이 되고 만다.

전체 오류를 형태·통사적 구조에 관련된 부분적 오류와 의사소통을 방해하는 전체적 오류로 나누어 보았을 때 구조에 관한 오류가 더 많았다는 것은 학습자들의 학습이 의미보다는 구조에 머물러 있으며 형태에 관한 학습이 완전히 이루어지지 않아 여전히 학습이 더 필요하다는 사실을 의미한다. 그러나 구조와 관련된 부분적 오류가 교정이 비교적 용이한 데 반해 사회 언어학적·사회문화적 맥락을 잘 모름으로 인하여 발생하는 의미의 이해나 전달에 관련된 오류는 전체적 오류의 성격을 띠게 되며 교정이 어려운데 이와 관련하여서는 문화 교육의 필요성이 대두된다. 학습자들은 목표어와 목표어 문화라는 의미 범주 안에서 이해하고 생산하여야 하지만 불가피하게 최초 언어와 문화로 구조화된 고유의 경험과 선입견으로 이해하고 생산할 수밖에 없기 때문이다(Besse, 1982:17 참조).

일본어의 오류의 특징은 발음상의 오류가 상대적으로 적고 철자 및 어휘 오류가 오류의 가장 많은 부분을 차지하며 형태·통사적 오류 역시 많다는 것이다. 앞서 언급한 대로 일본어 학습에서 발음은 큰 문제가 되지 않으나 문자의 어려움으로 인한 철자 및 어휘상의 오류가 많고 어순을 제외한 단어의 활용에서는 형태·통사적 오류도 많음을 알 수 있다. 따라서 초급 일본어 학습에서는 어휘 학습과 연결되는 문자의 습득이 매우 중요한 문제가 된다고 할 수 있으며 명사, 형용사, 동사의 활용과 관련한 형태·통사적 문제도 학습 성공의 관건이 된다고 할 수 있다.

서양언어의 경우, 발음의 습득이 어려울 뿐만 아니라 기본적인 발음과 어휘 학습만으로는 의미가 있는 문장 생성 수준으로 나가기가 어려운데 일본어의 경우 오류가 많음에도 불구하고 기본적인 발음과 어휘 습득 이후에는 간단한 문장이라 하더라도 바로 의미 전달이 가능한 문장을 생성하기가 용이하다. 학습자들에게서 화용적 오류(11건, 9%)가 낮은 비율로나마 관찰되었다는 사실은 실제 일본어 학습자들이 언어 사용 기회를 가진다는 것을 의미한다.[84]

학습자들의 오류 결과를 볼 때 학습자들에게 더 강화해야 할 언어적 학습 요소는 다음과 같다.

<표 28> 더 강화해야 할 학습 요소[85]

언어재료	발음	철자 및 어휘	문장 구조	의사소통 기능	문화
필요성		○	○		△

표에 의하면 일본어 학습자에게는 어휘와 문법에 대한 학습이 더 필요하다.[86] 고등학교의 학습은 발음, 철자, 어휘, 문법과 같은 언어적 요소들을 중심으로 이루어져야 하며 의사소통 기능의 숙달에 가장 많은 시간을 할애할 수는 없다는 사실을 알 수 있다. 고등학교 학습자들은 목표어에 대해서 거의 모르는 상태에 있기 때문에 듣고 쉽게 의미를 알 수 있지만 쓰기는 정확하게 하지 못하는 외래어를 제외한 대부분의 경우, 듣기에서 잘못 듣는 내용은 말하기나 쓰기에서도 오류를 범하는 경향을 보였다. 또 거의 정확하게 듣거나 말할 수 있

84) 실제 상황과 유사한 상황에서 발화할 기회가 거의 없거나 적은 경우 화용적 오류는 많이 발견되지 않는다. 이는 영어와 같은 서양언어의 사용을 주로 수업에서 관찰할 수밖에 없는 반면 일본어 사용은 일본 수행 여행단의 학교방문이나 한국 학습자들의 일본 방문 등에서 발견할 수 있다는 사실과 무관하지 않다.

85) 더 강화해야 할 학습 요소는 ○로 표시하고, 분석 결과에서 주요 학습 요소로 나타나지는 않았으나 언어학습에 동반되는 필수 요소로서 학습자들의 학습 동기와 흥미를 불러일으킨다는 점에서 학습이 필요하다고 생각되어 문화에 △로 표시하였다.

86) 같은 조사에서 프랑스어의 경우는 발음과 문장 구조가 가장 시급히 강화해야 할 학습요소로 나타났다.

는 문장도 쓰기에서 어려움을 느끼는 경우가 많아 배워서 알고 있는 내용에 한해서는 언어 네 기능 중 쓰기에서 가장 어려움을 느끼는 것으로 나타났다. 그런데 학습자들에게는 듣기와 말하기가 상대적으로 용이해 보이므로 제한된 시간 내에 언어 네 기능을 고루 함양하려는 무리한 시도보다는 학습자들이 습득하기 용이한 기능을 주로 함양하려는 노력이 이루어져야 할 것으로 보인다.

8. 종합

일반적으로 오류에 관한 연구는 학습자의 언어체계에 대한 관심으로 개인과 개인 사이에 이루어지는 의사소통을 중심으로 이루어지게 되므로 담화나 상호 작용, 화용적 관점, 의미의 타협과 같은 문제에 초점을 두게 된다. 그런데 오류 분석 과정에서 살펴본 결과, 교실 상황에서의 상호 작용은 개인과 개인 간에 일어나기보다는 학습자와 주된 학습재료인 교과서와 같은 텍스트 사이에서 일어나는 상호 작용이며 또 수집된 학습자 언어는 말하기보다는 주로 읽기나 쓰기를 통하여 구현된 것이다. 따라서 학습자들의 언어 사용은 대화자 간에 이루어지는 의미의 타협이 아니라 '이해 활동' 혹은 '읽기나 쓰기 연습'이라고 보는 것이 옳을 것이다. 학습자들의 언어 수준이 낮고 교실 내에서 학습자들 간에 유의미한 상호 작용이 이루어지지 않으며 사회 내에서도 언어 사용 기회가 많지 않기 때문에 이들의 언어를 의사소통의 관점에 바라보기는 매우 힘든 측면이 있다. 실제 의사소통이 이루어지지 않기 때문에 화용적 오류는 적게 관찰되었다. 현재 학습자들은 기초적 수준의 언어 능력을 습득하는 단계에서 맥락이 거의 없는 의사소통 능력을 함양하고자 노력하고 있는 것으로 보인다. 의사소통 상황과 맥락이 있을 때 학습자들은 능동적으로 의미를 협상하고 대화 상대자와의 상호 작용이나 상황이 주는 단서를 이용하여 의사소통 능력을 기를 수 있지만 현실은 그렇지 못하기 때문이다(Cummins, 2000 참조).[87]

학습자들의 언어수행 능력은 일부 예외적인 경우[88]를 제외한다면 거의 제로 상태라고 보아도 무방하다. 학습자들의 언어는 상호 작용을 통해 구현되지 않으므로 엄밀히 말해 오류를 포함하였으나 나름대로의 규칙을 가지는 중간언어로 지칭하기에도 무리가 있다. 의미가 있는 문장과 텍스트를 구성하는 데 실패하는 것은 언어능력의 한계도 있지만 한편으로는 목표어를 구사하는 원어민과 문장을 구성하고 대화하는 데 있어서 방식의 차이 즉 정신구조(mentalité)[89]의 다름에 기인하는 것으로 보인다. 학습자들이 단일 언어와 단일 문화 환경 속에서 성장하여 다른 언어로 문장을 구성하는 습관이 형성되어 있지 않기 때문이다(Takagaki, 2000:85 참조).[90] 한국 학습자들은 한국어의

---

87) 맥락이 있는 집단은 의사소통에 있어서 참여자들이 능동적으로 의미를 협상하며 상호 작용과 상황을 통해 단서를 얻을 수 있는 것에 반해 맥락이 없는 집단은 언어적 단서와 언어 그 자체의 지식에 의존한다(http://www.iteachilearn.com/cummins/ converacademlangdisti.html 참조).

88) 프랑스 거주 경험이 있는 프랑스어 학습자나 일본어 JLPT 1급이나 2급을 취득한 학습자가 이에 속할 것이다. 2장에서 나타난 바와 같이 본 연구의 오류 분석 대상자 가운데는 프랑스 거주 경험이 있는 학습자는 한 명도 없었으며 일본어의 경우 JLPT 2급을 취득한 학습자가 소수 있었다.

89) 한 예로 앞서 언급한 바 있는 각 언어 화자들의 글쓰기 즉 문장 생성 방식을 들 수 있다. 문장 생성에 나타나는 논리적 연결구조가 서로 다른 특성을 가진다는 것은 각각의 담화 역시 서로 다른 구조를 가졌다는 것을 의미한다. 또 인사, 요구, 사과 등의 표현방식과 그 밖에 언어 사용에 동반되는 비언어적 요소들은 언어마다 서로 매우 다를 수 있는데 이는 각 개인이 가지고 있는 인지적·정의적 특성이 다른 것처럼 각 사회 구성원들에게 약속된 언어 사용 방식 및 이해 범위 또한 서로 다르다는 것을 의미한다. 정신구조란 각 언어 화자들이 공유한 논리구조, 사고나 담화의 방식, 비언어적 요소, 이 모든 것을 의미한다고 할 수 있다.

90) Takagaki 역시 일본 프랑스어 학습자들에 관한 연구에서 학습자들이 근본적으로 단일 언어 및 단일 문화 환경에서 성장하여 프랑스어 작문이 어렵고 번역에 의존하려는 경향이 있기 때문에 학습자들이 전혀 프랑스어 같지 않은 텍스트를 만들어 낸다고 주장한다.

텍스트 구성 논리에 의존하며 이를 모델로 텍스트를 구성하고 대화하려고 하는데 이는 특히 서양언어를 통한 의사소통을 어렵게 하지만 일본어에서도 언어와 사고체계, 문화의 차이에 기인하는 어려움이 있는 것이 사실이며 이 어려움을 극복하는 데는 많은 시간과 노력이 필요할 것으로 생각된다.

언어 네 기능의 고른 배양이나 의사소통 기능의 숙달과 같은 종합적인 능력만을 요구하는 것은 현 상황의 학습자들에게는 과도한 부담이며 불가능한 일이다.[91] 언어 및 사고 체계의 상이함으로 인하여 목표어 습득이 어려운데 교육목표를 의사소통 능력 향상에 두다 보니 언어의 기본적인 요소들에 대한 학습이 소홀히 되어 언어적 능력마저도 제대로 갖추지 못하게 되기 때문이다. 따라서 현 시점에서는 학습자들이 습득해야 할 의사소통 능력을 아주 제한적으로 한정할 필요가 있다. 예를 들어 Canale & Swain의 네 가지 의사소통 능력 가운데 언어적 능력 습득을 주요 학습목표로 결정하고 매우 초보적인 수준의 담화능력을 기르도록 해야 할 것이다. 완벽하지는 않다고 하더라도 학습자들의 부분적인 언어능력(듣기, 말하기, 읽기, 쓰기 중 하나 혹은 두 가지 기능)에 주목하고 이를 향상시키려는 노력을 할 필요가 있다. 일본어 학습은 서양언어 학습과정과는 다르고 학습상의 어려움이나 구어로의 진행 속도 또한 다르므로 강조해야 할 언어기능과 언어 요소도 다르게 결정되어야 할 것이다.

---

91) 더구나 위에 제시한 오류의 예들이 대부분의 학습자들이 이러한 문장을 생성하는 수준에 이르렀음을 말해 주는 것은 아니다. 제시된 예는 외국어 학습에 관심이 있고 수업에 적극적으로 참여하는 중, 상위 학습자들이 생성한 문장이다. 경험적으로 보았을 때 절반 이상의 학습자들이 어떠한 문장도 생성할 수 없는 수준에 있는데 이러한 사항을 고려한다면 현재 교육목표가 너무 높게 설정되어 있다는 사실이 더욱 명확해진다.

제 5 장
행위 중심 교수 · 학습 모델

　현재 고등학교 일본어 교수·학습 과정의 문제는 현실을 고려하지 않고 AC의 이념을 대부분을 적용하려는 데 있으므로 제기된 문제들을 해결하기 위해서는 우리의 교육상황과 일본어의 특성을 함께 고려하는 학교 고유의 교수·학습 방안을 정립해야 할 것이다.

　AC가 한국의 외국어 교육에 적용된 지 이미 20년이 되어 가고 있고, 학습자와 교사들을 대상으로 한 설문조사에서 밝혀진 바와 같이 AC의 장점 또한 부정할 수 없으며 '의사소통 능력의 함양'은 학습자 모두가 공감하는 외국어 교육의 대전제이다. 그러므로 교실 수업 적용에 많은 문제점이 있음에도 불구하고 AC를 전적으로 부정하는 것은 불가능하다. 그리고 문제가 많다고 해서 AC 이전의 전통적 방법론이나 구조주의에 입각한 교육과정으로 회귀하는 것도 바람직하지 못하다. 따라서 본 연구에서는 AC의 문제점을 보완하는 패러다임으로서 유럽연합이 제시하고 있는 CECR를 교수이론으로 발전시킨, 최근 외국어 교육이론으로 연구되고 있는 행위 중심 관점에 의해 고등학교 일본어 I 을 위한 새로운 교수·학습 모델을 제시해 보고자 한다.

1. 6단계 참조범주와 공통 능력 수준

CECR는 학습자 수준을 크게 6단계로 구분하고 이를 다시 교수·학습 상황에 따라 여러 가지 하위 수준으로 세분화할 수 있도록 하고 있다. 특히 학습자의 언어능력이 듣기, 말하기, 읽기, 쓰기 면에서 모두 동등하게 발전하는 것이 아니라 각자의 총괄적 언어능력과 언어 사용 전략, 학습 상황에 따라 서로 불균형하게 발전한다는 사실에 주목하고 이 수준을 세분화하고 있다는 면에서 우리나라 고등학교 일본어 학습자들의 학습능력 발달 수준을 가늠하는 데 유용한 도구라고 판단된다.

CECR에 의하면 학습자의 언어수준은 다음과 같이 분류된다.

<표 29> 6단계 참조범주[92]

A 초보 사용자 Utilisateur élémentaire		B 독립 사용자 Utilisateur indépendant		C 숙달된 사용자 Utilisateur expérimenté	
A1 도입단계 Introductif ou découverte	A2 기초단계 Intermédiaire ou de suivre	B1 독립시작단계 Niveau seuil	B2 독립단계 Avancé ou indépendant	C1 자립단계 Autonome	C2 숙련단계 Maîtrise

참조기준은 모두 6단계로 도입단계, 기초 단계, 독립 시작 단계, 독립 단계, 자립화 단계, 숙련 단계로 구별되는데 이것은 전통적으로 초급, 중급, 상급으로 나누던 것에서 각 단계를 다시 상, 하 수준으로 나누어 보다 세분화하는 방식으로 변화시킨 것이다(*CECR*, 2001:25).

우선, 우리나라 학습자에게 맞는 수준을 설정하기 위해 이 가운데

---

92) Un cadre de référence en six niveaux, *CECR*(2001:4).

외국어 학습 도입단계인 A1을 살펴보도록 하겠다. 다음은 공통 능력
수준을 나타내는 표 중 A1 부분만을 제시한 것이다.

〈표 30-1〉 공통 능력 수준: 총괄척도[93]

| 초보 사용자 Utilisateur élémentaire | A1 | – 구체적인 요구를 만족시키는, 매우 간단한 발화 즉 평이하고 일상적인 표현을 이해하고 사용할 수 있다.
– 자기소개 및 타인 소개를 할 수 있으며 소개에 관련된 질문 즉 거주지, 가족, 친구에 관한 질문과 대답을 할 수 있다.
– 대화 상대자가 느리고 명확하게 말하며 대화에 매우 협조적인 경우, 간단하게 의사소통할 수 있다. |

이 표의 내용으로 보아 A1은 새로운 외국어와의 첫 대면 단계로
자신과 자신의 기본적이고 구체적인 요구, 자신의 가족과 친구에 관
한 내용을 소재로 아주 간단한 표현을 사용하여 의사소통할 수 있는
수준을 의미한다.

그러면 A1 수준이 어느 정도의 능력을 요하는 것인지 CECR이 제
시하는 자기 평가표를 통해 자세히 알아보도록 하자.

〈표 30-2〉 공통 능력 수준-자기 평가표[94]

이해 comprendre	듣기 écouter	느리고 분명하게 말하는 경우, 나 자신과 가족, 구체적인 주변 환경에 친숙한 단어와 매우 자주 사용되는 표현을 이해할 수 있다.
	읽기 lire	알림, 광고지, 카탈로그에 사용되는 쉬운 명사와 단어, 매우 단순한 문장을 이해할 수 있다.
말하기 parler	대화 참여 prendre part à une conversation	대화 상대자가 반복해 주고 매우 느리게 문장을 재구성해 주며 내가 말하고자 하는 문장 구성을 도와주는 경우, 매우 간단하게 의사소통할 수 있다. 친숙한 주제나 당장 필요한 사항에 대해 질문하고 대답할 수 있다.

---

93) Tableau 1 – Niveaux communs de compétences – Echelle globale, *CECR*(2001:25).

94) Tableau 2 – Niveaux communs de compétences – Grille pour l'auto – évaluation, *CECR*(2001:26).

말하기 parler	구두로 연속적으로 표현하기 s'exprimer oralement en continu	나의 거주지나 내가 알고 있는 사람들에 대한 간단한 표현과 문장을 구성할 수 있다.
쓰기 écrire	쓰기 écrire	간단한 우편엽서, 예를 들어 휴가에 관한 엽서를 쓸 수 있다. 질문지, 예를 들어 호텔 숙박계에 이름, 국적, 주소 등의 개인 신상을 쓸 수 있다.

　자기 평가표는 이해(듣기, 읽기), 말하기, 쓰기로 나누어져 있는데 이 표에 의하면 A1은 듣기에서는 자신과 관계되는 내용의 단순한 발화를 이해하며 읽기에서는 실생활에서 접하게 되는 알림, 광고지, 카탈로그 등에서 간단한 어휘나 문장을 이해하여 필요한 정보를 얻을 수 있는 언어수준이다. 또 말하기에서는 상대방이 반복해 주고 느리게 말하며 나의 문장 구성을 도와주는 경우, 친숙한 주제와 필요에 대해 질문하고 대답할 수 있으며 거주지 및 나와 관계되는 주변 사람들에 대해 말할 수 있는 정도, 쓰기에는 간단한 엽서나 자신의 신상(이름, 국적, 주소 등)을 쓸 수 있는 정도의 언어수준을 말한다. 이와 같은 내용으로만 본다면 A1은 초급 학습자들이 달성할 수 있는 수준으로 보이지만 구체적 내용을 살펴보면 A1 수준은 어휘와 문법, 의사소통 기능 면에서 학습자들이 도달하기 어려운 수준임을 알 수 있다. 예를 들어 A1은 '네', '아니요', '좋아요'와 같은 단순한 발화도 포함하지만 학습자들이 사용하기 어려운 표현과 사용 가능성이 거의 없는 이민과 관련된 어휘 그리고 정치·경제와 관련된 어휘도 포함하고 있기 때문이다(Beacco et al, 2007:65, 110, 125). 그런데 A1의 하위단계인 A1.1 역시 거주 및 육아, 자녀 교육, 직업과 관련된 내용을 포함하고 있어서 학습자들의 필요나 흥미와 관계가 없고 학습량이 많아

우리나라 학습자들이 도달할 수 없는 수준으로 판단된다(Beacco et al, 2005:130－131).

그러므로 일본어 과목에서 도달할 수 있는 최종 목표 수준은 A1.1 보다 낮은 수준에서 결정되는 것이 합리적인 것으로 판단된다.

2. 유동적 분지모델의 적용

유동적 분지모델이란 앞서 서술한 바와 같이 서로 다른 학습 환경과 서로 다른 언어능력 그리고 서로 다른 요구를 가진 학습자들의 구체적인 상황을 반영하여 각 언어 학습자들의 목표 수준과 교수·학습 내용을 결정할 수 있도록 고안된 것이다. 그렇다면 이 모델을 이용하여 일본어 학습자의 최종 목표는 어떤 수준에서 결정하는 것이 타당한지 생각해 보도록 하겠다.

일본어 학습자는 외국어 학습을 처음 시작한다는 점에서 기초 단계 A1에 있다고 할 수 있으나 앞서 언급한 바대로 A1은 물론 A1.1도 학습목표로 정하기는 어렵다. 그런데 학습자 요구조사와 오류 분석 결과에 의하면 일본어 학습자들이 더 필요로 하는 언어 기능이나 언어 재료들이 있다. 요구가 높다는 것은 그만큼 필요로 할 뿐만 아니라 학습이 어렵다는 것을 의미하며 일정 수준에 도달하기 위해 더 많은 시간이 필요하다는 것을 의미한다.[95] 그러므로 세부 언어학습 항목에 따라서 같은 시간에 도달할 수 있는 수준은 달라진다. 학습이 더 어려운 항목을 A1.1.1이나 A1.1.2 등으로 표시할 수 있는데 지나친

---

95) 예를 들어 언어 재료 중 발음이 대표적인 예가 될 수 있다. 프랑스어 학습자들이 일본어 학습자들의 수준으로 목표어를 발음하는 데는 훨씬 많은 시간이 걸릴 것이다.

세분화는 불필요하다고 생각되므로 수준을 A1.1.1, A1.1.2, A1.2.3, A1.1.4 네 단계로 나누어 생각해 보겠다.

유동적 분지모델에 의해서 다음과 같은 방식으로 A1과 A1.1 수준의 하위 수준을 세분화할 수 있다.

〈유동적 분지모델의 세분화 모형〉

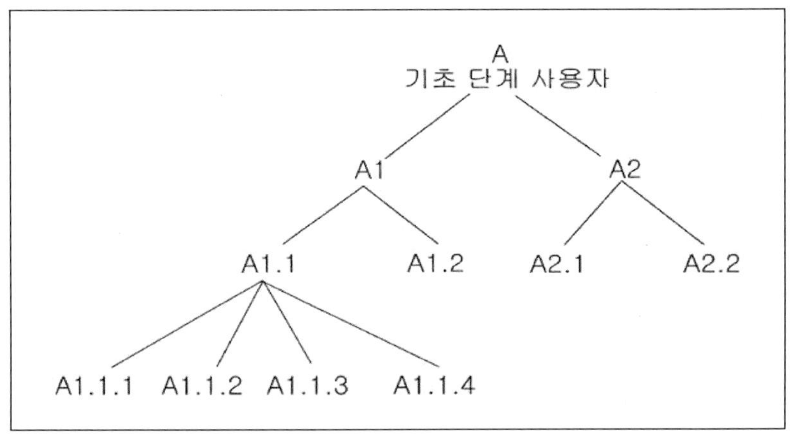

그러면 이제 CECR이 제안하고 있는 자기 평가표를 이용하여 현재 학습자 수준을 알아보기로 하겠다. 학습자는 자기 평가표를 이용하여 자신의 언어 프로필을 만들어 볼 수 있는데 이것은 현재 자신의 언어 수준을 측정하는 도구로 활용될 수 있다. 일본어 학습자들의 구어 의사소통 능력은 다른 외국어에 비해 높은 것으로 판단되지만[96] 구체적인 수준은 밝혀진 바가 없었으므로 이러한 작업이 필요하다. CECR

---

96) 만족도 조사에서 일본어 학습자들의 해당 언어의 사용 기회에 대한 만족도가 비교적 높게 나타났다는 사실과 오류 분석에서 일본어 학습자들의 화용적 오류 예를 상당수 볼 수 있었는데 이는 일본어 학습자들이 언어를 배워 미미하게나마 실제 사용하고 있다는 사실을 의미한다. 구어 활용의 기회가 높다는 것은 그만큼 더 구어를 잘할 수 있다는 의미로 해석할 수 있을 것이다.

의 자기 평가표는 듣기, 읽기, 대화에 참여하기, 구어로 연속해서 말하기, 쓰기 각 항목에 대해 자신의 수준이 A1~C2 가운데 어떤 수준에 해당되는지 직감적으로 표시를 함으로써 완성되는데 이렇게 만들어진 언어 프로필을 통하여 모든 학습자는 자신의 현재의 언어 수준을 총괄적으로 파악할 수 있고 이를 통해 자신이 보완하거나 학습이 더 필요한 부분을 앎으로써 차후 학습 계획에 반영할 수 있다.

자기 평가표를 이용한 수준 측정은 다음과 같은 방식으로 이루어졌다.

첫째, 학습자의 자기 평가 결과를 쉽게 알아보기 위해 Rosen(2007:43, 62)의 자기 평가 그릴을 이용하였다.[97]

둘째, 학습자에게 CECR의 자기 평가표-총괄척도를 제시하고 Rosen의 자기평가 그릴에 표시하게 하였다.[98]

우리나라 학습자들이 B나 C수준은 물론 A1.1에도 도달할 수 없다는 사실이 분명해 보이므로 자기평가 그릴은 앞서 논의한 대로 A1.1.1, A1.1.2, A1.1.3, A1.1.4 네 단계로 제시하고 학습자들에게 일본어 I 학습을 모두 끝냈을 때 표에 나타나 있는 내용-호의적인 상대와의 대화, 엽서쓰기 등-과 관련하여 예상되는 자기수준을 표시하도록 하였다.[99]

---

97) Rosen의 자기 평가 그릴은 CECR이 제시하는 자기 평가표의 답안지와 같은 성격으로 해당 칸에 색칠을 하는 방식으로 이루어지기 때문에 현재 자신의 항목별 수준을 알아보기 쉽다.

98) CECR은 아직 수업 현장에서 실험되지 않았으므로 학습자들의 수준을 알기 위하여 CECR에 입각한 조사방법을 도입해 보았다. 자기 평가표에 의한 언어 수준 측정은 2009년 8월 25일에서 8월 29일 사이, 창동고(일본어 1개 학급 40명)와 용화여고(프랑스어 1개 학급 40명)와 2학년에서 실시하였다. 이 학교는 설문조사 및 오류조사 연구에 참여했던 학교이므로 참여 학습자는 동일하지 않더라도 연구에 어느 정도의 일관성을 보장한다고 생각한다.

99) 설문에 응답할 당시 학습자들의 진도는 외국어 I 과목의 12와 가운데 5와 정도를 마친 상태로 과목에 대한 자신의 적성과 성적이 어느 정도 파악된 상태이므로 최종 학습이 끝났을 때의 자기수준 예측이 가능하다고 생각된다.

셋째, 이 결과를 통계 처리하여 학습자 집단의 항목별 언어수준을 표시하였다.

조사 결과는 다음 표와 같다.

<표 31> 일본어 학습자 언어 프로필

		A1.1.1	A1.1.2	A1.1.3	A1.1.4
	듣기	■	■	■	
	읽기	■	■	■	
대화에 참여하기	호의적인 상대와의 대화	■	■	■	■
	친숙한 주제, 시급한 필요에 대한 질문과 대답	■	■	■	
구어로 연속적으로 표현하기		■	■		
쓰기	엽서쓰기	■	■		
	신상쓰기	■	■	■	

또 비교를 위해 프랑스어 학습자들에게 같은 조사를 한 결과는 다음과 같다.

<표 32> 프랑스어 학습자 언어 프로필

		A1.1.1	A1.1.2	A1.1.3	A1.1.4
	듣기	■	■	■	
	읽기	■	■		
대화에 참여하기	호의적인 상대와의 대화	■	■		
	친숙한 주제, 시급한 필요에 대한 질문과 대답	■			
구어로 연속적으로 표현하기		■			
쓰기	엽서쓰기	■			
	신상쓰기	■	■		

조사 결과를 보면 전 항목에서 일본어 학습자의 자기 평가가 높게

나타난 것을 알 수 있다. 과목 내에서만 본다면 초급 단계에서 일본어 학습자는 상대적으로 쓰기 수준이 낮고 프랑스어 학습자는 말하기 수준이 가장 낮다. 이는 일본어 학습에서는 쓰기가, 프랑스어 학습에서는 말하기가 가장 어렵다는 사실을 말해 주는 결과이다. 조사 결과에 따라 일본어 학습자의 최종 도달 수준을 A1.1.4로 결정할 수 있다.

3. 의사소통 과제

유동적 분지모델 이외에 PA에 입각한 교수·학습 내용 결정을 위해서 도입해야 할 것은 과제의 개념이다. 과제란 언어 사용자가 사적 영역, 공적 영역, 교육 영역, 직업 영역에서 직면하게 되는 일상생활의 한 단면으로 행위자가 해결해야 할 문제나 수행해야 할 의무, 주어진 결과에 도달하기 위해 추구하는 행위적 목표(visée actionnelle)라고 할 수 있다(*CECR*, 2001:121). AC의 과제가 의사소통 능력의 습득에 초점을 둔 교실 안에서의 학습과제라면 PA에서 말하는 과제는 언어 사용자가 사회적 행위에 이르기 위한 여러 유형의 연습을 모두 의미한다. 따라서 PA의 과제는 학습이 이루어지는 시점의 학습자 요구와 경험을 반영하는 사회적 과제로, 학습이 단순히 교실 내 사용으로 그치지 않게 해주며 언화행위와 의사소통 활동을 유기적으로 결합하여 실제 언어 사용을 통하여 행위 목표에 이르도록 한다.

과제의 부여는 학습자로 하여금 '어떻게 학습할 것인가'보다는 '왜 학습하는가'에 대한 생각을 갖게 함으로써 실제 필요를 반영하고 학습에 흥미를 불러일으킨다는 장점이 있다. 그러므로 과제의 개념을 도입하는 것은 학습자의 개별적인 필요나 흥미에 대한 고려 없이 일률적으로 의사소통 기능의 목록을 나열하는 수업방식에서 벗어나 보다 구체적이고 명확한 목표 아래에서 의미 있는 교수·학습 활동을 가능하게 해주며 단순히 의사소통을 위한 의사소통이 아니라 언어가 어디에 쓰이며 왜 필요한지를 명확히 하므로 '말할 필요를 느끼지 못한다'는 학습자들의 진술에서 나타난 현행 교육과정의 문제점을 해결할 수 있는 방안이 될 수 있다. 그렇다면 학습자들에게 어떤 과제를, 어떤 방식으로 부여할 것인가에 대한 논의가 필요해진다. 이를 위하여 Bourguignon(2008:8)의 제안을 참고해 보도록 하겠다. Bourguignon은 교재나 교수·학습 프로그램을 구성하기 위해 임무(mission) 수행을 동반하는 과제로서 학습－행위 시나리오(scénario apprentissage－action)를 제안하고 있다. 학습－행위 시나리오는 다중언어주의를 촉진하기 위하여 어떤 언어에도 적용할 수 있는 교수방법을 모색하고자 한 것으로 무엇보다 학습에 의미를 부여할 필요에 따라 개발된 것이다. 이 시나리오에 따르면 학습자는 과제에 노출됨으로써 왜 학습할 필요가 있는지 이해하게 된다. 또한 학습자의 능력을 단순히 언어적 능력에 한정하는 것이 아니라 행위를 가능하게 하는 지식과 능력, 조치의 총체로 규정하고 행위자의 행위 의도와 행위 결과 사이의 간극을 좁히고자 한 것으로 학습과 과제의 실행(사회적 행위)이 동시에 이루어진다는 의미가 있다.

Bourguignon은 학습자들에게 부여하는 임무의 예로 '네가 ～때문에 공부한다면/ 네가 ～의 학생이라면/네가 ～에 뽑혔다면'과 같은 상황을 제시하고 임무 수행을 위해 학습자들이 스스로 학습할 내용(과제)을 알아가도록 하는 것이 학습－행위 시나리오라고 하였다. 학습－행위 시나리오는 서로 연관된 의사소통 과제(tâche communicative)－하위

과제(micro−tâche)[100]를 기반으로 하며 이 과제들을 모두 수행했을 때 최종적인 학습목표−상위과제 혹은 대과제(macro−tâche)에 도달하게 된다.[101] 이때 임무는 학습자들의 요구를 바탕으로 결정되어야 하며 과제는 사회적 상황 속에서의 행위로 실천된다.

학습−행위 시나리오의 틀은 다음과 같다.

1) 임무 부여
2) 조건 제시
3) 임무 수행을 위해 무엇을 듣거나 읽고 누구와 대화해야 하는지 고려
4) 임무 수행을 위한 최종 학습내용 결정

학습−행위 시나리오에서는 임무와 과제의 성격에 따라 학습의 난이도나 학습량, 학습내용이 달라질 수 있다. 따라서 이 시나리오는 개별 학습자의 특성과 상황을 고려하는 CECR의 유연성 있는 태도가 반영된 것으로 이에 입각한 교수·학습 프로그램은 과목별 학습자의 필요와 요구를 반영하여 수준에 맞은 학습목표와 학습내용을 결정할 수 있도록 해 준다는 것을 알 수 있다.

---

100) 과제의 단계나 하위과제의 수는 과제마다 달라질 수 있다. 하위과제는 과제−행위(tâche−action)이라 부를 수도 있는데 이러한 행위는 반드시 언어적 행위만을 의미하는 것은 아니다. 때에 따라 언어만으로 이루어질 수도 있고 혹은 행위만으로 이루어질 수도 있으며 두 가지가 복합적으로 작용할 수도 있다.

101) 목표 달성을 위한 과제들은 여러 층위로 구성될 수 있다.

4. 교수·학습 목표

　다음으로는 (<표 30-1> 공통 능력수준)을 바탕으로 하여 일본어 학습자들이 최종적으로 도달할 수 있는 언어수준은 어떤 수준인지 구체적으로 결정해 보도록 하겠다. 수준 결정을 위해서는 *Niveau A1.1 pour le français*(Beacco, 2005:32-33)를 참조하였다. 이것은 A1.1 수준에 관해 상세히 설명하고 있는 일종의 해설서로서 우리나라 학습자들에게 적합한 교수·학습 내용 선정을 위한 지침의 역할을 할 수 있다.

　이 해설서에 따르면 A1 초보 학습자의 언어능력은 다음과 같이 요약된다.

(1) 구체적인 요구를 만족시키는, 매우 간단한 발화 즉 평이하고 일상적인 표현을 이해하고 사용할 수 있다.

(2) 자기소개 및 타인 소개를 할 수 있으며 소개에 관련된 질문 즉 거주지, 가족, 친구에 관한 질문과 대답을 할 수 있다.

(3) 상대방이 매우 느리고 분명하게 말해 주며 대화에 협조적인 경우, 간단한 방식으로 의사소통할 수 있다.

　이 사항들로부터 우리나라 외국어 학습자들의 언어능력 수준을 구체화시켜 보도록 한다.

　앞서 일본어 최종 목표 수준은 A1.1.4로 결정하였다. 최종목표 수준은 Niveau A1.1 pour le français 기준을 일본어에 맞게 조정한 것이다.

(1) 일본어에서 '구체적인 요구를 만족시키는, 매우 단순한 발화 즉

평이하고 일상적인 표현을 이해하고 사용할 수 있다'는 다음과 같이
구체화하도록 하겠다.
　　→ 서비스와 관련된 의사소통 행위와 같은, 제한된 의사소통을 할
　　　　수 있다.
　　→ 이해(comprendre)뿐만이 아니라 사용(utiliser)에도 초점을 둔다.
　　→ 발화는 쉬운 어휘를 사용하는 짧은 문장 단위의 발화를 의미한다.

　(2) '자기소개 및 타인 소개를 할 수 있으며 소개에 관련된 질문 즉
거주지, 가족, 친구에 관한 질문과 대답을 할 수 있다'는 다음과 같이
구체화한다.
　　→ 자기소개란 단지 자기 자신이 누구인지 말하는 신원 확인을 의
　　　　미하는 것이 아니라 짧은 몇 개의 문장을 연결하여 격식을 갖추
　　　　어 자신을 소개하는 것을 의미한다.
　　→ 타인 소개에서 타인이란 가족의 구성원뿐만 아니라 친구와 선
　　　　생님 등 가까운 주변사람을 의미한다.

　(3) '상대방이 매우 느리고 분명하게 말해 주며 대화에 협조적인 경
우, 간단한 방식으로 의사소통할 수 있다'는 '상대방이 분명하게 말해
주는 경우 간단한 방식으로 의사소통할 수 있다'로 결정하도록 하겠
다. 일본어 의사소통은 상대적으로 쉽기 때문이다.

　그러면 다음으로는 이와 같은 논의를 바탕으로 일본어의 교수요목
을 결정해 보겠다.

5. 교수·학습 내용

　일본어에서는 서양언어 학습에서보다 의사소통 기능을 강화하는 교육을 할 수 있다. 일본어 역시 목표어 외적 학습 상황이긴 하나 언어와 문화의 유사성 및 근접성으로 인해 의사소통이라는 언어 사용 목표를 달성하기 쉽기 때문이다. 일본어 교육에 관한 연구들을 살펴보면 대체적으로 의사소통 중심 수업에 찬성하고 이를 효과적으로 실천하기 위한 방안들을 모색하고 있어서 영어나 프랑스어, 독일어 교육에 관련된 연구들이 의사소통을 중심으로 하는 수업이 어렵고 제한점이 많다는 결론을 내리고 있는 것과는 대조적이라고 할 수 있다. 그러나 언어요소의 습득에서 사용으로 이행하기까지 일정한 학습시간을 필요로 하는 것은 마찬가지이기 때문에 현재 주어진 학습시간을 고려하여 발음, 어휘, 문법, 의사소통 기능 항목에 대하여 적정한 학습량을 결정하는 것이 중요하다. 언어 네 기능을 고루 발달시키는 것 또한 현실적으로 어렵다. 따라서 언어 재료의 학습 비중은 어휘 > 문법 > 의사소통 기능 > 발음 > 문화 순으로, 의사소통 활동의 비중은 읽기 > 말하기 > 듣기 > 쓰기와 같은 순으로 결정하는 것이 적절하다고 생각한다.

　기본적인 언어요소 가운데 어휘를 가장 강조하고 다음으로 문법을 중요시하는 것이 좋겠다. 그리고 어휘와 문법 능력을 기반으로 간단한 의사소통 기능을 익히는 것이 바람직하다. 구어 의사소통 능력 함양은 궁극적으로 달성해야 할 목표이지 현 고등학교 상황에서 당장 실현할 수 있는 것이 아니기 때문이다. 발음은 비교적 습득하기 용이한 요소이므로 큰 비중을 둘 필요는 없다고 생각된다. 현재 수업시수는 언어적 요소를 습득하는 데도 충분하지 않으므로 문화를 우선순위에 두기는 어렵다.

의사소통 활동 가운데에서 읽기를 통한 의사소통을 우선적인 목표로 설정하고 읽기를 통한 언어내용의 입력을 바탕으로 말하기를 할 수 있도록 하는 것이 좋을 것으로 생각된다. MAO나 MAV에서는 어린 아이가 모국어를 습득하는 순서대로 듣기를 통해 정보를 입력하고 다음으로 말하기가 가능하다고 주장하며 AC에 기반을 둔 현행 교육과정도 이를 따르고 있지만 실제 수업에서 듣기를 통하여 모국어와 같은 양의 언어 정보를 입력하는 것은 가능하지 않기 때문이다. 듣기는 일본인의 발음과 억양의 모델이 되어 줄 수 있으나 정확한 내용을 모르는 상태에서 듣기만을 해서는 학습이 진전되지 않는다. 이런 상황에서 읽기는 어린 아이와 인지적 수준 및 학습 환경이 다른 학습자들에게 정보 입력의 역할을 할 수 있다.

일본어 학습에서 초보적인 구어의 실현은 상대적으로 어렵지 않고 또 초보적인 수준에서라도 구어표현을 실현하였을 때 학습자들의 성취감과 학습에 대한 흥미가 높아지므로 의사소통 활동에서는 읽기 다음으로 말하기를 강조하는 것이 바람직하다. 학습 시작 단계에서는 문자가 어렵고 또 한자를 포함한 경우 단어나 문장이 더욱 어렵게 생각되어 읽거나 쓰는 것이 힘들지만 발음은 비교적 쉬워서 들은 문장을 음성화하여 발화하는 것이 용이하다. 문단이나 대화 상황 전체를 원어민이 말하는 속도로 들려 주었을 때 학습자들은 알고 있는 어휘나 구조에 의지하여 대체적인 의미를 알아내기도 하는데 한국어와 유사한 발음을 가진 단어[102]들이 있는 경우 이해가 더 용이해진다. 인사말 'こんにちは', 'はじめまして', 자기소개 '○○○です'와 같은 경우 역시 학습자들에게는 읽기나 쓰기보다 듣고 말하기가 더 쉬운데 난이도가 더 높은 'あねは１９さいで大学生です'와 같은 문장에서도 이러한 경향은 마찬가지로 나타났다. 실제 수업에서도 학습내용을 충실히 숙지한 학습자들은 짧은 문장의 발화는 쉽게 하는 편이었다. 학습자들이 어렵다고 느끼는 쓰기는 가장 낮은 비율로 학습하는 것이 좋을 것으로 생각된다. 초기 학습 단계에서 어려운 활동에 많은 비중을 두는 것은 학습자의 학습의욕을 저하시킬 우려가 있기 때문이다.

1) 교수 · 학습 과제

논의를 바탕으로 우리나라 일본어 학습자들에게 적용할 수 있는 학습－행위 시나리오를 생각해 보도록 하자. 이때 가장 먼저 고려해야 할 것은 학습자들에게 부여할 임무이다.

학습자들의 의사소통 요구는 주로 영화나 드라마, 애니메이션을 이해할 수 있는 수준, 길에서 우연히 일본인을 만났을 때나 일본 학생들과 학교 간 교류를 하게 되었을 때 한두 시간 정도 단순한 방식으로 대화할 수 있는 수준, 일본인 학생들의 홈스테이 프로그램에 참여할 수 있는 수준 혹은 여행이나 유학을 가게 되었을 때 일본어를 사용할 수 있는 수준으로 요약된다. 이 가운데 어떤 것이 흥미를 유발함과 동시에 학습자들의 필요와 인지수준에 맞은 학습내용을 제공하게 될 것인가를 생각해 본다면 학습자들에게 부여할 임무로는 '만

---

102) 예를 들어, 'せんせい', 'がっこう', 'がくせい'와 같은 것이 그 예이다.

일 네가 한 달간 일본에 가게 된다면'이 가장 적절하다고 생각된다.[103] 따라서 최종 목표 수준에 도달하기 위해 수행해야 할 임무로 현재 고등학교 2학년 학습자가 여름방학을 맞아 약 한 달간 일본으로 어학연수를 가는 상황을 부여하기로 한다. 이것이 교수·학습의 대과제이다. 실제로 일본어의 경우는 고등학생들이 여름방학이나 겨울방학을 이용하여 단기 어학연수를 하는 사례가 있어서 이러한 유형의 과제가 보다 현실적인 과제로 느껴질 수 있다. 또 현지로 어학연수를 가는 상황을 가정을 하는 것이 한국을 배경으로 하는 과제의 실천보다 학습자들에게도 더 흥미롭게 느껴질 수 있다.

대과제인 임무를 수행하기 위해서는 하위 임무들을 수행할 필요가 있는데 이것이 하위 의사소통 과제가 된다. 결정된 의사소통 과제에 따라 의사소통 기능, 어휘, 문법, 발음, 문화내용을 결정할 수 있으므

〈교수·학습 과제 결정 순서〉

대과제 부여 – 임무: 도쿄 어학연수

중간과제 결정 – 임무 수행에 필요한 대과제의 하위과제 (의사소통 과제)

⇓

---

103) 이에 관해서는 이견이 있을 수 있다. 일본 현지에서 일본어를 사용하고 행동해야 하는 상황을 설정한다면 학습내용이 매우 어려워질 가능성이 있기 때문이다. 그러나 설문조사가 진행되는 가운데 이 요구들 중에서 학습자들이 가장 흥미를 느끼는 임무는 '일본에 가게 되었을 때'라는 것을 알 수 있었다. 임무는 학습자의 요구에 따라 결정되어야 하므로 이를 따르기로 한다.

최하위 과제 결정
- 중간과제를 실현하기 위해 필요한 과제
(듣기, 말하기, 읽기, 쓰기 및 의사소통 기능, 발음, 어휘, 문법, 문화)

로 하위 의사소통 과제는 위계적 측면에서 대과제의 하위과제이지만 어휘, 문법, 발음, 문화내용의 상위과제이므로 '중간과제'라고도 부를 수 있을 것이다. 중간과제의 하위과제는 위계 단계에서 제일 아래에 위치하게 되므로 편의상 최하위 과제로 부르기로 한다. 따라서 교수·학습 내용은 다음과 같은 도식으로 처리된다.

의사소통 과제 즉 언어를 통하여 하고자 하는 것, 수행하고자 하는 것을 결정한 뒤 이에 따라 학습해야 할 기능, 어휘와 문법이 결정되므로 의사소통 과제는 어떤 교육내용보다 먼저 고려되어야 할 사항이다.

의사소통 과제를 결정하는 데 있어서는 다음과 같은 사항에 유의해야 한다.

첫째, 교실 안의 의사소통은 모의 의사소통(simulation)이며 유사 의사소통(pseudo-communication)인데 실제 상황을 가정한 이러한 과제의 실천은 언젠가는 그 일이 실제로 벌어질 것이며 나의 일로 현실화될 것임을 전제로 하고 있다. 외국어 학습자들이 언젠가 실제 상황에서 해당 언어를 사용하게 될 것이라는 기대를 전혀 하지 않고 단지 지금 교과서를 학습하는 것이 전부라고 생각한다면 외국어 학습은 전혀 흥미롭지 않을 것이다. 따라서 학습자들이 실제 언어를 사용할 수 있는 여러 가지 경우(여행, 연수, 이민, 취업) 중 하나를 학습자들의 요구를 참고하여 선택하였다. 실제로는 여행을 하게 되는 경우가 가장 많다고 생각되나 여행을 상황으로 설정할 경우, 성인을 대상으로 하는 교재와 차별성이 없고 이민이나 취업은 현실성이 매우 떨어진다고 생각하여 고등학생들에게 가장 적합하다고 생각되는 연수상황으로 결정하였다.

둘째, 일본어 교육내용은 실제 언어 사용 국면에서 가장 필요한 것들로 이루어지는 것이 타당하므로 이 상황에서 학습자에게 필요한 의사소통 과제를 개정 교육과정과 CECR이 제시하는 목록을 참고하여 선별하였다.

그러면 대과제로 부여된 임무를 수행하기 위해 실천해야 하는 하위과제들에는 어떤 것들이 있을지 생각해 보기로 하자. 학교 간 교류나 수학여행, 기타 동아리 활동 또는 어학연수로 일본을 방문했던 학습자들의 활동을 참고하여 대과제로부터 다음과 같은 사항을 추출할 수 있다. 하위과제는 일본에서의 학습자 동선을 중심으로 결정한다.

1) 대과제: (국제교류 과제로) 한 달간 일본으로 어학연수를 간다면…
2) 하위과제: 공항에서 숙소 이동, 가족 소개→학교방문→국제 교류회→학교 수업→에도 도쿄 국립 박물관 관람→황거, 긴자 관광→오다이바 관광→신주쿠와 하라주쿠 관광→아키하바라에서 전자기기 사기→환송회 준비, 음식 만들기→환송회

다음으로는 과제 실행에서의 조건을 제시한다. 조건은 한국에서 단체로 출발한 학습자들이 공항에서 홈스테이 가정의 일본인의 마중을 받아 각자 한국어를 못하는 일본인 가정에서 생활해야 한다는 점이다. 그렇다면 이러한 과제를 수행하기 위해서는 무엇을 해야 할까 생각해 보도록 하겠다.

3) 조건: 일본어만을 사용하며 한 달간 일본인 가정에서 지내야 한다.

4) 중간 과제(의사소통 과제)

① 교통수단을 이용할 수 있다.

② 숙소와 학교를 찾아갈 수 있다.

③ 인사와 자기소개를 할 수 있다.

④ 숙소나 학교에서의 기본적인 생활 규칙(화장실 사용, 식사시간 등),
   시간표를 이해할 수 있다.

⑤ 학교등록에 필요한 서류를 작성할 수 있다－이름, 주소, 국적,
   나이, 직업 말하기와 쓰기.

⑥ 식당을 찾아 식사를 할 수 있다.

⑦ 우체국과 은행을 이용할 수 있다.

⑧ 필요한 물건을 살 수 있다.

⑨ 지하철 노선도와 도쿄 지도를 볼 수 있다.

⑩ 표지판, 간판 등을 이해할 수 있다.

⑪ 여가 시간을 활용할 수 있다.

5) 최하위 과제

중간 과제의 10가지 세부항목들로부터 학습자들이 학습해야 할 의
사소통 기능과 기타 행위를 수행하는 데 필요한 언어적 행위요소[104]
들을 추출해 볼 수 있다. 추출된 요소들이 바로 학습자들이 학습해야

---

104) 의사소통 기능은 언화행위(acte de parole)로서 어떤 상황에서 발화자 A와 발화 상대자 B를 상정하
   고 있다. 그러나 의사소통 과제를 수행하기 위해서 때로는 언화행위가 아닌 일방향의 의사소통이
   필요할 때가 있다. 표지판을 읽거나 정해진 양식을 읽는 행위가 이에 속할 것이다. 따라서 이에
   필요한 언어학습 요소를 언어행위 요소라고 부르기로 한다.

할 최하위 과제들인데 그 내용은 다음과 같다.

① 교통수단 이용하기

버스, 전철, 지하철－국철과 사철, 기차, 신칸센, 택시, 노선도, 요금 지불 방식 알기

지하철, 버스, 기차 타기: 표 사기, 지하철 노선도 보기, 지하철 타기, 지하철 내 표지판 이해, 버스 정류장 찾기, 기차 역 찾기, 기차 시각표 보기, 플랫폼 확인 등

② 숙소와 학교를 찾아가기: 지도 보기, 길 찾기, 길 묻기, 주소 읽기

③ 인사와 자기소개 하기: 인사하기, 이름, 나이, 국적, 거주지 말하기, 교류회나 환송회에서 짧은 소감 말하기

④ 가족, 친구, 선생님, 행사와 관련된 사람에 대해 간단히 말하기

⑤ 숙소나 학교의 생활 규칙 알기: 숙소 생활(화장실 사용, 식사 시간), 학교 시간표 알기, 시간 알기

⑥ 학교 등록 서류 쓰기: 서식에 이름, 주소, 국적, 나이, 직업 쓰기

⑦ 시내 식당이나 학교 구내식당에서 식사하기: 간판의 이해, 식당 찾기, 메뉴 보기, 주문하기, 음식에 관한 간단한 대화하기

⑧ 우체국과 은행 이용하기: 이메일이나 엽서 쓰고 보내기, 돈 찾기

⑨ (편의점, 슈퍼마켓, 아키하바라 등에서) 물건 사기: 광고 전단지 보기, 가격 묻기, 가격표 보기

⑩ 지하철 노선도와 도쿄 지도 보기: 주요 역 알기, 주요 명소 위치 알기

⑪ 표지판, 간판 이해하기: 위 과제들의 수행하는 데 필요한 표지 이해하기

⑫ 여가 시간 보내기: TV 보기, 영화관 가기, 약속 정하기, 관광 및 여행

2) 의사소통 기능과 언어행위 요소

제시한 12가지 하위과제와 관련된 의사소통 기능에 학습자들의 요구에 나타난 감사, 사과 그리고 어떤 의사소통 상황에서라도 기본적으로 필요하다고 생각되는 확인과 부인(예, 아니오), 동의와 반대, 감사, 좋고 싫음을 표현하는 기호, 선물, 안내, 제안을 포함하여 학습자들이 배워야 할 의사소통 기능을 결정할 수 있다.

《의사소통 기능》

1) 인사
- 만날 때: おはよう(ございます) こんにちは こんばんは
  おひさしぶり(です)
- 헤어질 때: じゃあね じゃ゛また また゛あした さような
  ら では゛ししつれいします おやすみ (なさい)。
- 방문 시: すみません しつれいします おじゃまします ご
  めんください ようこそ いらっしゃい いらっしゃいませ
- 외출과 귀가 시: いってきます゛いってらっしゃい゛ただい
  ま゛おかえりなさい゛
- 식사 시: いただきます ごちそうさま(でした)
- 축하 시: おめでとう(ございます)。

2) 안부
(お)げんき(ですか)
おかげさまで (げんきです)。

3) 소개(이름, 신분, 가족, 국적, 거주지)
おなまえは
おさだです
Kこうこうの2ねんせいです どうぞよろしくおねがいします
こちらはソラさんです かんこくじんです ソウルにすんでい
ます
お父さんです かいしゃいんです

4) 나이
しつれいですが おいくつですか
18さいです

5) 취미
おんがくがすきです やきゅうがすきです よくえいが
をみにいきます

6) 기호
からいたべものをよくたべます。　ねこはあまりすきではありま
せん。
オンドルがすきです。おんせんがだいすきです。
ロックはあまりすきではありません。

7) 말 걸기
あのう゜゜゜すみません。
ちょっといいですか。

8) 감사와 응대
ありがとうございます。　どうも。
いろいろおせわになりました。
いいえ゛どういたしまして。

9) 사과
どうもすみません。
ごめん（なさい）。

10) 칭찬
かんこくごがじょうずですね。
よくできました。

11) 격려, 위로
だいじょうぶですか。
それはたいへんですね。
がんばってください。
ごくろうさまでした。

12) 확인과 부인
はい゛そうです。　ええ゜　うん。
いいえ゛そんなことありません。
いいえ゛まだまだです。
いいえ゛ちがいます。

13) 동의, 승낙
はい゛どうぞ゜
いいです゜

14) 거절, 반대
いいえ゛けっこうです゜　もういいです゜
それはちょっと゜゜゜　ありがとうございます゛でも゜゜゜

15) 유감
それはざんねんです゜

16) 날짜와 요일
きょうはなんがつなんにちですか゜
くがつはつかです゜
なんようびですか゜
もくようびです゜

17) 시간
いま゛なんじですか゜
10じ25ふんです゜
なんじにはじまりますか゜
2じにはじまります゜
やくそくはなんじですか゜

18) 날씨
あしたのてんきはどうですか゜
はれです゜　くもりです゜　あめです゜
なつはいつもあついです゜　あめもよくふります゜
なつやすみはみじかいです゜　ふゆはとてもさむいです゜

19) 주문
なにICしますか゜
スパゲッティにします゜　ていしょくにします゜
おゆください゜
これでいいですか゜

20) 가격
これはいくらですか。　25´000円です。
かんこくはめがねがやすいです。　たべものがやすくておいしい
です。

21) 길 묻기
がっこうはどこですか。
まっすぐいくとがっこうがあります。
がっこうのまえにはなやさんがあります。
えきをでるとすぐです。

22) 교통수단 말하기
これがちかてつですか。　でんしゃです。
でんしゃにのって新宿駅でおります。
みちがこんでいるからバスはのらないほうがいいです。

23) 몸 상태 말하기
おなかがいたいです。　きぶんがわるいです。
ねつがあります。　ちょっとつかれました。
おなかがすきました。

24) 선물하기
これはプレゼントです。　かんこくのおみやげです。

25) 계획
あしたはデパートへ行くでしょう。
にちようび　えいがをみにいきます。
がっこうにいこうとおもっています。

26) 허가와 금지
ハングルでかいてもいいです。
ちょっとおくれてもだいじょうぶですか。
おおきいこえではなしてはいけません。
えんぴつでかいてはいけません。

27) 의견
どう(ですか)
どうおもいますか
いいとおもいます。
このシャツはいかがですか。

28) 이유
どうしたんですか。
みちがこんでいるので。

29) 정보교환
わしつってなんですか。 ゆかたってなんですか。
にほんのがっこうはどうですか。
べんきょうはたいへんですか。
うちへかえってからなにをしますか。
しゅうがくりょこうはいつもかんこくですか。
にほんじんもみんなアパートにすんでいますか。

30) 상황 설명
がくせいがいっぱいいるんです。
えいがをとっているかもしれません。

31) 소감 말하기
にほんでの1しゅうかんはたのしかったです。
とてもあつくてたいへんでしたが おいしいにほんりょうりをた
べたり にほんじんのともだちにあったり とてもたのしかった
です。
にほんじんはみんなしんせつでした。
いろいろおせわになってありがとうございました。

<<언어행위 요소>>

1) <u>주소 읽기</u>
2) <u>(주요 역을 중심으로) 도쿄 지하철 노선도 읽기</u>
3) <u>간단한 표지판, 약자의 이해</u>
4) <u>간판의 이해</u>: 식당, 빵집, 식료품 가게, 슈퍼마켓, 백화점, 쇼핑몰, 서점 찾기
5) <u>도쿄 지도 보기</u>: 시내 주요 장소 및 자신의 거주지, 학교 위치 찾기
6) <u>기차 타기</u>
   −기차 시각표 보기
   −티켓 사기, 티켓 내용 이해하기
   −플랫폼 찾기
7) <u>전화하기</u>: 전화거는 법 알기(공중전화, 핸드폰) 한국 → 도쿄, 도쿄 → 한국
8) 정해진 양식에 이름, 주소, 국적, 직업, 날짜 쓰기
9) 간단한 메모 쓰기: 약속시간, 장소, 주소와 관련된 메모
10) 이메일 쓰기: 자신의 근황(주거지, 학교, 친구)을 담은 간단한 이메일
11) <u>게시판의 알림 읽기</u>: 시간표, 교실 변경 등의 알림
12) <u>TV 보기</u>: 편성표에서 채널 찾기와 프로그램 찾기
13) <u>광고 전단지 읽기</u>: 상품명, 가게 위치, 가격 알아보기

7차 교육과정이나 개정교육과정이 제시하는 목록과 다른 점[105]은 다음과 같다.

첫째, 대화를 통한 의사소통이나 정보의 교환뿐만이 아니라 도쿄 시내에서 발견할 수 있는 여러 가지 지표들(표지판, 간판, 안내문, 광고 등)을 이해하고 상황에 맞게 대처할 수 있도록 하는 데에 초점을 두어 이러한 사항들을 언어적 학습 요소로 다루고자 하였다. 예를 들어 현재 지하철 이용과 관련된 언어적 학습내용은 의사소통 기능 중심으로 제시되며 표를 사는 상황에서의 대화문으로 이루어져 있는데 학습자들이 실제 일본에 간 상황을 가정하면 표를 사기에 앞서 지하철역을 찾을 수 있어야 하기 때문이다. 또 지하철역에 들어가고 나가고 갈아타기 위해서는 입구, 출구, 갈아타기 등의 표지도 읽을 수 있어야 한다. 따라서 이러한 표지의 이해는 학습과제의 수행에 반드시 필요한 요소가 되므로 포함시키는 것이 타당할 것이다.

둘째, 지하철 노선도, 도쿄지도, 기차 시각표, 기차표, 광고 전단지, TV 편성표와 같은 실재자료의 '읽기'를 주요 언어적 학습 요소로 다루고자 하였다. 현행 교과서에서 이와 같은 요소들은 주로 문화내용으로 다루어지거나 대화문의 보조자료로 다루어지는 측면이 있는데 실제로 도쿄에서 생활하거나 여행을 하기 위해서는 이러한 자료에 대한 이해가 필수적이므로 이러한 자료의 읽기도 주요 학습 요소에 포함시키고자 하였다. 예를 들어 여행을 하기 위해서 기차표를 구입하였지만 기차표의 내용을 이해하지 못한다거나 플랫폼을 찾지 못한

---

105) 위 목록에 밑줄로 표시.

다면 기차를 타는 것이 어려울 수 있다. 따라서 이와 같은 자료들은 주요 학습내용으로 다루어질 필요가 있다.

셋째, 학교 등록이나 호텔 숙박에 필요한 서식 '쓰기'를 추가하였다. 간단하더라도 이름, 주소, 국적, 직업, 날짜를 써야 하는 일도 빈번하므로 이와 같은 사항을 의사소통 과제로 추가하였다.

넷째, (식당에서) 주문하기는 식사하기(식당 찾기와 주문하기)로, 전화상의 대화는 전화하기로 바꾸었는데 이는 대화 자체보다는 주어진 당면 과제를 해결하는 데 초점을 두고자 하는 의도에서였다. 실제로 식당에서 식사를 하기 위해서는 우선 적당한 식당을 찾을 수 있어야 하는데 한국인 학습자들이 도쿄 시내에서 고급 레스토랑과 대중음식점, 커피숍을 구별하기란 어렵다. 따라서 식당을 찾는 것 역시 하나의 과제가 될 수 있다. 전화하기도 마찬가지인데 전화상의 대화에 앞서 공중전화를 찾고 전화를 거는 방법부터 알아야 하기 때문이다.

언어적 행위요소 가운데 게시판의 알림, TV 편성표, 광고 전단지 읽기와 같은 과제는 대부분 초보 학습자들이 이해에 어려움을 겪을 수 있는 어휘와 문법 내용을 포함하고 있는 활동이다. 따라서 이 과제는 내용의 세부적이고 정확한 이해보다는 어휘 수준에서 필요한 정보만을 파악하는 활동으로 그 범위를 한정한다.

일본어 학습자들은 다른 언어 학습자들과 마찬가지로 학습량이 너무 많아 부담스럽다고 한다. 그리고 많은 수의 학습자들이 정해진 시간에 읽기와 말하기 등을 연습한다고 생각해 보면 현재 제시되는 교과서의 학습량은 매우 많다. 그러므로 학습시간을 고려하여 교과서에 제시하는 의사소통 기능의 양을 줄일 필요가 있다. 따라서 학습자들 수준에서 꼭 사용하지 않아도 되는 표현과 어려운 표현은 제외할 수 있다고 보는데 그 예로는 다음과 같은 것들이 있다.

첫째, 교과서가 정중체를 기본으로 하고 있어 학습자들이 이미 예의를 갖춘 말을 배우고 있으므로 존경어와 겸양어에서는 관용 표현이나 사용빈도가 매우 높다고 생각되는 경우[106]만을 제시하고 난이도가 높아 사용이 어려운 표현을 제외할 수 있다.

예를 들어 다음과 같은 존경의 표현이 있다.

1) いつ日本にお帰りになりますか°(언제 일본으로 돌아가십니까?)

이런 의사소통 기능을 수행하고자 할 때 학습자들이 이미 알고 있는 다음과 같은 표현을 사용하면 된다.

1)' いつ日本に帰りますか°(언제 일본에 돌아가십니까?)

쉽게 대치할 수 있는 말이 있는데 일본어 I 수준에서 굳이 어려운 표현을 배울 필요는 없을 것이다. 1)의 경우는 학습자들이 사용할 기회도 별로 없으므로 더욱 그렇다. 따라서 'お-になる'를 제외하고 같은 맥락에서 'お-する'도 제외할 수 있다.

둘째, 완료된 행동의 표현, 조언, 불필요, 전언, 추측의 경우도 초급 단계에서 반드시 학습해야 할 필요가 없으므로 제외할 수 있다. 예를

---

106) 예를 들어 존경을 나타내는 접두사 'お'와 'ご'를 비롯하여 인사말에 제시한 'おひさしぶり', 'いらっしゃい', 'ごちそうさまでした', 'おじゃまします', 'おかげさまで', 'どうぞよろしくおねがいします', 'いかがですか' 등이 이에 속한다.

들어 완료된 행동의 표현인 경우 교과서[107])에 다음과 같은 문장이 제
시되어 있다.

2) 今 始まったところです° (지금 막 시작한 참입니다.)

그런데 이와 같은 표현은 좀 더 간단하게 다음과 같이 표현할 수 있다.

2)' もう始まりました° (벌써 시작했습니다.)

물론 이렇게 표현했을 때 시작한지 얼마 안 되었다는 원래 문장의
느낌은 사라지게 되지만 전달하고자 하는 주요 내용, 이미 시작했다
는 사실은 충분히 전달된다.
추측의 경우도 마찬가지이다.

3) 雨が降りそうです° (비가 올 것 같아요.)

'そうです' 앞에 ます형의 어간을 사용해야 하는 이 표현의 경우,
학습자들의 오류가 빈번하여 매우 어렵다고 생각되므로 다음과 같은
표현으로 대치할 수 있다.

3)' 雨が降ると思います° (비가 올 것이라고 생각합니다.)

---

107) 「일본어Ⅰ」, 대한교과서, p.116.

이렇게 표현하는 경우, 실제 하늘이 흐린 것을 보고 비가 올 것임을 추측하는 것과 달리 다른 근거-예를 들어 일기예보나 타인의 말과 같은 정보-에 의해서 자신의 생각을 나타내는 것으로 받아들여질 수도 있으나 말하고자 하는 바를 전달하게 된다는 면에서 결과는 같다. 그러므로 대치하여 사용하여도 무방할 것이다. 또 이런 표현을 하는 경우 일본인들이 직설적인 표현을 피하기 위해 즐겨 사용하는 '-と 思う(-라고 생각하다)'를 연습하는 효과도 있다.

셋째, 일상생활에서 사용빈도가 높지 않은 표현도 제외할 수 있는데 다음과 같은 것이 그 예이다.

이와 같은 것은 일정한 문형을 가르치기 위해서 실제 대화 상황에서는 사용빈도가 높지 않은 문장을 제시한 예로 보이는데, '-なければなりません'은 강한 의무를 나타내는 것으로 심리적 부담을 주는 표현[108]으로 전문적 지식을 가진 사람들이 전문적 지식에 의거하여 상대에게 조언을 할 때 사용하는 것이 타당하다고 생각되므로 학습자들에게 당장 필요한 표현은 아니라고 할 수 있다. 다음 문장들도

---

108) 의무와 금지를 나타내는 '-なければなりません'은 교과서에서도 빈번히 발견되는데 다음과 같은 것이 그 예이다(「일본어 I」, 진명출판사, p.182).
  -しんせつなひとでなければなりません。(친절한 사람이 아니면 안 됩니다.)
  -こどもが好きじゃなくではいけません。(어린이를 좋아하지 않으면 안 됩니다.)
  -約束を守らなくてはいけません。(약속을 지키지 않으면 안 됩니다.)
  -タバコを吸ってはいけません。(담배를 피우면 안 됩니다.)
  이 가운데 'しんせつなひとでなければなりません'과 'こどもが好きじゃなくではいけません'은 의미적으로도 매우 부자연스럽게 느껴지므로 반드시 학습해야 할 필요는 없다고 생각된다. 오히려 의무를 나타내는 보통체 '-なきゃ', '-なくちゃ'의 경우가 일상생활에서 사용빈도가 더 높다고 생각된다.

쉬운 표현으로 할 수 있는 예들이다.

1) いってまいります° (다녀오겠습니다.) → {いってきます° (다녀오겠습니다.)}
2) もうしわけありません° (드릴 말씀이 없습니다.) → {すみません° (죄송합니다.)}
3) 試験がおわったばかりです° (시험이 막 끝났습니다.) → {試験がおわりました° (시험이 끝났습니다.)}
4) 日本語は話せますが 中国語は話せません° (일본어는 말할 수 있습니다만 중국어는 말할 수 없습니다.) → {日本語はできますが 中国語はできません° (일본어는 할 수 있습니다만 중국어는 못합니다.)}
5) 写真をとっていただけませんが° (사진 찍어 주실 수 없으시겠습니까? → {写真 おねがいできますか° (사진 부탁해도 될까요?)}
6) ご自由にとってください° (자유롭게 드세요.) → {どうぞ (드세요.)}
7) お持ちしましょうか° (들어 드릴까요?) → {わたしが持ちます° (제가 들겠습니다.)}
8) 窓を開けてもかまいませんが° (창문을 열어도 괜찮으시겠습니까?) → {窓を開けてもいいですが° (창문을 열어도 될까요?)}
9) 話はかわりますが° (얘기가 바뀝니다만,) → {ところで (그런데)}

이와 같은 방식으로 의사소통 기능을 선정한 결과, 일본어 I 에서 총 31개의 의사소통 기능이 결정되었다. 여기에는 축하, 방문 시 인사, 선물, 이유 말하기, 소감 말하기에 관련된 기능들이 들어 있다.

일본어에서 방문 시 인사는 관용적인 표현들로서 사용빈도가 매우 높고 축하하기는 현행 교과서에서 인사말과 함께 1과에서 다루는 것으로 일본어에서는 인사말의 범주에서 함께 학습이 가능하므로 독립된 의사소통 기능으로 다루지 않았다.

한편, 학습자들이 정중체 위주로 학습한 결과 일상생활에서 많이 사용되는 보통체를 잘 모르고 이에 따라 자주 접하는 애니메이션과

만화, 광고 등의 이해는 물론 동사 기본형의 보통체 사용과 일본어 I 의 후반부에 제시되는 보통체 '－だ'의 개념 이해 및 사용에 어려움이 발생하는 것이 관찰되었다. 따라서 의사소통 기능은 정중체와 함께 보통체를 다루는 방식으로 교수·학습할 필요가 있다.

그러면 다음으로는 이와 같이 결정된 의사소통 과제를 바탕으로 학습할 어휘에 대해 생각해 보도록 하겠다.

3) 어휘

의사소통을 중심으로 하는 외국어 교육에서 어휘 학습은 문장의 읽기 맥락을 통해 간접적인 방법으로 이루어졌기 때문에 매우 소홀히 된 측면이 있다. 그러나 외국어 학습 초기에는 학습자의 발화가 문장보다는 어휘 수준에서 이루어지며 주어진 문장의 이해 역시 어휘 해석에 의존하는 경우가 많다. 어휘는 의미의 기본 단위이기 때문에 어휘 학습은 말이나 글을 통한 의사소통의 첫걸음이 되므로 어휘 학습은 우연한 학습이 아니라 의도적인 학습이 될 필요가 있다.

초보단계에 있는 학습자들은, 어떤 의사소통의 의도를 가지고 발화하고자 할 때 특정 단어가 떠오르지 않아 자신의 의도에 맞는 문장을 구성하지 못하는 경우가 많다. 때로는 문법적인 문장을 구성하였더라도 상황에 맞고 전달하고자 하는 의미를 담은 단어를 사용하지 못하여 의사소통에 실패하기도 한다. 그런데 어떤 경우에는 문장 전체를 구성하지 못하더라도 전달하고자 하는 의미를 담은 어휘를 말함으로써 의사소통 목적을 달성하기에 이른다. 그렇다면 고등학교 수준에서 어떤 어휘를 얼마나 학습해야 하는가?

이를 결정하기 위해 먼저 어휘 선정을 위한 기준에 대해 생각해 보
도록 하겠다.

1) 어휘 선정 기준

첫째, 어휘 선정에서 가장 먼저 고려해야 할 사항은 일상생활에서
의 사용빈도, 즉 유용성이다. *Le français fondamental*(Gougenheim, 1958)을
비롯하여 *Un niveau seuil*(CREDIF, 1976) 및 최근 발표된 CECR 해설서
(*Niveau A1.1 pour le français*, 2005)의 어휘목록 모두 일상생활에서의 사
용빈도, 즉 유용성을 바탕으로 하고 있음을 볼 때 사용빈도는 어휘선
정의 가장 중요한 기준이 될 수 있다. 따라서 어휘 선정은 앞서 결정
한 의사소통 과제 수행 과정에서 빈번하게 사용될 어휘를 중심으로
이루어져야 한다.

둘째, 어휘 선정에는 학습자의 요구가 반영되어야 한다. 일상생활에
서의 사용빈도만으로 어휘를 선정하였을 경우, 고등학교 학습자라는 특
정 집단의 요구와 필요가 소홀히 되어 학습의 흥미를 감소시킬 수 있다.
학습자들의 목표어에 대한 지식과 정보는 제한적이므로 학습자들 스스
로가 어휘에 대한 자신들의 요구를 밝히기는 힘들다. 그러나 본 연구에
서 어휘는 학습자들의 관심과 흥미를 반영하여 결정된 과제로부터 추
출할 것이므로 결국 학습자의 요구가 반영된 것이라 할 수 있다.

셋째, 어휘 선정에는 학습자 수준에 따른 학습의 용이성이 고려되어
야 한다. 용이성은 학습자의 인지수준으로 학습이 가능한지와 관련되
므로 학습 가능성이란 말로도 표현할 수 있다. 단, 지나치게 쉬운 어휘
만을 선정하였을 경우, 학습의 흥미가 감소되므로 주의해야 할 것이다.

2) 어휘 수

  고등학교 수준에서 몇 개의 어휘를 학습해야 하는가 하는 문제는 결정하기가 매우 어렵다. 연구자들 가운데 상당수가 어휘 수 제한에 반대하고 있는데[109] 그 이유는 어휘 수가 제한된 상황에서는 의사소통 능력 향상이라는 교육목표를 달성할 수 없다는 교육적 입장[110]과 교과서 내용 구성에 어려움이 있다는 교과서 제작상의 기술적 문제가 주를 이룬다. 그런데 실제 수업을 담당하는 교사들의 경우 현재 교과서에 제시되는 어휘도 많다고 생각하는 경우가 대부분이다. 언어 재료 중 일본어 학습자들이 가장 힘들고 어렵다고 생각하는 요소가 바로 어휘이다. 어휘 학습이 절대적으로 어렵다기보다는 학습해야 할 어휘의 양은 많은데 실제로 어휘 학습에 많은 시간을 할애하지 않아 이를 정확히 알지 못하기 때문이다. 학습자 설문조사를 보면 일본어 학습자는 일본어 I과 Ⅱ를 통틀어 500~1,000개(평균 750개) 정도의

---

109) 교육과정별 학습 어휘 수는 계속 감소되는 추세를 보이고 있다. 실제 많은 어휘를 학습하는 것이 불가능하다는 것을 경험을 통해 알았기 때문으로 보인다(고등학교 교육과정 12, 교육과학기술부, 2008 참조).

〈표 33〉 교육과정별 어휘 수 변화

3차	4차	5차	6차	7차	7차 개정
3,000 (+200)	2,200	1,800	I과목: 600 Ⅱ과목: 800	I과목: 500 (Ⅱ과목 포함: 900)	I과목: 500 (Ⅱ과목 포함: 900)

*단위: 개
*6차, 7차, 개정교육과정은 정해진 어휘 수의 ±10%를 재량어휘로 허용한다.

110) 어휘 제한이 의사소통을 중시하는 현행 교육과정의 이념과 상충하는 면이 있는 것은 사실이다. 어휘가 제한됨으로 인하여 실제 일본인이 사용하는 표현을 도입하는 데 어려움이 따르고 또 이 때문에 교과서에 사용되는 표현은 원어민의 발화방식을 일부 혹은 상당 부분을 수정한 부자연스러운 표현이 된다. 또 감탄사 등을 포함한 다양한 구어 표현도 어렵고 실재자료를 도입하기도 힘들다. 이러한 문제는 읽기를 중심으로 한 교육내용 구성에서도 드러날 수 있다. 의사소통 기능을 중심으로 한 대화문뿐만이 아니라 읽기 자료로 제시될 수 있는 기타 여러 형태의 글, 예를 들어, 짧은 광고, 알림, 노래, 인터넷 기사 등도 실재자료로서 원어민의 문장 생성 방식이 구현된 것이기 때문에 난이도에 상관없이 많은 어휘를 학습해야 하는 부담이 생긴다.

어휘가 적당하다고 답하여 제시되는 어휘 수에 많은 부담을 가지고 있는 것으로 나타났다. 교사들도 상당수가 교과서에 제시되는 어휘가 너무 많다고 답을 했다. 일본어의 경우, 해당 단어가 한자로 표기되는 경우도 있으므로 학습 부담이 더욱 커지는 것으로 보인다.

그렇다면 일본어 I 에서 제시해야 할 적정 어휘 수는 몇 개일까? CECR의 A1.1 수준에 비해 현재 학습자들이 학습해야 할 어휘 수가 많은 것이 분명하므로 산술적으로는 현재 시간당 4~5개인 학습 어휘 수를 시간당 4개 이하가 되도록 어휘 수를 줄이는 것이 바람직해 보인다. 그러나 어휘 수준의 의사소통을 강조하는 입장에서 무조건 어휘 수를 축소하는 것도 바람직하지 못하므로 다음과 같은 방식으로 학습 어휘를 결정하였다.

먼저, 앞서 결정한 의사소통 기능과 관련된 어휘들을 선정하였다. 이 과정에서는 주로 개정 교육과정의 어휘목록을 참고하였다. 교육과정이 제시하는 어휘목록은 교사와 학습자들의 요구조사 및 교육과정의 시행을 통해 그 필요성이 인정된 것이므로 참고할 수 있다. 그리고 2007년과 2008년 사이에 일본 국제 교류 행사에 참가했던 학습자들의 교류일지와 2008년 여름방학 동안 오사카에서 어학연수를 한 학습자의 일기도 참고하였다.[111]

이와 같이 한 결과 다음과 같이 어휘가 결정되었다.

---

111) 학습자들의 실제 사용 어휘를 알기 위하여 2007년 8월, 서울 수락고 鹿兒島 甲南高校 방문단 개인별 교류일기와 2008년 8월 서울 창동고 雨の森 방문단 교류일기, 2008년 7~8월의 창동고 2학년 학습자 어학연수 일기를 참고하였다. 일본어 I 은 히라가나와 가타카나로 학습하는 것을 전제로 해야 한다. 한자는 어휘의 의미 이해에 도움이 되나 학습 초기 가나 학습에는 방해가 되는 측면이 있기 때문이다. 그러므로 제7차 교육과정이 제시하고 있는 733자의 한자 가운데 JLPT 4~5급 정도의 수준에 해당하는 한자를, 학습량을 고려하여 100~200자 정도 매우 제한적인 범위 내에서 도입하는 것이 바람직해 보인다.

《일본어 I 학습 어휘》

1) 문법어
- 인칭 대명사: (1인칭) わたし´ ぼく
　　　　　　　(2인칭) あなた´ おまえ
　　　　　　　(3인칭) かれ´ かのじょ
　　　　　　　(부정칭) だれ
- 지시대명사: (사물) これ´ それ´ あれ´ どれ
　　　　　　　(장소) ここ´ そこ´ あそこ´ どこ
　　　　　　　(방향) こちら´ そちら´ あちら´ どちら
- 지시형용사: この´ その´ あの´ どの
　　　　　　　こんな´ そんな´ あんな´ どんな
- 의문 대명사: なん(なに)
- 조사: は´ が´ を´ の´ に´ へ´ と´ も´ だけ´ で´ から´ ま
で´ か´ ね´ よ
- 서술형 어미: だ (です/だった/でした/でしょう/ではない/では
ありません/ではありませんでした)´ ます (ました/ません/
ませんでした/ましょう)

2) 내용어
- 사람과 사물: ひと´ みんな´ こと´ もの
- 존재: いる´ ある
- 행위: あう´ あける´ いう´ いく´ うける´ おくる´ かう´ かか
る´ かえる´ かく´ かける´ くれる´ する´ たべる´ のむ´
つく´ でる´ とる´ なる´ 鳴る´ みる´ もらう´ よぶ´ よ
む´ はじまる´ おわる
- 상태, 품질:
　い형용사―あかるい´ あたたかい´ うらやましい´ おおい´
　おそい´ かわいい´ きたない´ くらい´ くろい´ しろい´ ―
　たい´ つめたい´ ながい´ みじかい´ はやい´ やさしい
　な형용사―きれい´ だいじょうぶ
- 숫자: 0―100, 1,000, 10,000

- 사람 세기: ひとり´ ふたり´ さんにん´ よにん´ ごにん°°
- 물건 세기: ひとつ´ ふたつ´ みっつ´ よっつ´ いつつ(°°) とお

3) 문화어: いけばな´ おぼん´ かぶき´ きもの´ ゆかた´ じん
じゃ´ すもう´ なっとう´ はなび´ はなみ´ ぶんかさい´ ま
つり´ わしつ´ おんせん

4) 주제별 어휘 목록
(1) 인사
- 만날 때: おはよう (ございます) ´ こんにちは´ こんばん
は´ おひさしぶり
- 헤어질 때: じゃあね´ じゃまた´ さようなら´ しつれい´ おや
すみ (なさい)
- 방문 시: おじゃまします´ ごめんください´ ようこそ´ いらっ
しゃい (ませ)
- 외출과 귀가: いってきます´ いってらっしゃい´ ただいま´
おかえり
- 식사 시: いただきます´ ごちそうさまでした
- 축하 시: おめでとう (ございます)

(2) 안부
おかげさまで´ おげんき´ でんわ´ てがみ´ eメール

(3) 소개(이름, 신분, 가족, 국적, 거주지)
- 이름과 호칭: おなまえ´ さん´ さま´ ちゃん
- 나이: おいくつ´ さい
- 신분: おとうさん´ おかあさん´ おにいさん´ おねえさん´ お
とうと´ いもうと´ がくせい´ こうこうせい´ だいがくせ
い´ かいしゃいん´ せんせい´ いしゃ
- 국적: かんこくじん´ にほんじん
- 거주, 거주지: アドレス´ すむ´ じゅうしょ
- 기타: どうぞ´ よろしく´ おねがい´ こそ

(4) 취미, 흥미
アニメ´ しゃしん´ うた´ えいが´ おんがく´ カラオケ´ ゲー
ム´ さんぽ´ すいえい´ やきゅう´ ドラマ´ えいご´ かんこく
ご´ にほんご´ はなす´ うたう

(5) 기호
すき´ きらい

(6) 애완동물
いぬ´ ねこ

(7) 말 걸기
あのう´ ちょっと

(8) 감사와 응대
どうも´ ありがとう´ (いろいろ) おせわになる´ どういたしまして

(9) 사과
ごめん (なさい) ´ すみません

(10) 칭찬
じょうず´ へた´ できる

(11) 격려, 위로
ごくろさま´ だいじょうぶ´ がんばる

(12) 확인과 부인
はい´ ええ´ うん´ いいえ´ ちがう´ まだまだ

(13) 동의, 승낙
いい (よい) ´ どうぞ´ もちろん

(14) 거절, 반대
けっこう´ ちょっと´ でも´ もう

(15) 유감, 놀람
ざんねん　びっくり

(16) 날짜, 요일, 월
げつようび−にちようび　いちがつ−じゅうにかつ　ついたち−
さんじゅういちにし

(17) 시간, 때
いつ　きのう　きょう　あした　あさって　おととい　あさ　け
さ　ひる　ゆうべ　よる　いま　じ　ふん

(18) 날씨와 계절
てんき　はれ　くもり　あめ　ゆき　ふる　あつい　さむい　す
ずしい　はる　なつ　あき　ふゆ

(19) 주문, 식사, 음식
たべもの　のみもの　おゆ　みず　アイスクリーム　おかし　う
どん　おこのみやき　おちゃ　やきそば　ラーメン　カレー　さ
しみ　すし　しょうゆ　スパゲッティ　みそしる　てんぷら　と
んカツ　なべ　パスタ　あさごはん　ひるごはん　ばんごはん
ていしょく　おいしい

(20) 맛
あまい　からい　しょっぱい　すっぱい

(21) 의복, 소품
シャツ　スカート　ズボン　ワンピース　せいふく　めがね　きる
はく

(22) 물건사기, 가격
いくら　えん　おつり　たかい　やすい

(23) 길 묻기, 위치
うえ　した　なか　まえ　うしろ　そば　ちかく　となり
よこ　すぐ　まっすぐ

(24) 장소
アパート゛うち゛マンション゛がっこう゛こうこう゛クラス゛コン
ビニ゛ショップ゛デパート゛はなやさん゛パンや゛ホテル゛トイレ

(25) 방향:
ひがし゛にし゛みなみ゛きた゛ほう

(26) 교통, 교통수단
えき゛バスてい゛くうこう゛くるま゛タクシー゛ちかてつ゛でん
しゃ゛バス゛しんかんせん゛きっぷ゛のる゛おりる゛みち゛こむ

(27) 신체
あたま゛あし゛うで゛おなか゛かお゛て゛はな゛みみ゛め゛くち

(28) 몸 상태
きぶん゛かぜ゛ねつ゛いたい゛わるい゛すく゛つかれる

(29) 전자기기
おと゛けいたい (でんわ) ゛でんしじしょ゛パソコン゛テレビ゛
ラジオ

(30) 선물
おみやげ゛プレゼント

(31) 약속
やくそく

(32) 계획
つもり

(33) 의견
いかが゛おもう゛どう゛おなじ゛さいこう

(34) 이유
から´　ので

(35) 단위, 순서
こ´　まい´　め´　かい´　いちばん´　さいご

(36) 정도
あまり´　いっぱい´　たくさん´　とても´　ほんとう´　すこし

(37) 학교생활
えんぴつ´　ボールペン´　クラブ´　じゅぎょう´　しつもん´　べん
きょう´　じゅく´　しゅうがくりょこう´　しゅくだい´　ねんせい´
バイト´　たのしい´　きびしい´　たいへん´　こたえる´　おくれる´
バイト

학습자들에게 제시할 어휘를 선정하기 위해 먼저 개정 교육과정의 어휘목록을 검토하였는데 이 가운데 앞서 제시한 의사소통 기능과 관련된 어휘를 가장 먼저 선정하고 다음으로는 학습자들이 수업 중에 흔히 사용하는 어휘와 개인적인 편지 등에서 자주 발견되는 어휘, 교류 일지에서 자주 발견되는 어휘를 학습 어휘로 선정하였다.

그 결과 주로 다음과 같은 단어가 선정되었다.

1) 개정 교육과정의 어휘목록 중 학습과정에서 사용빈도가 높은 단어

학습자들의 수업 중 언어 사용이나 이메일, 편지, 수행평가, 정기고사의 답안 등에서 빈번히 발견되는 어휘들로는 다음과 같은 것들이 있다. 예를 들어 ‘アドレス’는 이메일 주소와 관련하여 많이 사용되며 ‘かのじょ’와 ‘かれ’ 또한 이성친구와 관련된 어휘로 사용빈도가 높으므로 선정하였다. ‘ご遠慮’는 어려우나 지하철이나 거리 표지판에서 빈번하게 발견되는 어휘이므로 과제 수행과정에서 접촉 가능성이 높아 선정하였다.

アイスクリーム、カレー、コーラ、しょうゆ、アドレス、おつり、かのじょ、かれ、けいたい、ゲーム、ご遠慮、バイト 등

2) 학습자들의 교류일지 가운데 빈도가 높은 단어

예를 들어 ‘鳴る’는 휴대전화와 사용과 관련하여 사용빈도가 높게 나타났고 ‘-たい’는 일본에서 하고 싶은 일을 표현하고자 할 때 자

주 사용되었다. 또 'でんしじしょ', 'ひるごはん', 'ばんごはん' 역시 학습자들이 일본 체류 시 반드시 필요로 하는 단어이므로 선정하였다.

おかし´ おと´ おなじ´ さいご しゃしん´ トイレ´ ちゃん´ でんしじしょ´ ひるごはん´ ばんごはん´ いう´ いく´ かける´ くれる´ たべる´ とる´ 鳴る´ みる´ よぶ´ ーたい´ すこし´ びっくり´ もちろん 등

이 밖에 포함된 어휘로는 'かんじ'가 있다. 'かんじ'는 개정 교육과정 어휘 목록에 없으나 최근 한국에서 많이 사용되어 학습자들 사이에서 외래어로서 자리를 잡은 어휘라고 할 수 있다. '느낌, 멋스러움'이라는 뜻으로 유행, 패션과 관련하여 학습자들의 일상생활에서 자주 사용하는 단어이므로 추가하였다.

개정 과정의 어휘 목록 중 제외된 단어들은 다음과 같다.

1) 학습자들이 사용하기 어려운 단어

① 존경어, 겸양어

의사소통 기능에서와 마찬가지로 어휘에서도 학습자들이 사용하기 어려운 요소는 제외하였다. 따라서 존경어와 겸양어 가운데 일부가 제외되었으며 정중어 가운데에서도 학습자들이 사용하기 어려운 어휘가 제외되었다. 예를 들어 'もうす'는 '아뢰옵니다'와 같이 해석할 수 있는데 이와 같은 어휘는 학습자들이 상황에 맞게 사용하기가 어렵고 'いう'라는 대치 가능한 어휘가 있으므로 제외하였다.[112]

いたす´ いらっしゃる´ うかがう´ おっしゃる´ くださる´ なさ
る´ ござる´ まいる´ めしあがる´ もうす 등

② 서로 구별이 어려운 자동사와 타동사

자동사와 타동사는 형태가 매우 유사하여 서로 구별이 어렵고 초
급 학습자들이 정확하게 발화 상황에 적용하기가 어려우므로 빈도가
높다고 생각되는 'あける'와 'しめる' 등만 제시하고[113] 대부분 제외
하기로 한다. 따라서 다음과 같은 동사들을 제외하였다.

あがる－あげる´ あつまる－あつめる´ きまる－きめる´ すすむ
－すすめる´ わたる－わたす 등

2) 유사 어휘가 있는 단어

おる→いる´ れんらく→でんわ/てがみ/eメール

3) 상대적으로 사용빈도가 낮다고 생각되는 단어

이 단어들은 교류활동 중 학습자들의 언어 사용이나 교류일지에서
한 번도 발견된 경우가 없는 단어로 초급 단계에서 학습할 필요가 없

---

112) 'いらっしゃる'에서 파생된, 'いらっしゃい'와 'いらっしゃいませ'는 관용표현으로 다루는 것이
낫고 존경어로서 '계시다, 가시다, 오시다'의 의미는 난이도가 높으므로 제외하였다. 또 'くださ
る', 'なさる', 'ござる' 역시 'ください', 'なさい', 'ございます' 형태만을 아는 것이 더 낫다고 생
각된다.

113) 이 동사들의 짝(자동사인 경우 타동사, 타동사인 경우 자동사)은 제시하지 않는다.

다고 생각되어 제외하였다.

ようふく´ やおや´ ようす´ かまう´ はかる´ はこぶ´ ひらく´
ふむ´ むすぶ´ 寄る 등

이러한 방식으로 단어를 선정한 결과 일본어 I 에서 다루어야 할 어휘는 총 447개였다.[114] 학습의 용이성을 생각하면 프랑스어나 독일어보다 많은 어휘를 학습하는 것이 여전히 타당하다.

4) 문법

문법은 다른 언어 재료에 비해 학습자의 요구가 높지 않은데 이것은 학습자가 문법을 재미없고 따분하다고 생각하여 가능한 한 학습을 기피하는 경향을 반영하는 것이다. 또 현행 교육과정이 의사소통 기능을 중시함에 따라 그간 문법 교육을 소홀히 한 데도 그 원인이 있다. 그러나 문법 교육이 소홀히 되었다고 해서 무조건 문법을 많이 제시하는 것은 바람직한 해결책이 아닐 것이다. 문법은 앞서 제시한 의사소통 과제와 관련된 것으로 정해진 수업시간 안에 학습이 가능

---

114) 어휘 수는 다음과 같은 방식으로 산정하였다.
　① 형태가 같은 단어라도 문법적 기능이 다른 경우 개별단어로 산정한다.
　② 문법어의 서술형 어미 각각을 개별단어로 산정한다.
　③ 인명, 지명, 상표명 등 고유명사는 새로운 단어로 산정하지 않는다.
　④ 사람 세기는 'さんにん'까지, 물건 세기는 'とお'까지 새로운 단어로 산정하며 단 단위 숫자로 활용 가능한 십 단위 이상의 숫자는 개별단어로 산정하지 않는다.
　⑤ 1月~12月은 따로 제시된 숫자와 'がつ'로 생성 가능하므로 개별 산정하지 않고 날짜는 1日~10日, 14日, 20日, 24日을 개별단어로 산정한다.
　⑥ 어휘는 가나(히라가나, 가타카나)를 기본으로 하며 한자는 의미 구별을 위해서만 제시하고 별도의 어휘로 산정하지 않는다.

한 양으로 제시되어야 할 것이다.

어휘가 아닌 단문 수준 이상의 문장을 생성하여 의사소통하기 위해서 문법은 반드시 필요한 요소이다. 약 1년간 일본어를 학습한 학습자들은 일본어의 문법이 예상만큼 쉽지 않으며 의사소통을 하기 위해서는 문법이 반드시 필요하다는 사실을 알게 된다.

7차 교육과정은 다음과 같은 문법은 다루지 않기로 하고 있다.

1) 고어적인 표현: べし まい
2) 지나치게 복잡한 문법: 사역수동형 うたわせられる° ーさせていただく
3) 지나친 존비어: さようでございます
4) 지나치게 격식 차린 구어표현 : ほんじつば ーであります

개정 교육과정은 문법사항을 따로 명기하지 않고 의사소통 기본 표현에 문법사항이 고르게 제시되도록 기본 표현을 제시하는 방식을 택하고 있으며 7차와는 달리 고어적인 표현과 지나친 존비어 등 두 가지 사항을 제외한다고 밝히고 있다(고등학교 교육과정 해설, 2008:232).

그러면 일본어 I 에서는 어떤 문법을 다루어야 할지 앞서 결정된 의사소통 과제와 관련하여 과제 수행에 필요하다고 여겨지는 문법사항을 살펴보도록 하겠다.

〈표 34〉 일본어 I 문법

1. 명사

(1) 명사문의 긍정형, 부정형, 의문형	ーです(か) ーではありません(か)
(2) 명사문의 연결형	ーて
(3) 명사문의 과거형과 과거 부정형	ーでした ーではありませんでした
(4) 명사의 수식형	の
(5) 형식명사	の

2. 조사

(6) 주격, 목적격 조사	は゛ が を
(7) 장소를 나타내는 조사 등	に゛ で へ
(8) 종조사	ね゛ よ

3. い형용사

(9) い형용사문의 긍정형, 부정형, 의문형	ーです(か) ーくありません(か)
(10) い형용사문의 연결형	ーくて
(11) い형용사문의 과거형과 과거부정형	ーかったです ーくありませんでした
(12) い형용사의 수식형	ーい
(13) い형용사의 부사형	ーく

4. な형용사

(14) な형용사문의 긍정형과 부정형	ーです(か) ーではありません(か)
(15) な형용사문의 연결형	ーで
(16) な형용사문의 과거형과 과거부정형	ーでした ーではありませんでした
(17) な형용사의 수식형	ーな
(18) な형용사의 부사형	ーに

5. 동사

(19) 동사의 ます형 (1류, 2류, 3류)	読むー読みます 食べるー食べます するーします
(20) 동사문의 긍정형, 부정형, 의문형	ーます(か゛ ーません(か)
(21) 동사문의 과거형과 과거부정형	ーました゛ ーませんでした

동사의 음편	(22) 연결형(ーて)	
	(23) 보통체 과거(ーた)	
	(24) 열거형(ーたり)	
	(25) 현재진행(ーている)	
	(26) 명령형(ーてください)	
(27) 동사의 ない형(보통체 부정형)		ーない
동사 활용의 확장	(28) 동사의 수식형 (기본형, ーた형)	
	(29) ます형을 이용한 표현들 (ーたい´ ーながら 등)	
(30) 동사의 의지형		ーよう
(31) 동사의 수수표현		くれる
(32) 조건형		ーと´ ーたら´ ーなら´ ーば
6. 수사		
(33) 숫자		1〜100, 1,000, 10000
(34) 사람 세기		ひとり´ ふたり´ さんにん´ よにん…
(35) 물건 세기		ひとつ´ ふたつ´ みっつ´ よっつ…
(36) 시간		1時´ 2時´ 3時´ 4時…
(37) 날짜		一日´ 二日´ 三日´ 四日…
7. 지시어(こそあどことば)		
지시대명사	장소	(38) ここ´ そこ´ あそこ, どこ
	사물	(39) これ´ それ´ あれ´ どれ
지시형용사		(40) この´ その´ あの´ どの
8. 보통어		(41) 동사의 기본형(현재, 과거)
9. 연결표현(접속사가 있는 문장)		(42) 나열(ーて)
		(43) 원인, 이유 (ーから´ ーので´ ーて)
		(44) 역접(ーが´ ーのに´ ーても)

개정 교육과정의 의사소통 기본 표현에 나타난 문법사항 가운데 위 목록에 포함되지 않은 것은 다음과 같다.

1) 동사의 가능형, 수동형
   —れる´ —られる
2) 동사의 수수표현
   あげる´ さしあげる´ くださる115)
3) 동사의 사역형
   —せる´ —させる
4) 동사의 사역 수동형
   —させられる
5) 존경어와 겸양어
   お—になる´ お—する

이 다섯 가지 사항은 그것과 관련된 의사소통 기능이 제외됨에 따라 함께 제외되었다. 게다가 가능형, 수동형, 사역형, 사역 수동형은 난이도가 매우 높은 문법사항이고 동사의 수수표현이나 존경어, 겸양어 등은 어려울 뿐만 아니라 앞서 제시한 대로 대치할 표현들이 있다는 점에서도 반드시 학습해야 할 필요는 없다고 생각된다.

5) 문화

서양언어 학습자들에 비해 일본어 학습자들은 해당 국가의 문화에 대해 많이 알고 친숙한 편이다. 직간접적으로 해당 문화를 접할 기회가 더 많기 때문이다. 해당 국가에 대한 이미지를 서술하는 학습자 표상조사에서도 프랑스어 학습자들이 69개를 언급한 데 비해(김미연, 2011:64—66 참조) 일본어 학습자들은 전체 132개 항목을 언급하여 해당 국가에 대한 정보량이 다름을 알 수 있었다. 문화내용에 대해서

---

115) 'くださる'에서 파생된 'ください'는 관용표현으로 다루고 'くださって' 등과 같은 활용형은 다루지 않기로 한다.

는 학습자들이 학습해야 할 과제로 느끼지 않고 흥미 있게 받아들이는 측면이 있다. 문화내용은 학습자에게 부담이 되기보다는 흥미와 관심을 불러일으켜 언어내용 학습에 동기로 작용할 뿐만 아니라 상황에 적합한 발화가 이루어지는 데 필요한 요소이므로 가능한 많은 자료가 적절한 방식으로 소개되는 것이 바람직하다. 그러므로 교사는 수업에 문화관련 자료를 적절히 도입하여 학습 동기를 더 강화하고 학습과정이 흥미롭게 되도록 노력해야 한다.

일반적으로 지적할 수 있는 현재 문화교육의 문제점은 다음과 같다.

첫째, 문화내용이 전통문화[116]에 편중되어 있어서 일본 문화 하면 흔히 떠오르는 고정관념과 선입견에 존재하는 문화적 측면이 주로 제시된다는 점이다.[117] 7차 교육과정의 일본어 I 교과서의 대부분은 문화내용 가운데 일본의 연중행사를 매우 체계적이고 상세하게 제시하고 있어서 연간 이루어지는 전통적 축제 및 명절, 기념일 등에 관한 내용을 잘 알도록 되어 있다. 스모, 가부키, 기모노 등도 주로 다루어지는 항목이다.

둘째, 의사소통 맥락에서 더 필요성이 큰 일본인의 일상생활, 학교생활 등에 관한 내용이 충분하지 않다는 점이다. 학습자들의 관심이 많은 대중문화인 영화, 드라마, 만화, 애니메이션, 노래 등도 거의 다루어지지 않고 있다.

셋째, 한국인과는 다른 언어 사용 습관 및 행동방식에 대한 내용이

---

116) 구견서(2000:76−164 참조)에 따르면 일본문화는 크게 전통문화와 생활문화로 나누어지는데 전통문화는 농경문화에 기초한 가족주의적 가치관과 공동체에 근거한 것으로 스모(相撲) 문화, 가부키(歌舞伎) 문화, 마쯔리(祭り) 문화, 노(能) 문화, 이에(イエ) 문화, 생사(生死) 문화의 형태로 존재하는 것이며 생활문화는 의식주 문화를 포함하여 여행 및 오락문화, 대중문화 등을 말한다.

117) 전태중(2003:40)에 의하면 이와 같은 결과는 현재 사용되는 12종의 교과서에서 공통적으로 발견되는 것이다.

부족하다는 점이다. 오류 분석에서도 나타난 바와 같이 정확한 문장을 생성하였으나 상황에 맞지 않게 사용되는 경우가 있고 또 일본인의 말을 문맥에 맞게 이해하지 못하는 경우가 있어서 언어 사용 방식에 대한 이해가 요구되는데 교과서의 문화내용이 이를 충분히 설명하고 있지 못하다.

제7차 교육과정은 의사소통 능력의 함양을 목표로 하고 외국어를 배워 실제로 사용할 수 있는 능력의 습득에 초점을 두고 있다. 이 과정의 문화란 초기 교육과정에서 주로 의미하던 교양 차원이나 추상적인 의미로서의 문화의 범위를 넘어, 일상생활 문화를 비롯하여 보다 구체적이고 언어 발화상황에 적용할 수 있는 언어문화로까지 범위가 확대된 의미로서의 문화이다. 그러나 여전히 문화에 대한 정의를 내리기는 어렵고 고등학교 수준에서 다루어야 할 문화내용을 구체화하기도 어렵다. 문화는 학습자들이 주어진 과제를 실행하는 데 반드시 필요한 요소이다. 그렇다면 학습자들이 배워야 할 문화는 무엇일까?

일본하면 떠올리게 되는 고정관념이나 선입견에 존재하는 항목을 학습하는 것만으로는 학습자들이 효율적인 언어 사용에 이를 수 없다. 따라서 문화내용은 학습자의 관심과 흥미를 반영하되 학습자들이 과제수행과 언어 사용에 적용할 수 있는 항목으로 구성되어야 할 것이다.

문화항목의 결정을 위해서는 CECR의 목록과 개정 교육과정을 참고하였으며 특히 다음과 같은 사항을 고려하였다.

첫째, 일본에 대해 객관적인 시각을 가질 수 있도록 인구, 종교, 기후, 지리 등 요소를 도입하였다.

둘째, 과거의 문화가 아니라 현재의 문화를 알 수 있도록 현재 일본에서 일어나는 일, 취미와 여가, 학교생활, 유명인 등 요소를 도입하였다.

셋째, 어휘 학습과 연계가 가능하도록 어휘목록에 제시하였던 표지판, 간판, 약어 등 요소를 도입하였다.

넷째, 앞서 언급한 문화항목들을 가능한 고르게 선정하되 난이도에 대해서는 크게 고려하지 않았다. 문화내용의 교수·학습은 주로 모국어로 이루어지기 때문이다.

문화항목은 다음과 같이 결정하도록 하겠다.

1) 개인생활 및 일상생활 문화

고등학생들이 알아야 할 문화요소로 개인생활 문화와 일상생활 문화를 가장 우선순위에 둘 수 있다. 학습자들의 관심은 문화유산으로 대표되는 상징문화보다는 목표어를 사용하는 사람들의 행동 양식, 삶의 방식과 관련된 행위문화에 있는데 그 가운데에서도 특히 개인생활과 일상생활 문화가 주된 관심사이다. 현행 교과서에서 가장 많이 소개하고 있는, 일본 하면 떠올리게 되는 정형화된 이미지(stéréotypes)와 관련된 문화, 즉 과거의 문화유산보다는 현재의 일본과 일본인의 생활 및 사고방식이 더 중요하고 흥미롭게 느껴지기 때문이다. Porcher(1982:48)는 문화교육을 하기 위해 특별히 연구하지 않아도 사용할 수 있는 정해진 주제들이 있다고 주장하면서, 모든 문화에서 나타나는 보편적 문화 양상들 즉 의식주, 가족생활, 주거, 직업, 학교제도, 여가, 청소년 등을 그 예로 들고 있는데 이러한 주제들이 주로 생활 문화와 밀접한 관련을 갖는다는 사실을 생각해 보면 개인 생활 및 일상 생활문화는 가장 중요한 문화교육의 내용이 된다고 할 수 있다. 따라서 이 항목을 가장 우선순위에 두고자 한다.

2) 상징문화

상징문화는 사회문화와 환경문화를 포함하며 목표어를 사용하는 국가의 정치, 경제, 지리, 사회, 교육 전반, 교통 등에 관련된 것으로 역사적인 사실과 문화유산도 여기에 포함된다. 일반적으로 교과서에서 가장 많이 다루어진 문화항목이라고 할 수 있지만 이 가운데에서 일본의 이미지와 직결되는 축제와 같은 문화유산에 관련된 항목은 많이 다루어진 반면, 인구, 종교, 위치, 주변국, 제도 등 항목들은 소홀히 된 면이 있다. 이 항목들은 모두 목표어 사용 국가에 대한 기본적인 정보로서 학습자들의 원활한 언어 사용에 도움이 되는 주제들이다. 교양적인 측면에서뿐만이 아니라 학습자들의 지적 수준의 고양을 위해서도 이러한 항목들은 강조될 필요가 있다.

3) 언어문화

사회, 문화적 맥락에서 언어 의미를 이해하고 사용할 수 있는 능력인 사회, 언어적 능력(compétence socio−linguistique)을 향상시키기 위해서 언어생활 문화에 대한 이해는 필수적이다. 언어문화는 목표어를 사용하는 사람들이 언어를 사용하는 방식, 사회적인 표현 방식 등을 의미하는 것으로 이것을 이해했을 때 언어 사용은 사회적 맥락에서 타당하고 합당한 것이 된다. 언어 사용 맥락을 잘 몰라 누구에게나 정중체를 사용한다든지, 한국어 사용방식으로 일본어를 구사하는 경우 진정한 의사소통에 이를 수 없을 뿐만 아니라 학습자의 행위 목표도 달성할 수 없다. 따라서 언어문화는 중요하게 다루어져야 한다.

4) 한국 속의 일본어

일본어 수업시간에 다룰 문화내용이 반드시 일본 내의 문화이어야 할 필요는 없다. 우리나라에 많은 일본어 어휘가 유입되어 있고 이것이 일본어 교육에 어떤 영향을 미치고 있다는 점에서 하나의 문화현상으로 규정하고 문화적인 관점에서 접근해 볼 수 있다. 고등학교에서 2년간 일본어를 배운 학습자가 한국에서 흔히 사용되는 일본어를 잘 모르고 잘못 사용한다는 것은 매우 안타까운 사실이다. 우리나라에서 사용되는 일본어의 뜻을 알고 그것을 사용하게 된 배경을 이해하게 된다면 이 또한 문화를 이해하는 데 큰 도움이 될 것이다.[118]

5) 기타

학습자들 가운데에는 일본의 애니메이션, 영화, 음악, 요리 등 분야에 대한 관심으로 일본어를 선택한 학습자들이 있다. 예술 고등학교나 실업계 고등학교의 학습자들 역시 자신의 학업이나 전공과 관련

---

118) 영국의 예비 프랑스어 교사를 위한 문화 교육항목에서 '세계 속의 프랑스(La France dans le monde)'라는 항목을 두고 있듯이 우리나라는 물론 더 나아가 다른 나라에서의 일본의 위상, 일본과 관련된 정치, 경제, 언어 등을 안다면 학습자들의 문화 이해 폭은 확대될 것이다.

된 분야에 대해 알고 싶어 한다. 따라서 학습자들이 개별적으로 관심을 가질 수 있는 분야, 예를 들어 일본의 문학, 음악, 미술, 과학 등으로 문화영역을 확대할 필요가 있으며 또 영화, 관광, 제과제빵 등 구체적인 직업영역과 관련된 분야에 대해서도 제시할 필요가 있다.[119) 학습자들이 알고자 하는 것은 각 분야에 대한 전문적인 정보가 아니므로 간단한 소개 수준에서 정보를 제공하여 안목과 시야를 넓히도록 하는 것이 바람직하다.

이와 같은 사항을 고려하되 학습자의 요구를 반영하고 개정 교육과정의 문화내용을 참고하여 일본어 I 교과서에서 다룰 수 있는 문화내용을 선별해 보면 다음과 같다.

<표 35> 일본어 I 문화내용

문화의 분류		문화항목
상징 문화태	사회 문화 -정치 　경제 　사회 　교육 　교통 　복지 　계층문화 　문화유산 　민족성	1) 국기, 국가, 인구, 종교, 위치 및 주변국가, 연호, 화폐 2) 교통-지하철, 버스, 기차, 택시, 신칸센, JR 패스, 山の手線 3) 명절 및 기념일, 마쯔리-お正月(初もうで おせち料理)´ バレンタインデー´ 成人の日´ ひな祭り(ひな人形)´ こどもの日(こいのぼり)´ たなばた´ お盆´ 七五三´ クリスマス´ おおみそか(年越しそば) 4) 문화유산-기모노, 유카타, 스모, 가부키, 노, 다도 등 5) 학교제도 6) 박물관-에도 도쿄 국립 박물관 7) 기념물 및 건축물-황거, 도쿄 타워, 도쿄 도청, 동경역 8) 도쿄의 거리-신주쿠, 이케부쿠로, 하라주쿠, 시부야, 아키하바라, 오다이바 9) 도시-도쿄, 오사카, 교토, 나라, 고베, 히로시마, 후쿠오카, 삿포로, 센다이 등 10) 유명인 - 미야자키 하야오, 키무라 타쿠야, 히로스에 료코 등

---

119) 실제로 언어는 문화의 한 요소로 문화의 하위범주에 속하지만 학교의 외국어 교육에서는 언어가 문화의 우위에 있다. 그러나 교수·학습 과정에서 언어는 그 자체가 목적이 아니라 문화적으로 기능하기 위함이 목적이라는 사실을 염두에 두어야 한다(Galisson, 1998:273-274 참조). 따라서 학습자들의 이러한 욕구도 만족시킬 필요가 있을 것이다.

문화의 분류		문화항목
	환경 문화 - 환경 - 환경에 대한 태도, 인식	11) 기후와 날씨 12) 계절 13) 섬, 홋카이도, 혼슈, 시코쿠, 큐슈, 후지산 14) 환경 보호: 쓰레기 분리수거, 자연 보호, 공해 15) 온천, 지진
	언어문화 -언어를 쓰는 방식, 사회적 표현 방법 소개, 인사법, 호칭, 존댓말, 대화 표현법, 속담, 격언, 유머, 제스처	16) 표지판: 駆け込み乗車禁止´ ご遠慮ください´ 非常 進入口´ 若葉マーク´ 自転車置き場 17) 호칭 18) 인사할 때의 제스처 19) (공공장소에서) すみません´ どうもの 사용 등 20) 반말과 존댓말 21) 돌려 말하기(간접적 의사 표현) 22) 우리나라에서 사용되는 일본어 - 외래어: (くつ→)구두, (かばん→)가방, (パン→)빵, (ラーメン→)라면, (カステラ→)카스테라, (とんカツ→)돈가스 - 기타: 우동, 사시미, 스시, 와사비, 미소시루, 타코야키, 텐뿌라, 야키만두, 스키야키, 닌자, 소라색, 곤색, 산보, 나시, 입빠이, 쓰메키리, 기스, 가라오케, 이지메, 간지, 스도쿠
행위 문화태	생활 문화 -행위의 규칙과 가치	23) 종교: 진자 24) 거주지: 개인 주택, 맨션, 아파트, 다타미, 도코노마 25) 계절 인사: 연하장, 暑中お見舞い
	개인생활 문화 -취미, 관심, 기호 자신의 견해	26) 텔레비전-NHK, 후지 TV, 도쿄 TV 27) 라디오 28) 신문과 잡지-아사히, 요미우리, 마이니치 29) 야구, 축구, 코지엔 30) (한국학생들의) 관심-영화, 드라마(고쿠센, 노다메 칸타빌레), 애니메이션(이웃집 토토로, 천공의 성 라퓨타, 귀를 기울이며, 센과 치히로의 행방불명, 하울의 움직이는 성, 벼랑 위의 포뇨), 만화, 게임, 노래, 한류, 코스프레
	일상생활 문화 -사고방식, 일상행위 규칙 인생관, 가치관 시간 준수 대화, 방문, 작별, 선물 예절	31) 음식과 식사-식습관, 식사시간, 음식과 음료, 식사예절, 식당, 스시, 오벤또, 사시미, 오코노미야끼, 야끼소바, 라멘, 오차즈께 32) 초대와 방문, 선물하기-방문시간 33) 자동판매기, 편의점, 百円ショップ
	사회생활 문화 -학교생활(친구, 교사, 급우관계, 동아리활동), 사회제도, 규범, 가치관	34) 학기제, 방학 35) 입학과 졸업, 대학 입학 시험 36) 공부(과목)와 시험(횟수, 방법, 기간) 37) 하루 일과(등·하교 시간, 점심시간, 과목당 수업시간 등) 38) 클럽활동, 축제, 교복, 교칙 39) 학급당 인원수
	통신 문화 -전화, 편지, 인터넷, SMS, 메일, 채팅	40) 핸드폰, SMS 41) 인터넷, 이메일

　　문화 내용 가운데 간판, 표지판 등은 문화 관습상 이해가 가능한 경우가 많아 단어를 정확히 모르더라도 이에 대한 이해가 과제 수행에 큰 영향을 미치지는 않는다. 따라서 이와 같은 요소들이 서양언어에서만큼 중요하게 다루어질 필요는 없을 것으로 생각된다. 그러나 표지판에 포함되어 있는 '非常進入口', '若葉マーク', '自転車置き場' 등의 항목은 한국에 없거나 달라 학습자들의 궁금증을 불러일으키는 사항들이므로 학습자의 흥미를 유발시키고 문화 이해의 폭을 넓힌다는 의미에서 도입해도 좋을 것이다.

　　문화 내용 선정에서는 다음과 같은 점을 고려하였다.

　　첫째, 한국에서 사용되는 일본어를 주요 문화내용으로 다루고자 하였다. 다른 외국어에 비해 일본어 외래어는 수가 많고 사용된 역사도 길다.[120] 그러나 학습자들이 의미를 잘 모르는 경우가 많고 오용도 심해 정확한 의미 이해가 요구된다. 한국에서 사용되고 있는 일본어의 정확한 의미와 그 사용 배경을 이해하게 된다면 일본에 대한 이해 및 일본어 사용에 긍정적인 도움을 줄 것이다.

　　둘째, 학습자들의 관심과 흥미를 반영한 문화요소들을 추가하고자 하였다. 따라서 명절과 기념일에, 전통적인 항목 이외에 우리 학습자들의 일상생활과도 관계되는 밸런타인데이와 크리스마스를 추가하였다. 또 학습자들이 잘 알고 있는 유명인들의 목록을 추가하였으며 드라마, 애니메이션, 코스프레 등 항목도 추가하였다. 한국과 달리 매일 방과 후에 이루어지는 학교의 클럽활동(수영, 다이빙, 검도, 야구, 달리기, 문학, 과학 등)과 교복, 교칙 등도 학습자들이 특별히 관심을

---

120) 그러나 정식 외래어로 인정된 경우보다 그렇지 않은 경우가 더 많다.

가지는 항목이므로 추가하였다.

셋째, 일본만이 가지고 있는 특별한 문화요소를 추가하였다. '자동판매기'나 '24시간 편의점', '백엔숍' 등이 그것인데 이러한 요소들을 통하여 전자산업의 발달이나 편리함을 추구하는 일본인들의 국민성을 알아볼 수 있다.

6) 교수요목

그러면 이러한 사항을 바탕으로 일본어 I 의 교수요목을 구성해 보도록 하겠다. 교수요목은 대과제 '(국제교류로) 한 달간 일본으로 어학연수를 간다면'을 수행하기 위해 필요한 하위과제들을 시간 순서로 연결하여 구성할 수 있다. 하위과제들은 도쿄에 갔을 때 이루어지는 여러 가지 행위들을 목록화한 것이다.

결정된 하위과제는 총 10개이므로 일본어 I 에 할애된 90시간 가운데 각각 9시간을 부여하기로 한다. 일본어 I 에서 학습자들이 수행해야 할 행위과제의 구체적 시나리오는 다음과 같다.

〈표 36〉 일본어 I 행위과제 시나리오

단원	시간	행위 과제
0		가나 및 발음
1	9	(공항에서 숙소 이동, 가족 소개) 나리타 공항 도착, 홈스테이 가족의 마중을 받아 공항에서 시내로 이동, 시나가와 역 근처의 홈스테이 가정에 도착 홈스테이 가족과 인사. 방을 안내받고 생활에 관한 간단한 안내를 들음
2	9	(학교 방문, 국제 교류회) 아침식사 후, 시부야구 아오야마 고등학교 방문, 홈스테이 행사에 참여하는 일본학생과 한국학생 전체가 교류회를 가짐.

3	9	(교류 수업) 아오야마 고등학교 수업 참관 및 공동 수업
4	9	(에도 도쿄 국립 박물관 관람) 홈스테이 가족과 박물관 관람, 에도의 역사와 일본의 전통극 가부키에 대한 설명을 들음
5	9	(황거와 긴자 관광) 大手門－天守台 산책, 황실에 관한 간단한 이야기를 들음
6	9	(신주쿠, 하라주쿠 관광) 신주쿠 체험, 명동거리와 비교해 보기, 하라주쿠에서 일본 청소년들의 문화 체험
7	9	(아키하바라에서 전자기기 사기) JR 아카하바라 역, 아키하바라 전자상가 거리에서 디지털 카메라 사기, 간다 고서점가 둘러보기
8	9	(오다이바 관광) 신바시 역에서 유리카모메 승차, 후지 TV, 도요타 전시관 관람
9	9	(환송회 준비, 음식 만들기) 일본 요리(규동)와 한국 요리(불고기) 만들기
10	9	(환송회) 선물하기, 간단한 감사의 인사말 교환

　이와 같은 시나리오를 바탕으로 각 단원의 구체적 학습 내용을 결정할 수 있다. 앞선 논의에서 이미 각 과제를 바탕으로 과제수행에 필요한 언어 재료를 선정하였으므로 각 언어 재료를 과제에 맞추어 각 단원에 배정하도록 하겠다.

　언어 재료의 배치는 어떤 상황에서 어떠한 표지나 말을 이해해야 하며 어떤 의도를 가지고 어떤 발화를 해야 하는가 하는 점에 맞추어 이루어진다. 이때 학습자가 초보자인 점을 감안하여 가능한 한 간단하고 너무 어렵지 않은 표현들이 학습의 대상이 되도록 해야 할 것이다. 또 어휘와 문법은 이러한 발화에 필요한 것들로 제시해야 하며 문화내용 또한 과제수행과 연관성을 가지는 것으로 가능하다면 언어적 학습 내용과도 관련이 있는 것으로 제시해야 한다.

　일본어 학습－행위 시나리오는 원어민 화자와의 접촉－교류회, 교류수업, 공동수업, 환송회-과 발화 기회가 많아 단순히 상황을 이해하는 것만으로는 과제 수행이 어렵고 학습자가 언어로 의사소통할 수 있을 때 실현될 수 있다는 특징이 있다. 또 학교 간 교류 준비과정에서 학습자들이 나타낸 요구와 실제 교류과정을 참고하여 구성된 것이므로 보다 현실적이고 구체성을 가지는 것이라고 할 수 있다. 그렇다면 결정된 언어 재료를 바탕으로 일본어Ⅰ 교수·학습 내용을 결정해 보도록 하겠다.

<표 37> 일본어Ⅰ 교수요목

단원	교수·학습 내용
0	학습목표: 가나 익히기 학습내용: 가나 및 발음 문화: 일본의 국기, 국가, 인구, 종교, 위치 및 주변 국가
1	**(공항에서 숙소 이동, 가족 소개)** **의사소통 과제**: 공항 표지판 이해, 초면인사 하기 **의사소통 기능**: 인사, 소개, 이름 말하기, 방문 시 인사하기, 감사하기 こんにちは ○○です よろしくおねがいします すみません / しつれいします ありがとうございます **언어행위 요소**: 표지판 읽기-공항 표지판, 도로 표지판 **어휘**: おはようございます こんにちは こんばんは -です どうぞ よろしく おねがいします すみません しつれいします ありがとうございます **문법**: です를 이용한 평서문(긍정, 부정) **문화**: 입국 절차, 표지판, 인사법, 일본의 도로, 좌측통행, 일본의 주택, 일본의 가정, 가족
2	**(학교 방문, 국제 교류회)** **의사소통 과제**: 교류회 참석 **의사소통 기능**: 인사, 소개-이름, 신분, 국적, 거주지 말하기, 정보 교환하기 おはようございます / こんにちは ○○です △△こうこうの2ねんせいです

단원	교수 · 학습 내용
2	にほんとにほんごがすきです｡ どうぞよろしくおねがいします｡ にほんのがっこうはどうですか｡ べんきょうはたいへんですか｡ うちへかえってからなにをしますか｡ しゅうがくりょこうはいつもかんこくですか｡ 文化祭ってなんですか｡ 和室ってなんですか｡ **어휘:** こうこう´ ねんせい´ にほん´ にほんご´ すき´ がっこう´ どう´ べんきょう´ たいへん´ うち´ かえる´ から´ なに (なん)´ する´ は´ を´ か´ しゅうがくりょこう´ いつも´ かんこく´ ぶんかさい´ わしつ´ って **문법:** 조사, 의문사 なん, どう를 이용한 의문문 **문화:** 도쿄의 거리, 일본인의 태도, 일본의 학교, 호칭법, 인사법
3	**(교류 수업)** **의사소통 과제:** 아오야마 고등학교 수업 참관 및 교류 수업 **의사소통 기능:** 일과 묻고 답하기, 일과 말하기, 시간 묻고 답하기, 학교 생활수칙 말하기 A: ○○さん´ １２じになにをしますか｡ B: ごはんをたべます｡ 　 そのあと´ ともだちととしょかんにいきます｡ A: ごごのじゅぎょうはなんじからですか｡ B: 1じです｡ 6じにおきます｡　 それからジュースをのみます｡ 8じにがっこうへいきます｡ べんきょうをします｡ ごご4じにうちにかえります｡ ごはんをたべます｡ 9じにおんがくをききます｡ 11じごろ´ ねます｡ おおきいこえではななしません｡ くつで´ きょうしつにはいりません｡ くつで´ うちにはいりません｡ せいとはがっこうへじてんしゃでいきます｡ しけんのとき´ ボールペンではかきません｡ えんぴつでかきます｡ **언어행위 요소:** 서도 수업 참여－대체적인 수업의 흐름을 알고 제시된 한자 쓰기 **어휘:** さん´ さま´ ちゃん´ じ´ に´ が´ ごはん´ たべる´ ジュース´ のむ´ いく´ ご´ ごぜん´ ごはん´ おんがく´ きく´ ごろ´ ねる´ おおきい´ こえ´ はなす´ くつ´ きょうしつ´ はいる´ せいと´ じてんしゃ´ いい´ しけん´ とき´ ボールペン´ かく

<table>
<tr><th>단원</th><th colspan="2">교수 · 학습 내용</th></tr>
<tr><td rowspan="2">3</td><td colspan="2">문법: 동사의 ます형(긍정과 부정)</td></tr>
<tr><td colspan="2">문화: 일본의 고등학교 생활, 하루 일과, 교과목, 교복, 급식, 방과 후 활동, 학생들의 태도, 학교 제도</td></tr>
<tr><td rowspan="14">4</td><td colspan="2" align="center">(에도 도쿄 국립 박물관 관람)</td></tr>
<tr><td colspan="2">의사소통 과제: 박물관 관람, 시내 식당에서 식사하기</td></tr>
<tr><td colspan="2">의사소통 기능: 말 걸기, 표 사기, 박물관 관람예절과 식사예절 묻고 답하기, 주문하기</td></tr>
<tr><td colspan="2">あのう゜ すみません゜
２まいください゜ いくらですか゜
しゃしんをとってもいいですか゜</td></tr>
<tr><td colspan="2">なににしますか゜
スパゲッティにします゜ / ていしょくにします゜
おゆください゜
おいしいです゜
あついです゜</td></tr>
<tr><td colspan="2">たべるとき゛ ちゃわんをもってたべます゜
たべるとき゛ はしとはしでたべもののやりとりをしません゜</td></tr>
<tr><td colspan="2">언어행위 요소: 티켓 창구의 표지 및 박물관 내 표지판의 이해</td></tr>
<tr><td colspan="2">어휘: あのう゛ まい゛ ください゛ いくら゛ しゃしん゛ とる゛ も゛ スパゲッテェ゛ ていしょく゛ おゆ゛ ちゃわん゛ もつ゛ はし゛ へ゛ たべもの゛ あげる</td></tr>
<tr><td colspan="2">문법: 동사 て형, い형용사</td></tr>
<tr><td colspan="2">문화: 에도의 역사, 간단한 일본의 현대사, 한국과의 관계, 자판기, 식당, 메뉴와 음식, 일본인의 식생활</td></tr>
<tr><td rowspan="6">5</td><td colspan="2" align="center">(황거와 긴자 관광)</td></tr>
<tr><td colspan="2">의사소통 과제: 황거 주변 및 긴자 거리 산책 및 관광</td></tr>
<tr><td colspan="2">의사소통 기능: 길 묻기, 의견 묻고 답하기, 날짜, 요일 묻고 답하기</td></tr>
<tr><td colspan="2">皇居はどこですか゜
東京駅のちかくです゜
てんのうとそのかぞくはだれとだれですか゜</td></tr>
<tr><td colspan="2">銀座はどんなまちですか゜
東京でいちばんにぎやかなまちです゜ デパートといろいろなおみせがたくさんあります゜ 歌舞伎座もあります゜</td></tr>
<tr><td colspan="2">ことしは平成なんせんですか゜
２１ねんです゜</td></tr>
</table>

단원	교수 · 학습 내용
5	**언어행위 요소**: 지도 보기 **어휘**: えき´ の´ ちかく´ この´ その´ あの´ どの´ こんな´ そんな´ あんな´ どんな´ で´ いちばん´ にぎやか´ まち´ デパート´ い´ ろいろ´ おみせ´ たくさん´ あ る´ きょう´ きのう´ あした´ ね´ ん **문법**: 의문대명사, 의문형용사, な형용사 **문화**: 천황제, 황실, 황실의 의미, 황거, 긴자거리, 가부키, 가부키 극장, 연호(평성)
6	(신주쿠, 하라주쿠 관광) **의사소통 과제**: 신주쿠와 하라주쿠 관광 **의사소통 기능**: 교통수단 말하기, 지하철 내 예절 묻고 답하기 新宿にはどうやっていきますか° 品川駅で山の手線にのって新宿駅でおります° バスやタクシーはどうですか° みちがこんでいてバスやタクシーはちょっと° バスやでんしゃのなかで ジュースをのんでもいいですか° バスやでんしゃのなかで ジュースをのんではいけません° バスやでんしゃのなかで けいたいでんわではなしてもいいですか° バスやでんしゃのなかで けいたいでんわではなしてはいけません° **언어행위 요소**: 표지판, 간판 읽기, 전철 노선도 보기 **어휘**: バス´ でんしゃ´ しんかんせん´ タクシー´ のる´ おりる´ けいたいでんわ **문법**: −てもいいです´ −てはいけません 구문 **문화**: 신주쿠, 하라주쿠 거리, 청소년 문화, 코스프레
7	(아키하바라에서 전자기기 사기) **의사소통 과제**: 디지털 카메라 사기 **의사소통 기능**: 원하는 제품에 대해 말하기, 가격 묻기, 몸상태 말하기 もっとちいさいのがほしいです° もっとやすいのはありませんか° つかいかたがかんたんでかるいカメラがほしいです° いくらですか° １１，５００円です° おなかがいたいです° きぶんがわるいです° ねつがあります° ちょっとつかれました° **언어행위 요소**: 표지판 읽기, 전철역 알기 **어휘**: もっと´ ちいさい´ ほしい´ やすい´ たかい´ かんたん´ かるい´ おもい´ カメラ´ えん´ おなか´ いたい´ きぶん´ わるい´ ねつ´ つかれる **문법**: 부정의문문, 동사 ます의 과거형 **문화**: 일본의 전자 산업, 전자 제품, 소니

<table>
<tr><th>단원</th><th>교수 · 학습 내용</th></tr>
</table>

(오다이바 관광)

의사소통 과제: 오다이바 찾아가기, 유리카모메 타기, 오다이바의 명소 찾기
의사소통 기능: 위치 묻기, 날씨 묻고 답하기

8

お台場はどこですか゚
お台場はどういきますか゚
新橋駅でゆりカモメにのります゚
新橋駅はどこですか゚
まっすぐいくとひだりにあります゚
のりばはどこですか゚

きょうのてんきはどうでしょうか゚
はれるとおもいます゚
ちょっとあついですね゚

언어행위 요소: 지도 보기, 노선도 보기
어휘: ある´ いる´ まっすぐ´ と´ ひだり´ みぎ´ のりば´ てんき´ ーでしょう´ はれる´ くもる´ あめ´ さむい´ あつい´ すずしい´ ちょっと, ね
문법: 동사 ある, いる
문화: 오다이바의 명소, 기념물, 거리, 도요타 전시관, 일본의 자동차산업

(환송회 준비, 음식 만들기)

의사소통 과제: 환송회 준비
의사소통 기능: 계획 말하기, 의견 말하기, 칭찬하기

9

あしたはおわかれです゚
にほんりょうりとかんこくりょうりをつくるのはどうですか゚
スーパーにいこうとおもっています゚
りょうりがじょうずですね゚
いいえ´ そんなことありません゚

언어행위 요소: 요리법 읽기

ぎゅうどん

① ぎゅうにくとたまねぎをきる゚
② なべでいためる゚
　ーまず´ あぶらをいれる゚ いれる゚
　それからぎゅうにくとたまねぎをい れる゚
③ だしとさとうとしょうゆをいれて3ぷ んぐらいにる゚
④ あたたかいごはんにのせる゚

단원	교수 · 학습 내용
9	**어휘**: おわかれ´ りょうり´ つくる´ スーパー´ おもう´ じょうず´ へだ´ こと´ はい´ いいえ **문법**: 제안, 결심의 −(よ)う **문화**: 일본의 음식, 음식 만들기, 일본인의 식생활
10	**(교류 학교에서의 환회)** **의사소통 과제**: 환송회 참석 **의사소통 기능**: 송별과 감사의 인사하기, 소감 말하기, 선물하기 にほんでの1しゅうかんはたのしかったです° とてもあつくてたいへんでしたが´ おいしいにほんりょうりをたべたり´ にほんじんのともだちにあったりたのしかったです° にほんじんはみんなしんせつでした° いろいろおせわになってありがとうございました° これはプレゼントです° かんこくのおみやげです° **언어행위 요소**: 송별회 프로그램 읽기 **어휘**: しゅうかん´ たのしい´ つまらない´ おいしい´ ともだち´ あう´ みんな´ しんせつ´ おせわ´ なる´ プレゼント´ おみやげ **문법**: い형용사의 과거, −です과거형 **문화**: 감사 인사의 예절, 감사 인사법, 일본인의 선물, 오미야게

 이와 같은 일본어 교수요목은 현재 일본어 학습자의 상황에서 가능한 한 유의미하고 흥미로운 학습이 이루어지도록 설계된 것이다. 학습자는 공항−홈스테이 가정−학교−도쿄 시내−학교 순으로 움직이며 행위 과제인 가정생활, 학교 간 교류, 수업, 관광, 송별회 등을 수행하게 된다. 각 단원에 배정된 의사소통 기능, 언어적 행위 요소, 어휘, 문법, 문화의 학습은 이러한 과제들의 성공적인 수행에 필요조건이 되므로 학습자는 행위적 목표 달성을 위해 학습에 대한 필요를 느끼게 된다.

6. 종합

  5장에서는 행위 중심 관점에 기반을 둔 일본어 교수·학습 내용을 결정하고 새로운 요수요목을 제시하였다. AC에 근거한 교수·학습 내용은 학습자들이 정형화된 의사소통 기능을 학습하고 이를 실제 사용에 적용 및 재생산하는 것으로서 언어의 학습과 사용이 분리되어 있어 실제 언어 사용 기회가 없고 의사소통 기능의 숙달이 힘든 학습자들의 흥미를 감소시키는 면이 있었다. 또 의사소통 기능에 치중하기 때문에 학습자들에게 꼭 필요하다고 생각되는 기초적인 언어 요소들이 소홀히 되어 학습자들은 언어적인 지식도 충분히 갖추지 못하고 의사소통도 할 수 없는 상황에 이르렀다고 할 수 있다. 의사소통 능력의 향상만을 요구하여 실제 학습자의 요구와 필요를 반영하지 못하고 정해진 시간 내의 학습 가능성을 고려하지 못한 측면도 있었다.

  목표어의 성격과 사회적 위상, 학습자의 요구에 따라 학습자가 도달할 수 있는 언어수준과 학습 내용은 다른데 현재 고등학교 상황에서는 의사소통 기능보다는 발음과 어휘, 문법에 대한 정확한 학습이 필요하다. 정확한 학습에는 많은 시간이 필요하게 되므로 대체적으로 학습량은 축소되어야 한다는 결론에 이르게 되었다. 따라서 문제의 해결을 위하여 CECR이 제시하는 6단계의 참조범주와 유동적 분지모델을 기반으로 새로운 교수·학습 내용을 구성하였는데 이 과정에서 3장과 4장에서 밝힌 학습자와 교수자의 요구와 필요를 반영하고 학습 가능성을 고려하고자 하였다. 이는 의사소통 상황을 가정하고 상황에 필요한 의사소통 기능을 미리 결정한 다음 이를 학습자들에게 가르치는 AC의 방식[121])을 지양하고 과제의 개념을 도입하여 학습자들이 자신의 일로 받아들일 수 있는 과제를 선정하고 과제 수행에 필요한 학습내용을 결정하였으며 이 내용을 바탕으로 교수요목으로 구성한 것이다. 의사소통 과제에 있어서는 발화자와 발화 상대자 상호간의 대화를 전제로 하는 의사소통 기능뿐만이 아니라 언어행위 요소를 강조하고자 하였다. 과제 수행은 반드시 두 사람 이상의 대화를 통해서만 이루어지는 것이 아니라 행위자 스스로가 목표어 사용 환경에서 발견하는 여러 가지 지표들을 이해함으로써 이루어질 수 있기 때문이다. 여건상 고등학교 일본어 교육의 목표를 성인의 학습목표와 동일한 수준으로 설정할 수 없으므로 말하기를 전제하되 주로 읽기를 통한 의사소통을 교육목표로 설정하였다.

특히 다음과 같은 사항을 강조하고자 하였다.

첫째, 언어적 요소 가운데에서는 보다 더 정확한 문법 학습이 요구된다. 한국어와의 유사성으로 인해 학습이 소홀히 되어 오류가 나타나는 경우가 많은데 구조에 대한 학습 없이는 문장수준의 발화가 불가능하기 때문이다.

둘째, 학습 요소 가운데 발음과 문화 이해가 용이한 편이다. 그러나 원활한 의사소통을 위해서는 일본인들의 언어 사용 습관과 같은 언어 사용 문화에 대한 이해가 더 요구되며 일본에 대한 편견과 선입견을 극복할 수 있는 객관적인 시각도 필요하다.

셋째, 구어의 실현이 상대적으로 용이하나 말하기만을 해서는 기

---

121) Widdowson은 일련의 기능을 원자화하여 가르치려는 AC의 시도는 기본적으로 하나의 훈련에 불과하며 결국 제한된 의사소통 기능의 목록화로 끝날 것이라고 주장하였다. 결국 이것은 학습자가 '숙어집'을 외우는 것과 다를 것이 없으며 이러한 학습 활동으로는 의사소통 능력을 개발할 수 없게 된다(1984, Nunan, 1999:154에서 재인용).

초적인 언어능력을 함양할 수 없는데다 구어에 할애할 수 있는 수업시간이 충분하지 않고 구어가 당장 시험이나 대학 입학에 반영되지 않아 지속적인 학습 동기로 작용할 수 없으므로 의사소통 활동 가운데에서는 문법학습을 바탕으로 한 단문 수준의 읽기를 가장 강조하였다.

외국어 학습의 궁극적 목적은 해당 언어의 학습자가 언어 사용 맥락에서 적절히 대처하고 행동하여 자신의 행위 목적을 달성하는 데 있다. 그렇다면 언어 사용에 있어서는 주어진 상황의 이해가 우선적으로 요구되고 다음으로 원어민과 기초적인 수준에서 구어로 의사소통할 수 있는 능력이 요구된다. 그러나 구어 중심의 의사소통 능력을 함양하는 데 치중하여 문자 읽기와 기본적인 문법 습득에 소홀해서는 안 된다. 학습 초기 단계에서는 문자를 통한 읽기에 보다 노력을 집중한다면 일회성 발화가 아닌 보다 지속성이 있는 언어능력을 키울 수 있다.

맺음말

　외국어 학습은 시대가 요청하는 과제이면서 동시에 수행하기 어려
운 기나긴 과정을 필요로 한다. 그러나 다른 언어의 습득이 한 개인
의 삶의 지평을 넓히고 더 나아가서 편협하기 쉬운 한국 사회의 가치
관과 시각을 확장하는 것은 분명하므로 이는 의미가 있는 일이다. 그
러므로 외국어 학습이 어떻게 이루어지는가 또 어떻게 하면 더 효율
적으로 이루어질 수 있을까 하는 점은 우리 모두의 관심사가 된다.

　지금까지의 논의를 통하여 일본어 교육의 기반이 되고 있는 교수이
론과 학습자들의 만족도 및 요구, 교육과정이 기반을 둔 의사소통 접
근법에 의한 학습과정에서의 학습자 오류를 살펴보았다. 그리고 새로
운 교수이론인 행위 중심 관점에 기반을 둔 교수요목을 제시하였다.

　서양언어와 비교해 볼 때 일본어 학습이 용이한 것은 분명한 사실
이다. 특히 초급 단계에서는 더욱 그렇다고 할 수 있다. 영어나 프랑
스어, 독일어를 선행 학습한 성인 학습자들이 초급 일본어 학습이 더
어렵다고 하는 경우는 거의 없다. 다만 고등학교 학습자들은 일본어
학습에 모든 노력과 시간을 투자할 수 없는데다 경험 부족과 인지 능

력이 채 개발되지 않음으로 인해 어려움을 겪는 것을 알 수 있지만 이는 서양 언어 학습 과정에서 겪는 어려움에 비할 수는 없는 것이다.

현재 교육과정이 기반으로 하고 있으며 우리 모두에게 세뇌되다시 피 한 '의사소통'이라는 외국어 교수·학습의 목적은 다른 외국어에 비해 일본어 교수·학습에서 달성하기 쉽다. 따라서 일본어에서는 현행 교육과정의 기초적인 의사소통 능력의 함양이라는 목표가 전혀 현실을 외면한 설정이 아니지만 제한된 학습시간과 많은 학급당 인원수, 입시를 위주로 한 교육환경 속에서는 이 목적의 달성이 결코 쉽지만은 않다. 따라서 고등학교 일본어 수업에서는 절충적인 방법론을 생각해 볼 필요가 있으므로 행위 중심 관점을 도입하였다.

논의는 연구자가 학습하고 교수한 경험을 가진 일본어와 서양언어의 비교 관점에서 출발하였다. 영어와 프랑스어, 일본어를 학습한 입장에서 비교적이고 상대적인 관점에서 일본어 교육을 바라본 것이다. 그러므로 한 언어만을 학습하고 가르친 경험을 가진 연구자에 비해 일본어 교육의 현재를 객관적으로 관찰한 것이라고 생각한다. 일본어를 전공한 선후배 연구자 및 교수자들께 겸허히 머리 숙이며 일본어 교육 발전을 위한 하나의 시각이자 노력으로 보아 주시길 부탁드린다. 그리고 초급 일본어 학습자들에게는 좋은 참고 자료가 되기를 기대한다.

참고문헌

국내외 서적 및 논문

김미연(2011), 한국 일반계 고등학교 학습자를 위한 프랑스어와 일본어 교수 · 학습 방안 연구, 서울대 박사학위논문.

사카이 마유미(酒井真弓)(2002), 『일본어 음성 및 발음』, 2002년 서울대학교 사범대학 일본어교사 특별양성 과정.

요시모토 하지메(吉本一)(2005), 『일본어 한마디』, 다락원.

이은진(2001), 일반고교 스페인어 수업에 대한 학생과 교사의 요구 분석, 한국외대 석사 학위논문.

日本文部省(2007), 『敬語の指針』, http://www.bunka.go.jp/index.html

日本語教育學會(1982), 『日本語教育事典』, 大修館書店.

Besse, H.(1982), «Eléments pour une didactique des documents littéraires», *le français dans le monde,* n°166, pp.55~63.

Bourguignon, C.(2006), «De l'approche communicative à l'approche communic-actionnelle: une rupture épistémologie en didactique des langues-cultures», *Synergie Europe n°1 La richesse de la diversité: recherche et réflexions dans l'Europe des langues et cultures,* pp.58~73.

Bourguignon, C.(2007), «Apprendre et enseigner les langues dans la logique actionnelle: le scénario d'apprentissage-action», http://www.aplv-languesmodernes.org/article.php3?id_article=865

Bourguignon, C.(2008), «Enseigner les langues dans la logique actionnelle: le scénario d'apprentissage-action», Ecole normale supérieure rue d'Ulm, 15 Novembre 2008, http://cerimes.cines.fr/3517/load/documents//utm/Bourguignon.pdf

Brown, H. D.(2007), *Principles of language Learning and Teaching,* Prentice Hall Regents.

Bucher-Poteaux(1998), «Savoir raison garder», *Études de linguistique appliquée* n°111, pp.315～324.

Burt, M. & Kiparsky, C.(1972), *The gooficon: A repair manual for English*. Rowley, MA: Newberry House.

Canale, M. & Swain, M.(1980), «Theoretical bases of communitive approaches to second language teaching and testing», *International Review of Applied Linguistics* 1, pp.1～47.

Chomsky, N.(1965), *Aspects of the theory of syntax*, The M. I. T. Press.

Collès, L. et al(2006), *Quelle didactique de l'interculturel dans les nouveaux contextes du FLE,* Cortil－Woden: EME.

Conseil de l'Europe(2001), *Cadre Européen Commun de Référence pour les Langues*, Didier.

Corder, S. Pit(1967), «The significance of learner's errors», *International Review of Applied Linguistics* 5, pp.147～159.

Corder, S. Pit(1981), *Errors Analysis Interlanguage*, Oxford University.

Cummins, J.(2000), «Putting language proficiency in its place: Responding to critiques of the conversational/academic language distinction», in J. Cenoz and U. Jessner(eds.) *English in Europe: The acquisition of a third language.* Clevedon: Multilingual Matters, http://www.iteachilearn.com/cummins/converacademlangdisti. html

Cuq, Jean－Pierre et al.(2003), *Dictionnaire de didactique du français －langue étrangère et seconde,* Clé international.

Dulay, H. C. & Burt, M. K.(1974), «Errors and Strategies in child second language acquisition», *TESOL Quarterly* vol.8－2, pp.129～139.

Finocchiaro M. et al.(1983), *The Functional －notional Approach. From theory to practice,* Oxford University Press.

Fries, C.(1945), *Teaching and Learning English as a foreign language*, Ann Arbor: The University of Michigan Press.

Galisson, R. et Coste, D(1976), *Dictionnaire de didactique des langages*, Hachette.

Galisson, R.(1980), *D'hier* à *aujourd'hui la didactique des langues étrangères: du structuralism au fonctionalism,* Clé international.

Galisson, R.(1988), «la culture partagée: une monnaie d'échange interculturel», *le français pour demain* n°32, pp.83～87.

Germain, C.(1993), *Évolution de l'enseignement des langues: 5000 ans d'histoire*, CLE international.

Holec, H.(1979), «Prise en compte des besoins et apprentissage auto－dirigé», *Mélanges pédagogiques,* n° 10, pp.49~64.

Holec, H.(1981), «A propos de l'autonomie, quelques éléments de réflections», *Études de linguistique appliquée,* n° 41, Didier, pp.7~23.

Hymes, D. H.(1972), «On communitive competence». In Pride, J. B. & Holmes, J.(Eds.), *Sociolinguistics,* Harmondsworth: Penguin.

James, C.(1998), *Errors in language learning and use: exploring error analysis,* Longman.

Jodelet, D.(1989), «Représentations sociales: un domaine en expansion», in Jodelet, D, *les représentations sociales,* PUF.

Keller, J. M.(1983), «Motivation design of instruction», In Reigeluth, C. M.(Ed.), *Instructional −Design Theories and Models: An overview of their status,* Hillsdale, Lawrence Erlbaum Associates.

Lado, R.(1961), *Language Testing: The construction and use of foreign language Tests,* Longman.

Lennon, P.(1991), «Error: Some problems of definition, identification and distinction», *International Review of Applied Linguistics* 12, pp.180~196.

Mondana, L.(1998), «De l'analyse des représentations à l'analyse des activités descriptives en contexte», *Cahiers de praxématique* n° 31, pp.127~148.

Moscovici, S.(1961), *La psychanalyse, son image et son public,* PUF(2ème Ed, 1976).

Nunan, D.(1999), *Second language teaching and learning,* Heinle & Heinle Publishers.

Nuttin, J.(1985), *Théorie de la motivation humaine,* PUF.

Odlin, T.(1989), *Language Transfer, Cross −linguistic influence in language learning,* Cambridge University Press.

Oller, J. W. and Ziahosseiny, S. M.(1970), «The contrastive and analysis hypothesis and spelling errors», *Language Learning* n° 20, pp.183~189.

Porquier, R. et al(1991), *Grammaire et didactique des langues,* Hatier/Didier.

Puren, C.(1998), «Didactique scolaire des langues vivantes étrangères en France et Didactique française du Français Langue Étrangère», *Études de inguistique appliquée* n° 111, Didier, pp.359~383.

Puren, C.(2004), «L'évolution historique des approches en didactique des langues − cultures ou comment faire l'unité des unités didactiques», Congrès annuel de l'Association pour la Diffusion de l'Allemand en France(ADEAF).

Puren, C.(2006), «Le Cadre européen commun de référence et la réflexion méthodologique en didictique des langues −cultures: un chantier à reprendre», http://www.aplv− languesmodernes.org

Puren, C.(2008a), «Formes pratiques de combinaison entre perspective actionnelle et approche communicative: analyse comparative de trois manuels», http://www.aplv − languesmodernes.org

Puren, C.(2008b), «Perspective actionnelle, et perspective professionnelle: Quelques éléments de réponse à quelques questions sur la réforme en cours», http://www.aplv − languesmodernes.org

Puren, C.(2009), «De l'approche communicative à la perspective actionnelle», Séminaire de Formation en Didactique du FLE, Athènes, 10 − 11, janvier 2009, http://www.aplv − languesmodernes.org

Py, B.(2000), «Didactique des langues étrangères de recherches sur l'aquisition», Les conditions d'un dialogue, *Études de linguistique appliquée* n° 120, pp.395~404.

Richards, J.(1971), «A non −contrastive approach to error analysis», *English Language Teaching*, Vol.25 − 3, In Richards, J.(eds. 1997): *Error Analysis: Perspectives on Second Language Acquisition*, Longman.

Schachter, J. & Marianne, C.(1977), «Some reservation concerning error analysis», *TESOL Quartly*, vol.11 − 4, pp.441~451.

Selinker, L.(1974), «Interlanguage», In Richards, J.(eds. 1997:31 − 54): *Error Analysis − Perspectives on Second Language Acquisition*, Longman.

Skinner, B. F.(1953), *Science and Human behavior*, New York, Macmillan Publishing Company.

Takagaki, Y.(2000), «Des phrases, mais pas de communication. Problème de l'organisation textuelle chez les non −Occidentaux: le cas de Japonais», Université préfectoriale d'Osaka, *Dialogue et Culture* n° 44, FIPF, pp.84~91.

Tran −Thi Chau(1975), «Error Analysis, Contrastive Analysis and Students Perception: A Study of Difficulty in Second Language learning», *nternational Review of Applied Linguistics* 3, 2, pp.119~141.

Véronique, D.(2000), «Recherche sur l'apprentissage des langues étrangères: Friches et chantiers en didactique des langues étrangères», *Études de linguistique appliquée* n° 120, pp.405~417.

Véronique, D. et al(2009), *l'acquisition de la grammaire du français langue étrangère*, Didier.

Wardhaugh, R.(1970), «The contrastive analysis hypothesis», *TESOL Quarterly*, vol.4 − 2, pp.123~130.

교육부 자료

교육인적자원부(1997), 고등학교 교육과정 해설 12 – 외국어(독일어, 프랑스어, 스페인어, 중국어, 일본어, 러시아어, 아랍어).
교육인적자원부(2008), 고등학교 교육과정 해설 12 – 외국어(독일어, 프랑스어, 스페인어, 중국어, 일본어, 러시아어, 아랍어).
교육인적자원부 학교정책 추진단(2007), 국민의 영어 역량 제고를 위한 영어교육 혁신방안. 교육과학기술부(2009), 2009 개정 교육과정, 초·중등학교 교육과정 총론 – 교육과학기술부 고시 제2009 – 41호.

교과서

김숙자 외(2003), 「일본어 I」, 대한교과서.
김효자 외(2003), 「일본어 I」, 지학사.
안병곤 외(2003), 「일본어 I」, 성안당.
이봉희 외(2003), 「일본어 I」, 교학사.
이숙자 외(2003), 「일본어 I」, 민중서림.
이현기 외(2003), 「일본어 I」, 진명 출판사.
양순혜 외(2003), 「일본어 I」, 천재교육.
유길동 외(2003), 「일본어 I」, 진명 출판사.
유용규 외(2003), 「일본어 I」, 교학사.
장남호 외(2003), 「일본어 I」, 시사영어사.
조남성 외(2003), 「일본어 I」, 학문 출판사.
한미경 외(2003), 「일본어 I」, 블랙박스.

인터넷 사이트

교육과학기술부: http://www.mest.go.kr/main.do
서울시교육청 교육통계연보: http://statistics.sen.go.kr/
일본어 능력시험 JLPT: http://www.jlpt.or.kr/jlpt/jlpt1.asp?Mcode=1
학교 알리미: http://www.schoolinfo.go.kr/index.jsp/
Education Resources Information Center: http://www.eric.ed.gov/
I teach I learn.com: http://www.iteachilearn.com/
JapanKnowledge: http://www.japanknowledge.com/top/freedisplay/

부
록

팀티칭 모형(1): 허가와 금지의 표현

1. 그림 보고 말하기: 빈칸을 채우면서 주어진 문장을 말해 본다.
   (해당 표현에 맞는 그림 준비)

1) A: あたまがいたいです。＿＿＿＿＿いいですか。　(かえる)

   B: はい、いいです。

2) A: ちょっとあついですね。＿＿＿＿＿＿＿＿いいですか。　(あける)

   B: はい、どうぞ。

3) でんわ＿＿＿＿＿いけません。　(する)

4) A: すみません。

   B: ＿＿＿＿＿＿＿＿＿＿。　(おくれる)

5) A: すみません。＿＿＿＿＿＿＿＿＿＿＿＿＿＿＿＿。　(つかう)

   B: はい、どうぞ。

6) A: ペンで＿＿＿＿＿＿＿＿＿＿。　(かく)

   えんぴつでかいてください。

7) ここに＿＿＿＿＿＿＿＿＿。　(すわる)

8) 大きい声で＿＿＿＿＿＿＿＿。　(はなす)

9) しゃしんを＿＿＿＿＿＿＿＿。　(とる)

2. 그림 보고 말하기: 그림을 보고 1에서 학습한 문장을 다시 말해 본다.

3. 퀴즈 풀기: 퀴즈를 통해 허가와 금지표현을 듣고 이해한다.

クイズ

* 일본인 선생님의 말을 잘 듣고 ○ 나 × 를 표시하세요.

(日本で)

　1)　靴で　うちに入ってはいけません。（ ○ ）
　2)　靴で　教室に入ってもいいです。（ × ）
　3)　バスや電車の中で　ジュースを飲んではいけません。（ ○ ）
　4)　バスや電車の中で　携帯電話で話してもいいです。（ × ）
　5)　運転するとき　携帯電話で話してはいけません。（ ○ ）
　6)　歩きながら　たばこを吸ってはいけません。（ ○ ）
　7)　生徒は学校へ自転車で行ってはいけません。（ × ）
　8)　試験のとき　ボールペンで書いてもいいです。（ × ）
　9)　食べるとき　ちゃわんを持ってはいけません。（ × ）
　10)　食べるとき　はしからはしへ　食べ物をあげてもいいです。（ × ）

정답 표시란

　1.______　2. ______ . 3. ______　4.______　5. ______
　6.______　7. ______ . 8. ______　9.______　10. ______

메모란

팀티칭 모형(2): 일본의 연중행사

1. 연중행사 소개

1) お正月。(1월 1일)

、おせち料理を食べます。

、カルタ、福笑い、凧揚げ、羽根突きなどで遊びます。

、年賀状をもらいます。

、お年玉をもらいます。

、神社やお寺に初詣に行きます。

2) ひなまつり(3월 3일)

、女の子のお祭りです。

、ひな人形を飾ります。

、あられを食べたり、甘酒を飲んだりします。

3) こどもの日：こいのぼり(5월 5일)

、男のお祭りです。

、５月人形を飾ります。

、こいのぼりを、立てます。

、ちまきを食べます。

4) たなばた(7월 7일)

　　・１年に１度、ひこぼしとおりひめが会う日です。

　　・願い事を書いて、竹に飾ります。

5) お盆(8월 중순)

　　・家族や親戚が集まって、死んだ人を供養します。

　　・盆踊りをします。

6) 七五三(11월 15일)

　　・女の子は３歳と７歳のとき、男の子は５歳のとき、着物を着て、
　　　神社におまいりします。

　　・ちとせあめを食べます。

7) おおみそか(12월 31일)

　　・家族みんなでおおそうじをします。

　　・正月の料理を準備しますから、買い物に行きます。そして、夜、
　　　おせち料理を作ります。

　　・もちを作ります。

　　・そばを食べます。

　　・除夜の鐘を聞きます。　１０８回

2. 문제 풀이

1) 아래 그림을 보고 해당 설명이 어떤 행사를 의미하는지 쓰세요.

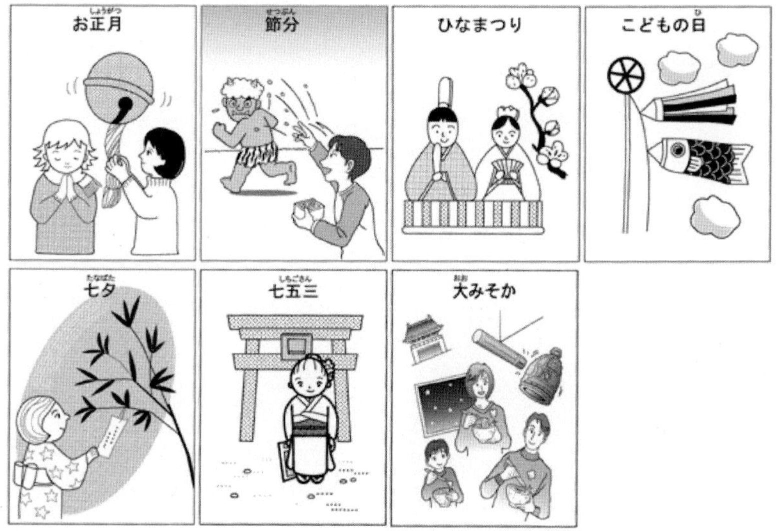

(1) 新(あたら)しい1年(ねん)がはじまります。「あけましておめでとう 」といいます。＿＿＿＿＿＿＿

(2) 5月(がつ)ごろに大(おお)きい魚(さかな)のかざりを外(そと)にだします。＿＿＿＿＿＿

(3) 3さいと5さいと7さいになった子供(こども)はりょうしんといっしょに神社(じんじゃ)へ行(い)きます。＿＿＿＿＿＿

(4) 1年(ねん)の最後(さいご)の日(ひ)です。そばを食(た)べます。＿＿＿＿

(5) 女(おんな)の子(こ)のおまつりで 人形(にんぎょう) をかざります

＿＿＿＿＿＿

(6) 7月(がつ)にあるほしのおまつりです。

　　かみにねがいごとを書(か)いて、ささにかざります。

　　―――――――

(7) まめをまいて、年(とし)とおなじかずのまめを食(た)べます。

　　―――――――

2) 퍼즐: 숨어 있는 단어 찾기(연중행사)

こ	い	の	ぼ	り	ひ	ら	え
や	あ	わ	む	た	な	ば	た
す	へ	ぎ	く	せ	ま	ね	れ
お	し	ょ	う	が	つ	ず	と
お	ふ	ぬ	ろ	ふ	り	ぶ	が
み	ぐ	ど	し	ち	ご	さ	ん
そ	け	み	ぱ	も	に	ぺ	め
か	の	ざ	て	げ	ゆ	ほ	き

〈答え〉(こた)

こ	い	の	ぼ	り	ひ	ら	え
や	あ	わ	む	た	な	ば	た
す	へ	ぎ	く	せ	ま	ね	れ
お	し	ょ	う	が	つ	ず	と
お	ふ	ぬ	ろ	ふ	り	ぶ	が
み	ぐ	ど	し	ち	ご	さ	ん
そ	け	み	ぱ	も	に	ぺ	め
か	の	ざ	て	げ	ゆ	ほ	き

(例)お正月 (1月)

(1)こいのぼり (5月　子供の日)

(2)七五三 (11月)

(3)大みそか (12月)

(4)ひなまつり (3月)

(5)たなばた (7月)

(6)せつぶん (2月)

3) 퀴즈 풀기: 일본인 선생님의 말을 듣고 ○나 ×를 표시하세요.

クイズ

1) 正月に゛「あけましておめでとうございます」と言います。 ○

2) 正月に゛おとしだまをもらいます。 ○

3) 正月に゛おせち料理を作ります。 ×

4) ひなまつりに゛甘酒を飲みます。 ○

5) 子供の日は３月３日です。 ×

6) 子供の日にちまきを食べます。 ○

7) 七五三のとき゛はつもうでをします。 ×

8) おおみそかは12月31日です。 ○

9) おおみそかにもちを食べます。 ×

10) おおみそかにカラオケをします。 ×

quiz 답지

1. _______ 2. _______ 3. _______ 4. _______ 5. _______

6. _______ 7. _______ 8. _______ 9. _______ 10. _______

부록 2: 일본어 오류 자료

1) 오류 예(26)

- 2010, 창동고 3학년 1학기 중간고사 답지

제____3____학년 ____8____반 ____22____번
성 명 : [____배서연____________]

____일본어____과 주관식 답안지

번호	답 란	초검	재검	평균
1		0	0	0
2	そろそろ しつれいします。	3	3	3
3	いただきます	6	6	6
4	일본어가 대단히 어렵네요	2	2	2
5	버스를 타는게 좋습니다	6	6	6
6				
7				
8				
9				
10				
합계		17	17	17

감독자 확인란	

2) 오류 예(48)

– 2007, 수락고 2학년, 원어민 교사와의 팀티칭 수업자료

11월 10일 일본어 수업 – 문형연습

그림보고 말하기(허가와 금지의 표현)

1.　A : あたまが いたいです。 かえっても いいですか。 （かえる）
　　B : はい、いいです。
2.　A : ちょっと あついですね。 あけても いいですか。 （あける）
　　B : はい、どうぞ。
3.　でんわ しては いけません。 （する）
4.　A : すみません。
　　B : おくれても いけません。 （おくれる）
5.　A : すみません。 これを つかっても いいですか 。 （つかう）
　　B : はい、 どうぞ。（コンピュータ）
6.　A : ペンで かいても いいですか。 （かく）
　　　 えんぴつで かいて ください。
7.　ここに すわっても いいですか。 （すわる）
8.　大きい 声で はなしては いけません。 （はなす）
9.　しゃしんを とっても いいです 。 （とる）
　　　 （とっては いけません）

그림보고 말하기

퀴즈! 일본인 선생님의 말을 잘 듣고 ○ 나 × 를 표시하세요.

1. X　2. X　3. X　4. X　5. X
6. X　7. O　8. X　9. O　10. X

메모란

3) 오류 예(60)

- 2007, 수락고 2학년 확인학습 자료

2022까. 정선생

< 7과 일작문 > - 작문으로 단어와 문장을 익힙시다
"다 한 사람은 추가로 ( )안의 것도 완성해보세요

1. 여름방학에 무엇을 할 예정입니까?
なつやすみ に 何を する つもりですか

2. 테니스를 배울 예정입니다. テニスを ならう つもりです

3. 요리(りょうり)를 만들 예정입니다. りょうりを つくる つもりです

4. 실은 저도 일본에 가보고 싶습니다만.
じつは 私も にほんへ いって みたいですが

5. 당신의 일본어가 능숙하군요.
あなたの にほんごが とても じょうず ですよ

6. 아니요. 전혀 그렇지 않아요. いいえ、そんな ことは ありません ことは ないですよ

7. 무엇이 되고 싶습니까? なにに なりたい ですか

8. 회사원이 되고 싶습니다. かいしゃじんに なりたい です
★ かいしゃじん

9. 겨울 방학에 한국에 돌아갈 예정입니까?
ふゆ やすみに かんこくに かえる つもりですか

10. 아니요. 돌아가지 않을 예정입니다. いいえ、かえらない つもりです

11. 벌써 무엇을 할까 결정했습니까? もう 何を するか きめましたか

12. 아니요. 아직 결정하지 않았습니다. いいえ、まだ きめて いません。
→ まだ

13. 소라양은 봉사활동을 해 본 적이 있습니까?
ソラさんは ボランティア かつどうを する ことが ありますか。

14. 힘들었습니까?(/힘듭니까?) (/힘듭니까?) たいへんでしたか (/ たいへんですか。 현재시제로)

15. 좀 힘들었지만 좋았습니다.(힘들지만 좋습니다)
ちょっと たいへんでしたが よかったです (たいへんですが いいです)

16. 나는 고등학생이다(－입니다) 私は こうこうせいだ (－です)

17. 나는 일본인이었다(－이었습니다) 私は にほんじんだった (－ でした)

김미연 ───────────────

　서울대학교 불어교육과 졸업
　서울대학교 외국어교육과 석사
　서울대학교 외국어교육과 박사
　2002 일본 국제교류기금－서울대학교 일본어 교사 양성 과정 수료
　서울 노원고등학교, 잠신고등학교, 혜화여자고등학교, 수락고등학교 재직
　현) 창동고등학교 교사

　「조서의 주인공 아담 폴로의 탈주」
　「한국 일반계 고등학교 프랑스어 일본어 교수·학습 방안 연구」

초급 일본어 교육 방안
행위중심 교수·학습 모델연구

초판인쇄 | 2011년 10월 28일
초판발행 | 2011년 10월 28일

지 은 이 | 김미연
펴 낸 이 | 채종준
펴 낸 곳 | 한국학술정보㈜
주　　소 | 경기도 파주시 문발동 파주출판문화정보산업단지 513-5
전　　화 | 031) 908-3181(대표)
팩　　스 | 031) 908-3189
홈페이지 | http://ebook.kstudy.com
E-mail | 출판사업부　publish@kstudy.com
등　　록 | 제일산-115호(2000. 6. 19)

ISBN　　978-89-268-2757-4 93730 (Paper Book)
　　　　978-89-268-2758-1 98730 (e-Book)